FTA

이젠 창조성 높은 조직풍토가 좌우합니다

조윤형 지음

敎友社

이젠 창조성 높은 조직풍토가 좌우합니다

조윤형

CREATIVE

敎友社

이젠 창조성 높은 조직풍토가 좌우합니다

2008년 1월 10일 초판 인쇄
2008년 1월 15일 초판 발행

지은이 | 조윤형
펴낸이 | 오판근
펴낸곳 | 교우사

주 소 | 서울시 동대문구 제기2동 148-19
대표전화 | 925-2861(代), 편집부 | 925-2825
팩 스 | 925-2860, 953-2860
전자우편 | kw2861@chollian.net
홈페이지 | www.kyowoo.co.kr
출판등록 | 1994년 3월 24일(제 6-0256호)

ISBN 978-89-8172-717-8(03330)
값 16,000원

서문 Preface

이제는 창조성을 높게 할 조직풍토변혁을 서둘러야 한다. 창조성을 일으키는 융화의 노사문화가 시작되고 있기 때문이다. 그래서 우리도 도요타 사람들 같이 출근할 때 '지혜 짜러 간다'는 말이 나와야 한다. '노사 항구적 무파업' 선언과 또 다른 한편에서는 강성노조가 상생만이 '생존'의 길임을 인식한다고 한 노조의 '무쟁의선언' 등이 2007년 7월 말까지 440여건에 달했으며, 우여곡절 끝에 9월 초 '현대차 노조도 임단협을 10년 만에 무파업'으로 기록했다. 조직풍토의 창조성을 높이자.

한 · 미 FTA 협정이 끝났고 한 · EU FTA 협의가 진행 중이다. 이에 대응할 우리의 경쟁력 · 창조력의 강화를 서둘러야 한다. 이는 노사융화의 조직풍토, 무파업 노사파트너십 · 노사융화문화의 터전에서 현장 노사 간의 생생한 정보교환으로 이룩된다. 그러자면 우리 전래의 융화(融和 · reconciliation)의 저력을 활용해야 한다.

융화, 융화의식, 융화력 등 최근 우리 주변에는 이 융화문화와 관련된 논의가 활발하다. 제5장에서 확인되듯이 우리가 즐겨 먹는 '비만을 예방하는 비빔밥'. 국제선 기내식으로까지 애용, 세계인이 즐기는 이 비빔밥은 우리의 독특한 융화의식의 산물이다.

제1장 4항에서 설명되고 있듯이 우리 융화의 역사는 단군황제시대 북방 기마민족과 남방 농경민족이 서로 융화되면서부터 시작된다. 그 때는 일본의 식민주의가 신화로 날조했던 단군조선 시대, 우리가 만주대륙과 러시아 연해주지역까지 지배하던 단군황제시대였다.

21세기 FTA 시대에는 지난 세기 모방식의 공업화 시대와는 달리, 창조성이 요구된다. 이 생산성 높은 창조성을 창출할 생산현장의 생생한 정보를 시시각각 교환하는 노사융화의 문화, 즉 창조성의 조직풍토를 빛나게 해야 한다.

노사융화란 2007년에는 상황이 달라지고 있지만, 1987년 신생 · 강성노조활동에 따라 노사관계의 중심이 노조쪽으로 많이 기울어져왔다. 그 결과 저생산성 고임금의 지속으로 국가 경쟁력이 세계 최하위로 추락했다.

본서는 FTA 시대에 맞는 고생산성의 경쟁력 · 창조성을 창출할 융화의 조직풍토 조성방법을 제시하여 한국경제의 선진화를 앞당기는데 일조하려는 목적으로 쓰여졌다.

제1장 첫 머리에서 논급되듯이 세계 55개국 중에서 맨 밑바닥에 처져있는 우리 노사관계 생산성부터 혁신적으로 높여야 한다. 그러자면 각급 조직에서 노사 간에 한층 더 높은 정보 교환력을 발휘, 조직의 팀별, 집단별, 각 개인별로 지적가치 높은 신제품의 개발 등 창의력, 효율성을 제고, 생산성을 획기적으로 높여 고임금 압박을 흡수해야

한다. 이를 위해서는 신속한 정보교환을 위한 노사상호작용을 촉발시키는 융화의 힘을 순발력 높게 발휘, 창조성 효율성을 증진해야 한다.

그러므로 21세기 노마디즘에서 온통 변하는 가운데 이를 수용하는 '다양성 관리의 중요성' 을 인식, 포용하는 경영관리를 전개해야 한다.

마침 2007년부터 '무파업' 의 노사융화문화가 전개되므로 제2장의 SECI 모델 활용이 가능하다. 생산현장의 PDCA 사이클마다 효율성을 증대, 창조성을 지속적으로 높여, 퇴출 1호의 위기에서 1년여 만에 흑자로 변신한 한국전기초자처럼 조직풍토혁신으로 우리 노사생산성을 높여 경쟁력을 강화해야 된다. 80년대부터 우리는 능력주의, 연봉제, 리더십 등을 도입해 왔다. 이젠 창조성의 조직풍토가 조직의 성쇠를 좌우한다. 전통적 조직풍토의 변혁을 서둘러야 한다.

우리 산업계 일각에는 기아차 노조에 대해 '약탈 노조' 론이 제기되고 있지만 '노조의 순수성' 이 조만간 확립될 것이다. 제4장에서 논의되고 있듯이 생산현장의 정보교환으로 창의성, 효율성 높은 창조성을 창출할 '무분규' '무파업' 으로 노사융화의 분위기가 과거 어느 때보다 고조되고 있다.

조직풍토변혁을 위한 최고 모티베이션은 당사자의 자율성에 있다. 이를 위해 각급 조직의 리더들의 변혁형 리더십을 발휘, 제3장과 같이 리액티브한 저생산성의 타성에 젖은 조직풍토를 변혁해야 한다. 이에는 제1장 4항에서 논급되는 우리 상고대부터 이어져 오는 융화 · 순발력의 정신을 유감없이 발휘해야 한다.

이를 조속히 성취해 나가는 길은 각급 조직의 노사융화의식의 조직풍토로 현장의 조직 내의 생생한 정보의 교환력을 한층 더 높이는 일이다. 생산현장은 물론 마케팅, 영업 판매, 물류, 연구 기획, 지원관리 등등 각 분야별로 PDCA의 효율 및 창조성을 극대화할 암묵지와 형식지의 상호작용, 즉 융화력을 보다 크게 일으키게 해야 한다. 이 융화의식의 상호작용은 우리에게 전통화된 이항대립(二項對立 · binary opposition) 융화의 언어와 사고방식으로 한층 더 큰 효과를 내게 할 것이다. 제2장에서 제시한 글로벌 시장의 경쟁주체인 각급조직의 구성원들 간에, 모두 이 SECI 모델을 활용케 하여 각 개인(I), 집단(G), 조직(O) 간에 지적경쟁력 높은 창조력 효율성으로 무장케 해야 한다. 조직풍토에서 정보교류는 노사융화의 풍토에서만 가능하다. 효율성 높은 창의성을 일으키는 이항대립적인 암묵지와 형식지 간의 상호작용이 우리 융화력으로 한층 더 큰 효과를 내게 할 것임은 틀림없다. 노사융화의 조직을 위해 SECI 프로세스 교육 및 자기계발 훈련도 필수적이다. 효율성 창조력을 높이는 SECI 과정을 위한 융화의 노사문화 및 조직풍토와 변혁형 리더십 등은 '다양성 관리' 의 부대 조치와 서로 연계되어야 한다.

이미 이 SECI 모델을 도입한 경우라도 '이항대립 융화의식' 과 '에포케', '3분 명상력', '낯설게 하기' 등을 참작, 사내 SECI 시스템을 좀더 보강할 수 있을 것이다.

이에는 제5장에서 기술되듯이 우리 기(氣)를 더 높여 우리 융화력 ·

순발력의 저력을 더 크게 활용케 해야 한다. 또한 우리 자신감을 더욱 높이기 위해 반만년 전의 단군조선 때 저 넓은 만주대륙에서 싹튼 기마·농경민족 간의 순발력 높은 융화의식의 시원을 재확인케 하여, 우리에게 잠재하는 역사적 패배의식을 일축, 자신감을 더 높이게 해야 한다. 겸하여 각급 조직의 리더들의 변혁형 리더십 기반을 굳건히 할 동양의 지혜도 제6장에서 거듭 확인케 해야 할 것이다.

이것이 3~4만 불 조기달성 및 우리 선진화를 위한 경쟁력·창조성 강화의 기반을 조성하는 지름길이라고 믿는다.

이 책을 출간함에 있어서 인용된 자료의 저자 제위께 감사함과 함께 잘못된 점은 저자의 귀책임을 확인한다. 겸하여 숭실대학원 송관 교수, 강원대 김병환 교수의 조언에 감사하며, 간지의 그림을 이용하게 해준 전 중앙일보 '왈순아지매' 정운경 화백의 호의에 감사한 말씀 드린다. 또한 출간해 주신 교우사 오판근 대표님을 비롯한 실무제위의 노고에 심심한 고마움을 표한다.

단기 4340년

서기 2007년 12월

조윤형

차례 Contents

표 및 그림 목차

Chapter 1

서 언

1. 우리경제의 현주소

생산성과 경쟁력의 추락

현재 우리 경제는 임금은 너무 올라가는 데 반해 생산성은 오히려 추락하고 있다.

생산성에 비해 높은 인건비가 심각한 부담요인이 되어 기업(생산 현장)이 해외로 이전하는 것은 80년대 후기부터의 오래된 일이다. 또한 생산성보다 높은 인건비 부담의 문제를 안고 있는 심각한 상황이 지속되어 우리의 경쟁력이 최악의 상황이 되었다. 그런데도 강성노조의 지나친 주장과 압박이 10여 년 간 계속되어 '최근 삼성전자, LG전자, 현대자동차 등 대기업들이 잇따라 임금을 동결한 것'[1]은 임금부담 압박을 극복, 대외경쟁력 강화를 위한 기업들의 자구책이라 할 것이다.

---

1) 사설, 5~6년 뒤 한국 경제에 혼란이 닥친다면, 조선일보, 2007년 3월 12일.

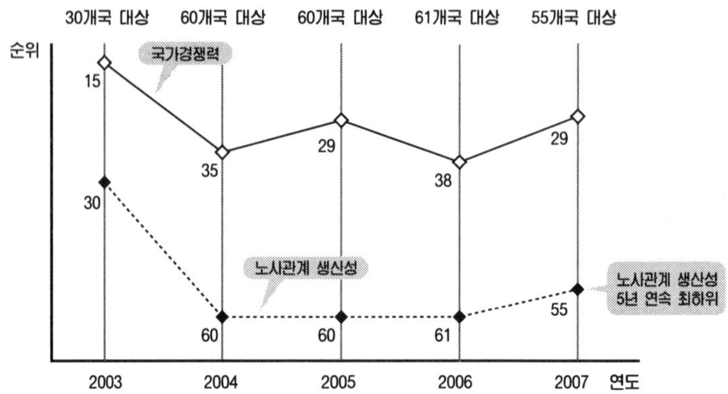

〈그림 1〉 우리나라 국가 경쟁력 및 노사관계 생산성 순위 추이

출처: 경영계, 2007년 6월호, p.28, 한국경총.

'1990년대에는 7%에 달했던 잠재성장률이 급격히 추락하고 있어서 2010년 이후엔 4% 이하로 떨어질 것'[2]으로 우려되고 있다. 〈그림 1〉의 우리나라 국가 경쟁력 및 노사관계생산성 순위 추이에서 확인되듯이 세계경쟁력평가에서 우리나라 노사관계생산성도 최근 5년간 최하위를 기록, 2007년 55개국 중 맨 끝인 55위로 추락하고 있는 것이다. 경제선진화를 위한 특단의 대책이 시급한 실정이다.

또 관련 자료에 따르면 2005년 GDP 기준, 2004년 10위의 자리를 인도에 내준 데 이어 2005년에 2단계가 추락, 브라질에도 추월당해 세계 12위로 떨어졌으며 '최근 5년간 2년에 한 단계씩 하락' 하여 '한

---

2) 박세일, "선진화 혁명, 지금이 마지막 기회", 조선일보, 2007년 5월 28일.

국 GDP는 러시아에 밀려 세계 13위' 가 되었다.[3)]

그러나 희망이 있습니다, 희망을 살립시다

그러나 희망을 살리자. 옛말에 호랑이한테 물려가도 정신만 차리면 산다고 했듯이, 길은 찾으면 열리는 것이다. 끊임없이 지속되는 높은 원유가, 낮은 환율이 계속 심화되는 데도 우리는 '이런 저런 사정으로' 아직도 정부지향성이 남아있는 경향이 큰 나라이다. 그런 의식보다는 온 국인이 미래지향적인 창발의식으로 일상생활을 지원하도록 하자. 정부에서는 고위 공직자부터 온 국민의 창발성을 지원하고, 각급 기업들은 물론 각급 학교, 대학의 교수부터 초등학교의 선생에 이르기까지, 또한 노조와 시민단체 등이 모두 미래지향적인 창발의식을 갖고 일상생활을 하도록 해야 할 것이다.

2. 참으로 중요한 학계와 언론의 제언

정부 고위공직자로부터 미래 창발의식으로

조동성 서울대 교수는 2007년 8월 1일 조선일보에 '창조경영, 삼성만의 숙제인가' 하는 시론을 제기했다. 사실 창조경영 또는 창발성은 삼성만의 과제가 아니다. 21세기 오늘날의 노마디즘 시대를 살아가야

---

3) 이진석, 한국경제, 브라질에 추월당해…, 조선일보 2006년 8월 29일.
이경은, 한국 GDP 러시아에 밀려 세계 13위, 조선일보, 2007년 7월 31일.

하는 정부의 고위공직자부터 가정에서 육아에 전념하는 주부에 이르기까지 미래지향의 창발성을 마음깊이 간직하고 일상을 지내야 한다고 믿는다.

조동성 교수의 '창조경영, 삼성만의 숙제인가' 하는 조선일보의 시론을 음미해 보자.

"불과 2~3년 전까지만 해도 경영자가 갖추어야 할 덕목 중 첫 번째는 혁신(革新)이었다. 혁신의 대명사로 일컬어졌던 잭 웰치(Welch) 전 GE 회장은 1981년 180여 사업부 중에서 의료, 서비스, 금융 등 세 분야를 중심으로 43개 사업만 남겨놓고 모두 없애버렸다.

삼성의 이건희 회장 역시 1993년 "마누라와 자식만 빼고 모든 것을 바꾸라"며 혁신을 부르짖은 뒤 60여 개 자회사 중 전자, 금융, 서비스 분야만 남겨놓고 대폭 정리한 다음 삼성전자에 총력을 기울여 세계적인 회사로 탈바꿈시켰다.

그러나 오늘날 기업 경영자의 키워드는 창조(創造)로 바뀌었다. 혁신 전도사 잭 웰치 대신 애플컴퓨터의 스티브 잡스(Jobs)가 창조경영의 대명사로 떠오르고 있고, 이건희 회장 역시 미래를 위한 키워드로 혁신을 버리고 창조를 내세우고 있다. 그는 최근 "2010년 정도 되면 지금 예측하기 힘들 정도의 급속한 변화가 일어날 것이다. 창조경영으로 미래 변화에 대비해야 한다"고 말했다.

언뜻 보면 비슷한 말 같지만 혁신이 기존 방식을 바꾸는 것이라면 창조는 무에서 유를 만드는 것이라는 점이 다르다. 모르는 것을 만드는 것이기 때문에 어디서부터 시작해야 하는지 알 수 없고 혁신에 비해서 체계적 접근이 어려울 수밖에 없다.

하지만 아는 것을 바꾸는 혁신은 그 범위와 가능성이 유한한 반면, 창조는 은하수를 포함한 우주 이상으로 무한한 가능성이 있다. 현재 우리가 알고 있는 것은 모르는 것의 1%, 아니 0.0001%도 안 되기 때문이다.

또 혁신은 익숙한 것을 버려야 하지만, 창조는 익숙한 것이 없으므로 버릴 필요가 없다. 이 점에서는 더 쉽다고도 할 수 있다.

이제 전 세계 모든 기업들에 창조경영은 새로운 코드로 등장했다. 혁신을 성공적으로 완수한 조직은 새로운 프런티어와 무한한 미래를 창조경영에서 모색하고 있다. '무국경의 글로벌화' 란 국경선이 모두 허물어진 오늘날 한국의 삼성, LG, 현대 등 대기업은 물론이고 중소기업, 벤처기업 모두 창조경영을 해야 한다.

국가도 예외일 수 없다. 10년 후의 신(新) 성장동력 확보가 지상 과제가 된 지금, 비전과 상상력으로 '사막 위에서 뉴욕' 을 건설한 셰이크 모하메드(Mohammed) 두바이 통치자의 창조적 리더십을 배워야 한다.

혹자는 창조란 하느님이 주신 선물(gift), 즉 타고 태어나는 것이지 공부해서 습득하는 것이 아니라고 한다. 그러나 이는 진실이 아니다.

창조를 등산에 비유해 보자. 높이 8,848m인 에베레스트 산에 올라갈 때 해발 0m에서 시작하는 사람은 없다. 해발 4,800m, 5,300m, 그리고 더 높이 베이스캠프를 칠수록 더 많은 사람들이 올라갈 수 있고, 정상에 도달할 가능성이 높아지는 것이다. 등산이 과학과 체력이 합쳐서 이루어지듯이, 창조 역시 체계적 접근과 상상력이 합쳐져서 이루어지는 것이다.

창조경영의 출발은 백지 위에 미래에 도달하고 싶은 모습, 비전을 그리는 것이다. 하지만 창조경영에 더욱 중요한 과제는 비전을 실현하는 데 필요한 환경과 자원을 창조하는 것이다. 내가 원하는 환경과 자원을 찾을 수 없다면 만들어 넣어야 한다. 있는 환경과 자원을 활용하는 방법만 따지는 소극적인 사고에서 벗어나야 하는 것이다.

삼성이 창조경영을 한다는 것은 더 이상 본받을 만한 기업이 없다는 뜻이고, 삼성을 세계 제1의 기업으로 올려놓겠다는 뜻이다.

국가도 마찬가지이다. 우리가 세계 일류 국가가 되려면 혁신만으로는 안된다. 5년 후, 10년 후, 우리나라가 지향해야 할 비전을 만들고, 이를 달성하기 위해 필요한 환경과 자원을 창조해야 한다."[4)]

이러한 조동성 교수의 제언을 전적으로 동감한다. FTA 시대의 우리의 과제는 지난 세기 공업화 과정과는 달라야 한다. 〈표 1〉에서 제시되었듯이 2030년대까지만 하더라도 여러 측면에서 창발성이 요구된다. 그래서 창조력의 노사문화로 생산현장, 여업 판매 마케팅, 연구개발 기획, 총무 등의 지원관리의 문제해소, 즉 창조력 높은 생산성 증대를 위해, 제2장의 SECI 프로세스의 과제가 제기된다. 이런 까닭

---

4) 조동성, 창조경영, 삼성만의 숙제인가, 조선일보, 2007년 8월 1일, 시론.

에 '혁신'과 '창조', '효율'은 동시다발적이어야 한다. 후술하듯이 2007년 7월까지 440여개사의 노조가 무파업을 선언, 노사융화의 문화전개가 가능해진 현 단계의 우리로서는 노사 간 교류되는 형장의 정보를 바탕으로 '창조'와 효율적 '혁신'이 동시다발, 지속적으로 일어나야 한다고 보는 것이다.

때마침 한 · 미 FTA가 체결되어 다행하기 그지없다. 그러므로 중대한 후속 과업에의 대비가 틀림없어야 할 것이다. 이를 밝혀보기로 하자.

한 · 미 FTA 체결에 따른 중요 상황이 격변하는데 준비할 시간이 3~4년에 불과하다. 그러므로 우리는 이 기간에 우리가 할 수 있는 준비에 심혈을 기울여야 한다. 경제사를 전공하는 이영훈 서울대 교수의 농본(農本)의식 대신 상본(商本)주의를 견지하자는 제언을 확인해 보자.

큰 시장에서 '큰 상인'이 되기 위해

'4만 년 전 현생 인류인 호모 사피엔스가 유럽 대륙에 도착하자 먼저 살고 있던 원생 인류 네안데르탈인이 사라졌다. 호모 사피엔스가 네안데르탈인이 갖지 못한 '교환'과 '전문화'의 능력을 갖추었기 때문이다. 호모 사피엔스의 주거지에서는 그 지역에서 발견되지 않은 석기와 멀리 떨어진 해변에서 온 조개 장신구 등이 발굴되었다. 교환과 전문화의 이점(利點)으로 호모 사피엔스는 보다 많은 식료(食料)를 얻었다. 자연이 제공하는 식료는 제한되어 있으므로 보다 적은 식료의 네안데르탈인은 소멸하고 말았다. 동유럽에 가면 "태초에 상업이 있었다. 그 다음에 국가와 그의 영광이 찾아왔다"는 말이 있다. 사람들은 농업과 국가의 역사가 먼저인 줄 알지만 그렇지 않다. 상업과 상인이 먼저이다.

16세기 이후 세계 상업의 중심은 대륙에서 바다로 옮겨졌다. 조선 왕조는 바다를 소홀히 하였다. 바다는 기회가 아니라 장벽이었다. 그 대신 좁은 골짜기의 농사에 집착하였다. 1917년 한반도의 농지는 487만ha였다. 한반도의 1.4배인 일본열도(홋카이도 제외)의 농지는 1872년에 484만 ha였다. 우리 조상들이 얼마나 골짜기를 열심히 파헤쳤는지 이를 통해 알 수 있다. 그 결과 20세기에 들어와 어떠한 일이 벌어졌는지는 물을 필요도 없다. 한국인이 인간의 원초 본능인 상업에 다시 충실하게 된 것은 1960년대부터이다. 그때부터 바다로 뛰쳐나가 오대양 육대주를 누볐다. 그러했던 40년간의 보답으로 교역 규모 10위의 중강국(中强國)이 되었다. 세계 최대의 경제대국인 미국과 시장을 통합하게 되었다. 한 시대의 위업이 이루어진 논리는 간단하다. 국가 이전의 원초 질서인 상업에 충실했기 때문이다.

이조 이래 '농본의식' 수정, '상본주의' 부식

상업은 모험이다. 큰 이문을 보기 위해 미지의 나라로 알지 못하는 고객을 찾아 무작정 배를 띄우는 것이다. 상인의 모험심에 시장은 기회로 보상한다. 매스컴에 자주 얼굴이 비쳐 친숙해진 미국 상무부의 웬디 여사가 매일 지나다니는 현관 위에는 진정한 상인이라면 귀담아 들을 몇 가지 경구가 새겨져 있다. 그중 하나는 이렇다. “상업은 모든 바람을 우습게 여기고 모든 폭풍우를 차고 나가며 모든 지역을 정복한다.” 16세기 이래 거친 바다에 배를 띄웠던 유럽 상인들의 진취적 기상을 노래한 시이다. 미국과의 시장통합에 나라경제가 망가지리라는 경계의 목소리가 높다. 그렇게 겁이 많아서는 큰 시장의 큰 상인이 될 수 없다. 지난 40년간의 역사를 보면 애당초 그렇게 소심한 민족도 아니었거늘.

큰 상업은 큰 신뢰이다. 신뢰가 없는 상업은 얼굴을 마주하고 손에 쥐고 있는 것을 바꾸는 정도의 작은 거래이다. 옛날 시골장터의 거래가 그러했다. 그에 비해 큰 시장은 바다 건너 얼굴을 모르는 사람끼리 물건도 보지 않고 하는 큰 거래이다. 거기엔 큰 신뢰가 필수적이다. 신뢰란 무엇인가. 미국 상무부의 다른 현관 위에는 “열국(列國) 간의 통상은 공정하고 공평해야 한다”는 글이 새겨져 있다. 그렇게 신뢰는 공정이요, 공평이다. 공정이란 다른 사람에 기여한 만큼 보상을 받는 것이다. 팔리지 않는다고 농산물을 아스팔트 위에 팽개치면서 “먹고 살게는 해 줘야 될 것이 아니냐”고 소리치는 것은 공정한 경제행위가 아니다. 자동차는 팔아먹고 쌀과 쇠고기는 사주지 않는다면 공평한 거래라고 할 수 없다.

한 · 미 FTA의 비준을 둘러싸고 한바탕 소란이 일 전망이다. 실제 농민은 7%밖에 되지 않지만 마음이 농업에 머물고 있는 사람들이 많기 때문이다. 아직도 상인을 우습게 알면서 상업이 먼저인 줄 모르는 도덕군자들이 적지 않다. 걸핏하면 단식을 하면서 농민적 집단생존의 윤리를 입에 올리는 포퓰리즘의 정치가 여전하다. 폭풍우를 뚫고 배를 띄울 생각은 하지 않고 자꾸만 과거사로 얼굴을 붉히는 민족주의자들이 군집을 이루고 있기 때문이다. 이제는 마음을 바꾸어야 한다. 농본주의(農本主義)에서 상본주의(商本主義)로의 일대 전환이 필요한 때이다.' [5)]

적대적 노사관계가 한국경쟁력 떨어뜨려

피터 로랑지 스위스 국제경영개발원(IMD) 사무총장은 2007년 8월 23일 "한국의 정부, 기업, 노조 등 이해 관계자 모두가 노사문제를 국내문제로만 인식하는 경향이 있다"며 "세계적으로 한국의 노동경쟁력이 떨어지고 있다는 사실이 우려스럽다"고 밝혔다.

로랑지 총장은 이날 한국경영자총협회 주최로 서울 중구 소공동 롯데호텔에서 열린 조찬강연에서 "한국의 대립적이고 군사적, 하드코어적인 노사관행이 국가경쟁력 평가에 반영되고 있다"며 이같이 강조했다.

'한국경제와 기업에 대한 조언'이라는 제목으로 진행된 강연에서 그는 "최근 한국이 선전(善戰)하고 있지만 다른 나라도 역시 선전하고

---

5) 이영훈, 큰 시장에서 '큰 상인'이 되기 위해, 조선일보, 2007년, 4월 7일, 시론.

있다"며 "삶의 질 평가에서도 가장 중요한 것은 갈등, 특히 노사갈등이 없어야 한다는 것"이라고 말했다.

이어 "한국의 전체 경쟁력이 낮은 등급에 머문 데는 한국의 높은 인건비가 큰 원인이 되고 있다"며 "기업의 경영관행이나 외국인에 대한 인식도 좀 더 개방적으로 변해야 한다"고 주문했다.

로랑지 총장은 "외국인에 대한 적대적이고 배타적인 태도를 버려야 해외의 우수한 인재를 유치할 수 있다"고 덧붙였다.

참석자들과의 질의응답에서 "기업이 느끼는 한국의 매력도가 몇 년 전에 비해 떨어졌다"며 "기업에 대한 정부의 적대적인 태도가 우호적으로 변화해야 하고 인건비 인하, 교육 제도 개혁이 필요하다"고 강조했다.

IMD는 국가경쟁력평가에 있어 세계적인 권위를 갖고 있는 기관으로 한국은 올해 IMD의 종합평가에서 29위였다고 했다. 노사관계의 생산성 부문에서는 한국은 2006년 평가대상 61개 국가 중 61위, 2007년에는 55개 국 중 55위로 모두 꼴찌였다.[6]

이와 같은 IMD 피터 로랑지 총장의 평가는 매우 적절하고 또 고마운 말이다. 그렇지만 2007년 들어서 '무파업 선언' 이 이어지는 등 융화의 노사문화가 전개되기 시작했다고 보는 것이 지나친 속단이 되지 않기를 바란다. '약탈 노조' 로 평기 받고 있는 기아차 노조 등은 논외

6) 조용우, 동아일보, 2007년 8월 24일.

가 되기는 한다.

그런데 1987년 강성 노조가 일어날 당시 현대엔진(현, 현대중공업) 노조 위원장과 현대그룹 노조의장이었었고, 현재 뉴라이트 신노동연합 권용목 상임대표는 "… 당시와 20년 후인 오늘의 노동 현장의 상황을 비교한다면…?" 하고 묻는 동아일보 기자와의 인터뷰에서, "… 그때는 현대그룹 계열사 근로자들조차 공장에서 일해 모은 돈으로 구멍가게를 여는 게 소원이던 시절이었다. 지금은 대졸자가 학력을 속이고 대기업 생산직으로 들어가려고 할 정도로 처우가 좋아졌다. 20년 전 노조는 순수했다. 위원장 월급도 일반 조합원들과 비슷했다.…"[7]고 실토하는 정도이기 때문에 '약탈노조론'을 일으키는 기아차 노조 등의 문제가 해소되어 좋은 사회분위기가 이루어지기를 기대한다.

노조의 순수성이 문제인 것이다.

한 · 미 FTA의 후속 과업에 대비하자

이렇듯 어려운 상황에서 다행히 '한 · 미 관계 "안보+경제 동맹"으로 발돋움' 하는 한 · 미 FTA가 체결되어 큰 기대와 희망을 갖게한다. 이 한 · 미 자유무역협정에 따라 "한국 제품은 거대한 미국 시장에 무관세(無關稅)로 들어가는 반면, 일본 제품은 평균 4% 내외의 관세를 지불하게 된다. 일본 기업 중 한국으로 공장을 이전하는 경우도 생겨나

---

7) 김기현, 권용목 대표 "변한건 내가 아니라 노동운동의 순수성", 동아일보, 2007년 8월 23일.

고 결국 일본 경제는 심각한 공동화(空洞化)를 맞게 된다”[8]는 것이다. 실제 FTA는 ‘개방과 경쟁’을 뜻한다. 일본의 예와 함께 유럽의 공장도 미국의 관세를 피할 수 있는 한국으로 들어올 가능성이 있으므로 우리는 경쟁력을 더욱 강화해야 한다. 이와 관련된 여러 가지 조건과 여론을 살펴본다.

대한민국, 기회와 도전의 바다로 나서다

[한국과 미국의 ‘경제동맹’ 시대가 열린다. 2006년 2월 3일 한 · 미 자유무역협정(FTA) 협상이 시작되고서 424일 만이다. 한 · 미 안보동맹 위에 한 · 미 경제동맹이 겹쳐졌다. 경제동맹은 안보동맹을 강화시키는 효과를 갖게 되고 안보동맹은 경제동맹을 뒷받침하는 기반을 제공한다.

한 · 미 FTA는 두 나라 간의 FTA로는 세계 최대 규모 무역협정이다. NAFTA(북미 자유무역협정)는 미국 · 캐나다 · 멕시코 3개국 간의 협정이다. 한 · 미 FTA의 경제 · 사회적 파급효과와 충격은 이전의 어떤 국제조약 · 통상협정과 비교할 수 없을 만큼 크다. 1948년 대한민국 건국 이후 한 · 미 FTA와 비교될 수 있는 국제협정은 한 · 미 안보조약과 한 · 일 협정 정도뿐이다. 노무현 대통령과 김현종 통상교섭본부장, 김종훈 수석대표 이하 정부 협상단은 고비 고비를 넘기며 여기까

---

8) 박용근, 한 · 미관계…, 조선일보, 2007년 3월 31일.

지 길을 헤쳐 왔다.

선진화를 달성한 세계 제 2위의 경제대국 일본과 선진화의 목표를 향해 질주하는 중국 사이에 끼여 '샌드위치'가 돼가던 한국 경제가 한·미 FTA를 통해 새로운 도약의 기회를 맞았다. 미국은 2006년 수입액이 1조 8551억 달러에 이르는 세계 최대 시장이다. 한국은 미국 시장에 지난해 458억 달러어치의 상품을 수출했다. 중국의 수출액은 2878억 달러였다. 미국 시장에서 한국 상품의 점유율은 2000년 3.3%에서 2006년 2.5%로 떨어졌다. 중국은 8.6%에서 15.5%로 증가했다. 무엇보다 가격 경쟁력에서 중국 상품에 밀렸기 때문이다.

한·미 FTA, 경제도약의 계기로

FTA가 발효돼 평균 4.9%의 관세 부담이 없어지면 이 상황을 뒤집는 역전(逆戰)의 계기를 마련할 수 있게 된다. 자동차·섬유·부품소재·디지털 TV 등의 수출이 더 활발해질 것이다. 소형 화물차처럼 25%나 되는 관세율 때문에 수출이 불가능했던 품목에서 새로운 시장이 열릴 수도 있다. 미국 공항이나 항만에서 길게는 5일까지 걸리는 대미(對美) 수출품 통관 절차가 앞으로는 48시간 안에 끝나게 되는 것도 큰 도움이 될 것이다.

수출만 늘어나는 것이 아니다. 일본과 유럽연합(EU) 기업들이 미국에 수출할 때 무(無)관세 혜택을 받기 위해 한국에 공장을 짓는 등 한국에 대한 투자를 늘릴 가능성도 커진다. 대외경제정책연구원(KIEP)은 한 · 미 FTA 체결 이후 외국인 직접투자가 연간 30억 달러 이상 늘 것으로 내다봤다.

수출이 늘고 투자가 늘어나면 일자리도 많아진다. 국민소득도 늘고 성장률도 높아진다. 세계에서 가장 비싼 쇠고기를 먹어야 했던 소비자들에게도 수입 쇠고기 값이 10~20% 떨어지는 이득이 돌아간다. 값싸고 질 좋은 상품과 서비스 공급도 늘어날 것이다. 소비자 이익만도 연간 3조원이 넘을 것이라는 분석이다.

경제 외적 효과의 극대 활용

한 · 미 FTA에서는 이런 경제적 이익 못지않게 눈에 보이지 않는 효과도 있어서 중요하게 된다. 국내 제도와 관습을 글로벌 스탠더드에 맞게 개선하고 선진기술과 경영기업을 받아들여 산업구조를 고도화하는 계기가 될 수 있다. 1996년 유통시장 개방으로 다 망할 것이라고 했던 한국 유통업체들이 오히려 선진기법을 배워 경쟁력을 키워 결국 월마트와 까르푸를 국내 시장에서 몰아냈다. 한 · 미 FTA는 국내 산업 전반에 걸쳐 이런 개방의 효과를 내자는 것이다. 외압(外壓)을 스스로 끌어들여 우리의 경제체질을 강화하는 자기 갱신(更新) 전략이다.

아쉬운 점도 많다. 교육 · 의료를 비롯한 88개 서비스 업종이 시장개방에서 제외돼 한 · 미 FTA를 통해 서비스산업 경쟁력을 끌어올리겠다는 당초 의도가 상당히 빛이 바랬다. 교육과 의료 시장은 미국의 요구가 없다는 이유로 일찌감치 개방에서 제외됐고 다른 업종들도 관련 기업과 근로자들의 반발 등으로 빠졌다. FTA에 대한 반대 여론을 무마하고 협상을 시한(時限) 내 마무리 짓기 위해 미국과 덜 주고 덜 받는 식의 작은 거래(small deal)를 한 것이다.

한 · 미 FTA의 부작용 극소화

물론 한 · 미 FTA에는 '그늘'도 있다. 경쟁력이 약한 산업과 기업은 쉽게 바람을 탈 것이다. 일부 기업은 개방과 경쟁의 바람에 넘어질 수도 있다. 농업이 대표적으로 그렇고 반도체 제조장비 · 의료용 기기 등 정밀기계, 도료(塗料)와 의약 · 화장품 원료 등 정밀화학 부문도 힘겨워질 것이다. 신약(新藥) 특허기간과 저작권(著作權) 보호기간이 늘어나 제약업과 문화산업 부문의 로열티 · 저작권료 부담도 커진다.

경쟁력이 약한 부문과 강한 부문 사이에 임금격차가 벌어져 양극화(兩極化) 현상이 심화될 수도 있다. 산업 구조조정 과정에서 단기적으론 8만 5000개의 일자리가 사라질 것이라는 전망도 있다. 이에 따른 사회적 대립과 마찰을 잘 다스리지 못하면 한국 경제를 선진화의 길로 이끌기 위한 한 · 미 FTA가 산업간 · 계층간 갈등을 키울 수도 있다.

그래서 한 · 미 FTA의 기대효과를 최대한 살리려면 취약 산업 · 계층에 대한 창의적이고 현실적 지원방안을 내놓아야 한다. 우루과이라운드 이후 60조원이 넘는 돈을 농업 지원에 쏟아부었으나, 그 많은 돈에서 새 싹이 튼 게 아무 것도 없었다. 돈만 날린 것이다. 이런 잘못을 되풀이해서는 안 된다.

이제 국회 비준 동의와 국민을 설득해야 하는 과제가 남아 있다. 대통령은 한 · 미 FTA가 안겨줄 새로운 기회와 도전에 국민 모두가 동참하도록 설득하는 데 마지막까지 힘을 다해야 한다. 대선주자들도 당당하게 자신들의 의견을 내놓고 정당들도 찬성하든 반대하든 논의를 이성적이고 합리적으로 이끌어야 한다.[9)]

한국 경제 경쟁력 확고히 다져야

금후 한 · 미 FTA는 양국 국회 비준과 대통령의 서명 등 여러 가지 절차가 남아 있다. 하지만 우리 산업계로서는 경쟁력의 기초를 굳건히 다지는 것이 무엇보다 중요하다. 경쟁력에는 디자인 · 성능 · 품질의 3요소를 혁신해 내기 위한 기술개발, 국제시장의 협상 등 여러 가지가 있겠지만, 가장 중요한 과제는 기업과 노조의 혁신에 달려 있다. 이와 관련, 2007년 4월 4일 조선일보는 '기업과 노조는 한 · 미 FTA 현실을 보라' 고 다음과 같은 사설을 실었다.

기업과 노조는 한 · 미 FTA 현실을 보라

"한 · 미 자유무역협정(FTA) 시대를 열기 위한 정부 간 협상이 타결됐다. 기업과 노조는 한 · 미 FTA 시대의 모습을 바로 볼 줄 알아야

---

9) 사설, 대한민국, 기회와 도전의 바다로 나서다, 조선일보, 2007년 4월 3일.

한다. 한 · 미 FTA로 한국과 미국의 시장이 관세가 없어지는 하나의 시장으로 통합된다고 해서 기업들이 득(得)만 보는 게 아니다. 기업을 감싸고 있던 정부의 보호막도 함께 사라지고 소비자의 선택도 국내시장이란 울타리를 넘어 세계시장으로 개방된다. 기업들은 같은 물건이면 'Made in Korea'를 찾던 애국자 형(型) 소비자 대신 값과 품질만을 기준으로 하는 소비자와 만나게 된다.

한 · 미 FTA는 자동차산업 도약의 계기

당장 현대 · 기아차가 독점적(獨占的) 혜택을 누려온 국내 자동차시장에 미국 차 및 미국산 일본 차와 미국산 독일 차들이 몰려올 것이다. 미국시장에서 인기 높은 혼다 어코드 3000cc는 지금 수입 판매가가 3900만 원쯤 한다. 관세 8%가 없어지고 딜러들 간에 경쟁이 붙으면 3000만원까지 떨어질 수 있다고 한다. 도요타 캠리 2400cc도 2500만원이면 살 수 있을 것이라고 한다. 같은 배기량의 현대차보다 값이 싸거나 비슷해진다.

경영혁신과 노조의 구태 변혁

현대차 경영진과 노조는 이래도 새로운 소비자들이 현대차를 고를 것이라고 자신할 수 있는가? 현대차 노조가 정치성 구호나 턱없는 요구를 앞세우고 지금처럼 툭하면 생산라인을 세우고 파업을 계속한다면 소비자들이 그래도 현대차 쇼윈도만 쳐다보지는 않을 것이다.

한 · 미 FTA 시대에 들어서면 회계 부정과 편법(便法) 상속 같은 문제로 기업 가치를 떨어뜨리는 경영주들은 머지않아 벌거벗은 채 찬바람 부는 벌판에 서게 된다. 이것이 하나 된 세계 시장의 또 다른 현실이다.

한국경제 샌드위치 탈출시간 고작 3~4년

영국 파이낸셜타임스는 2일 "한 · 미 FTA는 한국이 일본과 중국 사이에 끼인 '샌드위치' 상태에서 벗어날 경제개혁의 촉매제가 될 것"이라고 지적했다. 여기에는 우리 기업들이 먼저 기득권에 젖은 구태(舊態)노조, 구태경영과 과감히 경별해야 한다는 전제조건이 붙어 있다. 한 · 미 FTA를 지렛대로 한국경제가 샌드위치 신세를 탈출할 수 있는 시간은 고작해야 3~4년에 불과하다. 미국이 중국, 일본과 FTA를 체결하면 한 · 미 FTA에 따른 한국의 상대적 우위(優位)는 곧바로 사라지기 때문이다.

절대 멕시코의 실패는 닮지 말기

1994년 미국과 FTA를 체결한 멕시코는 개방을 경제발전으로 연결하지 못했다. 개방만 했지 후속 대책이 없었기 때문이다. 한국이 멕시코의 뒤를 따를 수는 없는 것이다. FTA는 기회이자 위기이기도 하다. 기업도, 노조도 제정신을 되찾아야 한다.

3. 기대와 희망을 크게 가집시다

'士農工商'의 '士'를 서비스로 변신되도록

이제야말로 이조 5백년간에 굳어졌던 사농공상이라는 의제(擬制)된 고정관념은 이제 확 바꿔야 한다. 그러자면 사(士 · 벼슬), 즉 '철밥통'의 공무원이 서비스 정신으로 변해야 한다. 기업에 군림하고 간섭하는 자세는 고쳐서 창조 · 도약하는 기업에 필요한 서비스를 해 주도록 거듭나는 변혁을 해야 한다. 또 필요하다면 구시대적인 낡은 제도는 과감하게 고쳐나가는 데 앞장서야 한다. 그래서 '정부가 안 바뀌면 "FTA 쇼크" 온다고 혁신을 외치는 큰 소리를 확인해 본다.

또한 우리 의식 속에 깊어져 있는 '농본' 의식도 가능한 한 바꾸어서 기업본위의 '상본' 주의를 살리도록 해야 한다. 우리의 고유한 '개성상인'의 정신을 살리도록 하자.

다행한 일은 포스코에서 1970년대부터 연구개발해 온 파이넥스 공법 등이 히트를 치고 있다.

그런데 미국 교포사회에서 "칼로스 쌀보다 2배 비싸도 잘 팔려요" 하는 소식도 들어 왔다.

포스코 '파이넥스' 개발

친환경적 공법… 시설투자비 · 원가 15~20% 줄여

포스코가 기존 용광로 공법에 비해 시설투자비와 생산원가를

15~20% 가량 절감할 수 있는 차세대 제철 신기술인 파이넥스(FINEX)를 개발, 상용화하는 데 성공했다. 이 기술은 황산화물과 질소산화물 등 환경오염 물질 배출량도 기존 용광로보다 훨씬 적어, 거세지는 국제 환경오염 규제를 넘을 기술로 꼽히고 있다.

세계적인 업체들도 1970년대부터 환경오염이 심하고 원료 가공비용이 비싼 용광로공법을 대체할 신기술을 개발해 왔으나, 본격 상용화에 성공한 것은 포스코가 처음이다.

포스코는 2007년 5월 30일 포항제철소에서 노무현(盧武鉉) 대통령과 김영주(金榮柱) 산업자원부장관 등 1000여명이 참석한 가운데 연간 생산량 150만 톤 규모의 파이넥스 상용화 설비 준공식을 가졌다.

파이넥스 설비는 용광로와 달리 가루 형태의 철광석과 일반 석탄을 그대로 사용한다. 용광로에 비해 투자비는 20%, 원가는 15% 가량 절감할 수 있다. 또 철 함유량이 많은 고품위 철광석을 주원료로 하는 용광로와 달리 가격이 저렴한 저품위 철광석도 원료로 사용할 수 있는 장점이 있다. 환경오염 물질인 황산화물과 질소산화물 배출량도 기존 용광로의 3%와 1%밖에 되지 않는다.

이렇듯 친환경 공법을 세계 최초로 개발, 우리 철강사업이 세계에서 한층 높은 각광을 받게 된 것이다.

파이넥스란 :

파이넥스 설비는 자연에서 채취한 가루 형태 철광석에 일산화탄소를 불어넣어 미리 환원반응(철광석에 포함된 산소를 제거)을 일으킨 뒤 용융로(鎔融爐)에 바로 집어넣는다. 석탄도 가루탄을 조개탄 모양으로 만들어 용융로에 넣고 산소를 불어넣으면서 철광석과 함께 태운다. 가루 철광석을 그대로 써 비용이 저렴하고 환경 오염물질 배출도 적게 된다.[10)]

우드 주한 미7공군사령관 "한국산 T-50 탁월해요"

"T-50의 탁월한 비행 성능에 감탄했다. 매우 훌륭한 항공기입니다."

스티브 우드 주한 미7공군사령관(소장)은 16일 국산 초음속 고등훈련기인 T-50에 탑승해 지휘비행을 끝낸 뒤 감탄사를 연발했다.

우드 사령관은 이날 광주 제1전투비행단에서 김형래(40 · 공사 39기) 소령이 조종간을 잡은 T-50의 후방석에 앉아 1시간 동안 지휘비행을 했다. 한반도에 주둔하는 미 공군의 야전사령관이 T-50에 탑승하기는 이번이 처음이다.

1975년 임관한 우드 사령관은 3400시간 이상의 비행기록을 보유하고 있으며 1991년 걸프전에도 참전했다. 그를 태운 김 소령은 1991년 임관한 베테랑 조종사로 2089시간의 비행기록을 갖고 있다.

공군 관계자는 "우드 사령관이 한국에서 개발된 항공기를 타 보고 싶다는 의사를 전해와 비행이 성사됐다"면서 "한미 공군의 연합작전

---

10) 최윤식, 포스코 '파이넥스' 개발, 조선일보, 2007년 5월 31일.

수행을 위한 능력을 점검하는 좋은 계기가 됐다"고 말했다.

우리의 T-50 훈련기가 해외수출의 호재가 된 것이다.[11]

이렇게 한국 방위산업이 글로벌 파워로 부상[12]되고 있다. 그런데 이와는 달리 현대 베라크루즈가 렉서스 RX350을 능가하고 있다는 소식도 있다.[13] 또한 벤츠에 현대차 엔진을 단다[14]는 것이 현실로 되었다. 이에 더하여 현대차 엘란트라가 연비 좋은 차 1위[15]에 뽑혔다는 외신도 있다.

현대차가 2007년 6월 미국에서 사상 최고 실적[16]을 올렸고, 이에 더하여 현대차가 "아프리카, 중동, 중남미에서 차 없어서 못 판다"[17]는 외신도 들어왔다.

다른 한편 사양산업 섬유에서 '극세사(極細絲)'를 건지고 있다. 극세사(micro-fiber)는 머리카락의 약 100분의 1 굵기의 아주 가는 실로 보통 폴리에스테르로 만든다. 일반 섬유와 비교해 촉감이 부드럽고 이물질을 잘 닦아낼 수 있으며 보온성과 흡수력, 항균성이 뛰어나다. 예전엔 인조 피혁이나 여성용 블라우스 등 의류용으로 많이 사용됐지

---

11) 윤상호, 우드 주한 미7공군사령관 "한국산 T-50 탁월해요" 동아일보, 2007년 7월 17일.
12) 김승련, '한국 방위산업 글로벌 파워 등장' 동아일보, 2007년 7월 18일.
13) 김태진, '현대 베라크루즈, 렉서스 RX350 능가', 중앙일보, 2007년 6월 6일.
14) 김태진, 벤츠에 현대차 엔진 단다, 중앙일보, 2007년 7월 10일.
15) 연합뉴스, 현대차 엘란트라 연비 좋은 차 1위, 연합뉴스 2007년 7월 2일.
16) 석동빈, 현대차 지난 달 美서 사상최고 기록, 동아일보, 2007년 7월 5일.
17) 서울=연합뉴스, 2007년 10월 29일.

만 최근 침구류와 목욕용품 등으로 사용처가 확대되고 있다.[18]

8년마다 어김없이 실현한 '황(黃)의 법칙'
삼성전자, 30나노 64기가 낸드플래시 세계 첫 개발

삼성전자가 07년에도 첨단 메모리반도체 개발에 성공하여 '메모리 신(新)성장론'〈일명 '황의 법칙'〉을 8년째에 입증했다. 이로써 삼성전자는 앞으로도 세계 메모리반도체시장에서 1위를 이어갈 결정적 발판을 마련하게 됐다.

삼성전자는 2007년 10월 23일 세계 최초로 '64기가비트(Gb) 낸드플래시'(전원이 꺼져도 저장된 데이터를 보관해주는 디지털카메라 · 휴대폰용 저장 반도체)를 개발했다고 밝혔다. 64Gb 낸드플래시는 어른 엄지 손톱만한 크기에도 불구하고 DVD급 영화를 5편 저장할 수 있는 대용량 메모리반도체이다. 지금까지 개발된 낸드플래시 중 최대는 지난해 삼성전자가 개발한 32Gb 제품이었다. 반도체총괄 전준영 상무는 "제품이 양산(量産)될 2009년 이후의 세계 시장에서도 주도권을 이어갈 계기를 마련한 셈"이라고 말했다.

도시바 등의 맹렬한 공세를 떨쳐버리고, 발상 전환과 황창규 사장의 8년 연속 신성장론의 입증 및 한국의 메모리 신(新) 성장론이 각광을 받으며, 이를 구현한 반도체 첨단 가공 기술 역시 높은 평가를 받

18) 이성훈, 사양산업 섬유…, 조선일보, 2007년 10월 29일.

게 되었다.

메모리 신(新)성장론〈일명 '황의 법칙'〉은 같은 크기의 메모리반도체에 저장 가능한 데이터 용량을 1년마다 두 배씩 늘릴 수 있다는 이론으로 황창규 사장이 지난 2002년 국제반도체학회(ISSCC) 총회 기조연설에서 발표하면서 전 세계에 알려졌다. 일명 '황의 법칙' 으로도 불린다. 이를 구현하려면 반도체업체들이 매년 그만큼의 반도체 첨단가공 기술을 개발해내야 한다.[19]

4. 한국인의 융화의식과 창발성의 뿌리

노사생산성증대의 방식을 모색하는 입장에서는 경쟁력 · 창조성을 일으킬 산업생산현장의 살아 있는 정보가 무엇보다 중요하다. 이는 노사 간의 생산성을 높일 현장의 생생한 정보교환의 중요성을 뜻한다. 이를 위해서는 우리 융화의식과 창발성의 뿌리, 즉 시원(始原)을 먼저 밝혀보는 것이 순서일 것이다. 생산현장의 개선해야 할 불합리한 점을 캐내게 하는 융화의 정신을 노사 간, 멤버들 간에 모색하기 위해 이에 앞서서 우리 상고대부터 이어져 오는 융화의 내력을 밝혀보는 일은 매우 뜻 있는 일이고, 특히 역사적 패배의식에 사로잡힌 이들이 이런 패배의식을 일축하여 21세기 FTA 시대에 도전하는 데 크나큰

19) 탁상훈, 8년째 어김없는…, 조선일보, 2007년 10월 24일.

힘이 된다고 믿는다.

고조선부터 이어져 온 융화의식의 뿌리

지난 20세기 후반 40여 년간의 짧은 기간에 전통적 농업사회에서 중화학 공업화와 IT화를 일으킨 우리 공업화와 IT화에는 여러 요인이 있겠으나 그중의 하나는 분명히 우리 융화력 순발력 높은 기마 · 농경인의 융화의식과 지구력이다. 또한 88 서울올림픽과 2002년 월드컵 4강의 성취도 융화력 순발력에서 온 것이다. 우리 융화의식, 창발성의 뿌리, 즉 시원(始原)은 앞의 〈그림 2〉와 같이 '고대에 천손신화의 사유(思惟)를 하는 북방의 유목민족과 난생신화의 사유(思惟)를 하는' 천연적으로 '필리핀 동쪽 해역에서 발원하여 대만의 동쪽 및 일본의 남쪽을 거쳐 우리 남동해역을 지나 북위 35도 부근에서 동쪽으로 굽어 흐르는 해류' 인 흑조(黑潮)를 타고 오는 등의 남아시아 농경민족이 한반도와 만주대륙에서 만나 융화되던 시기부터이다'.[20] 그러므로 이 시기는 상고대의 단군조선 시발 이전으로 추측할 수도 있다.

확실하게 우리 융화의 사유는 고조선 단군황제의 건국이념인 경천애인(敬天愛人)과 홍익인간(弘益人間)의 사조에서 이어져 온 것이다.

2007년 신학기 역사 교과서에 '내용 변화 없이 표현 분명하게… 단군왕검이 고조선을 건국하였다고 한다.(기원전 2333년)' 를 '건국하였다'

---

20) 김병모, 금관의 비밀, pp 148~150, 푸른역사, 1998.

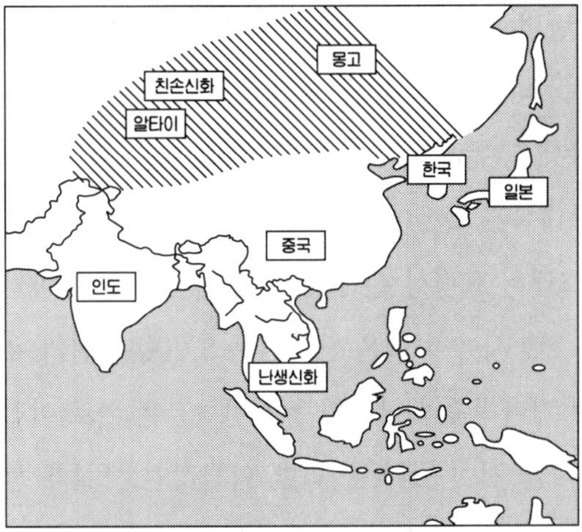

천손신화는 북방의 유목민족들 간의 사유세계이고, 난생신화는 남아시아의 열대 농경지대 주민들의 사유세계이다. 그런 이질적인 문화 · 사상적 배경을 갖고 있던 주민들이 한반도와 만주에서 만나 고대국가를 세웠다.

(자료 : 김병모, 금관의 비밀, p149, 푸른역사, 1998.)

〈그림 2〉 천손신화와 난생신화의 분포도

로 수정하였다.…. [21]

후술하는 신용하 교수의 '아사달 문명' 론에서 고조선의 언어와 기마풍습 등을 반만년 전부터 고조선 주변의 후국(侯國)들에게 후국제도로 통치하면서 '아사달 문명' 을 전파하였다는 기록으로 이를 확인할 수 있다.

---

21) 신형준, 새학기 역사 교과서… 조선일보, 2007년 2월 24일.

여기서 반만년 전부터라는 사실은 거듭 강조되어야 한다. 최근 역사연구저술로 '낙양의 지가'를 올리고 있는 한가람역사문화연구소장인 이덕일 박사가 새로운 역사적 사실(史實)[22]을 알려주고 있다. 반만년 전 당시 만주대륙은 기온이 지금보다 3~5도 높아 벼농사에 적합했다는 것이다. 그래서 요령성 신락(新樂)유적에서 우리 기마·농경민이 융화되어 지은 벼농사에서 나온 탄화미는 5,000년 전의 유물로 확인되었다. 북방의 기마민족과 남방의 농경민족간은 서로 이질적인데도 융화되어 벼농사를 지어 왔다. 이러한 역사적인 사실과 신용하 교수의 '아사달 문명' 론과는 서로 일맥상통하는 것이다.

우리 기마·농경민족 융화의 뿌리 깊은 역사를 거듭 확인하게 해준다.

동국을 능가하는 고조선의 판도

21세기의 오늘날 다 잊혀져가는 고조선, 아사달에 도읍을 정한 단군황제시대를 거론하는 까닭은 첫째, 단군조선의 역사는 일본이 날조한 '신화'가 아님을 거듭 강조하고, 둘째, 이로써 우리의 융화의식이 광활한 대륙 만주에서 상고대부터 전래되어 왔음을 일반인들이 확인케 함으로써 우리 모두 역사적 패배의식을 떨쳐버리고 상고대부터 전래되어 오는 우리 융화의식의 크나큰 자부심을 스스로 굳게 갖도록

22) 이덕일, 고조선은 대륙의 지배자였다, p 156, 역사의 아침, 2007.

해야 한다는 강한 요청에서이다.

확실히 서쪽으로는 베이징 동측의 난하유역에서부터 동쪽으로는 러시아의 연해주 지방까지 석권했던 고조선의 판도와 '아사달 문화'는 그 당시 중국을 능가하는 것이었다. 고구려, 발해 때까지도 그랬었다.

우리에게 있어서 이 융화라는 말은 대립과 대치되는 언어이다. 우랄알타이어를 쓰고 있는 우리가 대개 그렇듯이 우리 말, 일본어, 몽골어, 만주 · 퉁구스어 등으로 말하고 있는 우랄알타이어계인은 '동양인은 논리적이지 않다'[23]고 하듯이 우리도 비논리적인 경우가 많다. 한국인에게 잠재하고 있는 이 융화의식, 즉 기마 · 농경민족 간의 융화의 시원은 우리 상고대로 거슬러 올라감은 이미 밝혔다. 이 시원에 관해서는 역사학 및 고고학, 언어학, 민속학, 법률학 등에서 좀 더 다각도로 살펴봐야 할 것이다. 여기서는 이항대립융화의 언어적 측면을 살펴보고자 한다.

융화의식과 노사문화

우리는 일상 '나들이'를 하며 '넘나들거나', 또는 '(남의 입에) 오르내린다'는 말을 많이 하고 있으면서도 이런 말이 이항대립(二項對立)적임은 의식하지 않는다. 그러면서도 이 이항대립적인 것을 융화한 언어

---

23) 히쿠치 유이치, 진짜 사고력, pp 33~37, 논리와 사상, 2006.

에 익숙하고 생활화되어 있다. '엇비슷하다'는 말이나 '미닫이'라는 말도 마찬가지로 서로 대치 · 상반되는 개념이 융화된 말인데 이렇게 대치된 것을 상호 융화된 말로 일상 쓰고 있다. 이런 언어 발전의 역사는 별도로 확인이 되어야 할 것이지만, 이렇듯 우리는 아득한 옛날부터 융화의식으로 서로 대치 · 상반되는 개념이 융화되어 합성된 이항대립을 융화한 말을 하며 살아오고 있다. 아마 기마의식에서 발전되어 왔을 것이다.

상고대부터 역사적으로 이룩된 이항대립 융화적인 사고(思考)방식, 즉 이질성인 존재간의 융화의식의 잠재성이 미국을 비롯한 북 · 남 미주 또는 동남아 등지로 이민한 우리 교포들처럼 여러모로 사회 문화적 상황이 다른 풍토에서 적응을 쉽게 하는 융화의 창발성을 우리가 갖게 하여왔다.

우리의 노사문화, 노사관계의 '노'와 '사'는 일부 예외의 사례도 있기는 하지만 지난 10여 년간 서로 경색된 노사문화로만 치달려왔다. 그런 경색되었던 노사문화가 다행스럽게 2007년 봄에 들어와서 서로 생산적 정보를 교류하는 융화의식에서 싹트는, 선의의 상호작용을 일으키는 융화의 노사문화를 나타내기 시작했다. 물론 현대중공업, 동국제강, 한국전기초자 등 이전부터 융화된 사례도 있다. 그런데 2007년 들어서 7월 말까지 440여 업체에서 노사화합을 선언한 것은 기록적인 일이다. 이러한 상황이 우리 고임금 저생산성의 악순환을 단절, 기업의 고임금 압박을 흡수하는 계기가 되어, 한국의 경쟁력 강화로 발전될 것이다.

역사적인 필연이다.

후국들에게 언어, 기마술 등 공유케 한 '아사달 문명'

'아사달'이라는 말은 지금도 흔히 쓰이고 있지만 고조선에서 도읍으로 삼은 지명이다. 앞에서 논급되어 왔듯이 기마·농경민족이 서로 융화하여 써 온 우리 말로, 단군황제시대에 우리 언어문화를 후국들에게 보급·공유케 한 사실은 신용하 교수의 '아사달 문명'론에서 확인할 수 있다. 기마민족과 농경민족이 서로 융화된, 융화란 말도 아마 이때부터 쓰여졌을 것이다. 참고로 최근에 발표된 신용하 교수의 논문 중 일부를 인용한다.

신용하 교수 논문에 따르면 고조선 국가는 영역이 요동, 요서로 넓어짐에 따라 다수의 부족을 후국(侯國) 제도를 통해 통치했다. 후국은 2개 유형으로 나눌 수 있다. 제1형 후국은 '직할후국'으로서 매우 일찍 후국이 된 맥과 예(건국에는 참여하지 않았던 경우), 부여, 옥저, 구려, 진(辰), 숙신(읍루) 등이다. 제2형 후국은 '변방후국'으로서 동호(東胡), 오환(烏桓), 선비(鮮卑), 해(奚), 오손(烏孫), 유연(柔然), 산융(山戎·흉노), 돌궐(突厥·원튀르크), 실위(室韋·원몽골) 등이 포함된다. 고조선 제왕(단군·천제)은 후국에 왕족을 보내거나 부족장을 제후로 임명해 통치했다. 이 때문에 후국 호칭이나 소왕에는 단(檀)씨가 많았다.

이러한 후국들은 단군황제 고조선의 지배 기간만도 1500여 년간 고조선의 통치를 받는 사이에 고조선 문화를 분유 통합하여 상위의 공통 '아사달(고조선) 문명' 을 형성, 발전시키게 되었다.

아사달 문명권의 원민족들이 공유한 주요 문명 항목으로는 ;

- 고조선의 언어
- 통치제도와 양식
- 고조선 금속기술
- 고조선의 무기
- 태양숭배
- 천손(天孫)사상
- 고조선의 신앙과 종교
- 고조선의 기마문화
- 고조선의 궁사(弓射)문화
- 고조선의 축제문화
- 고조선의 경기문화
- 고조선의 음악과 무용

등을 들 수 있다. 이러한 '아사달 문명' 은 당시 서양에까지 전해졌었다.[24)]

아사달문명권의 이들 민족들이 공유한 여러 가지 사항들 가운데서도 언어가 무엇보다 중요했을 것임은 물론이다. 이 '아사달 문명' 에서

---

24) 신용하, '아사달 문명' 이 서양에 미친 영향, 동아일보, 2007년 6월 4일.

언어는 결국 오늘날에도 우리가 널리 쓰고 있는 국조 단군황제의 건국이념(建國理念)인 '경천애인(敬天愛人)' 이나 '널리 인간 세계를 이롭게 한다' 는 '홍익인간(弘益人間)' 의 한국다운 사상과 신앙의 컨셉으로 전래된 것이다.

신용하 교수의 이와 같은 지론으로 살펴볼 때 이미 반만년 전부터 우리 고조선이 후국인 여러 부족국가들에게 상기한 고조선의 고도한 문화성을 상징하는 언어는 물론 신앙과 종교, 기마문화와 금속기술과 축제문화, 경기문화, 음악과 미술 등을 보급, 공유케 하였음에 비추어 보면, 당시 단군 황제의 고조선은 고도한 문명국이었음을 알 수가 있다.

그 시대에는 중국의 세력보다도 고조선이 위대했을 것임을 확인케 한다. 이러한 역사적 사실은 우리에게 크나큰 자부심을 갖게 하고도 남음이 있다. 침략주의 일제가 억지로 부식했던 '단군 신화론' 을 비롯한 우리 자신들에게 남아 있는 패배의식은 이제 일축해 버리자.

함무라비법전보다 앞선 단군의 8훈(八訓)

우리는 이 자리에서 함무라비법전보다 선진되고, 오늘날에도 널리 일컬어지고 있는 경천애인(敬天愛人)이나 홍익인간(弘益人間) 사상의 근간이 되는 제1대 단군황제의 8훈(八訓, 또는 8법, 8조목)을 생각하게 된다.

1900년, 황해도 은율에서 태어나 1924년 일본 명치대 법학부를 마치고 보성전문대, 부산대, 서울법대 학장 및 청주대 학장 등을 역임하면서 법학을 연구 강의하던 고 최태영 교수는 1975년부터 우리 상고사 복원에 뜻을 두고 "한국상고사입문" "한국상고사" 등을 강론, 저술하면서 우리나라, 일본, 미국에서 강론했는데 그중 중요 대목의 하나가 제1대 단군황제의 8훈이다.

["규원사화" '단군기' 에 따르면 제1대 단군황제 이후 국내의 관리와 백성들로 하여금 각기 제사를 지내게 하고, 제사 후 다음과 같은 뜻을 가르쳐 깨우치게 하였는데 이를 단군의 8훈 또는 8조목이라고 한다.

"첫째, 하나인 모든 덕의 근원인 일신(一神)을 공경할 것

둘째, 황조(皇祖)의 공덕을 기릴 것

셋째, 모든 사람의 양심에 따르는 천범(天範, 자연법)을 지킬 것

넷째, 어버이를 공경할 것

다섯째, 서로 화합하여 미워하지 말며, 음탕하지 말 것

여섯째, 서로 사랑하며, 빼앗거나 훔치지 말 것

일곱째, 간접적으로라도 다른 사람을 상하게 하지 말고 서로 구제하며, 남을 업신여기지 말 것

여덟째, 타고난 떳떳한 성품을 지켜서 좋지 못한 생각을 품지 아니하면 무궁한 복을 누릴 것이다."

이 8법(8훈)의 주요 골자는 고조선 때의 법습으로 엄하게 다스렸다. ① 생명, ② 신체, ③ 재산, ④ 정조 등에 관한 것으로 이미 반만년 전부터 역시 엄하게 다스렸다. 특히 살인은 사형에 처하며 그 가족은 노비가 되게 하고, 절도범은 12배로 배상케 하였던 것인데, 그 시대는

생활이 간단하고, 사람들의 성격이 소박하여 법을 어기는 일도 적었지만, 사회적 압력과 법적인 제재 때문에 한인(韓人)들은 문을 닫거나 잠그지 않고 살았으며, 부녀자는 정조를 굳게 지켰던 것이다.

이 단군의 8훈에 비하면 제1대 단군황제 때보다 500년 이상 후세인, 유명한 바빌로니아의 함무라비법전(B.C.1792~B.C.1750)과, 헤브루 구약 중의 성약법전(The Covenant Code)과 신명기법전(申命記法典, The Deuteronomic Code)에서는 "생명에는 생명으로, 눈에는 눈으로, 이에는 이로 갚으라"는 동해형(同害刑)주의를 벗어나지 못한데 비해서, 고조선에서는 동해형주의를 벗어난, 훨씬 진보된 법제사회였던 것이다.』[25]

이러한 고대 법제의 동서 간 차이에서 서구인의 개인주의 성향과 우리 집단주의 의식의 기반의 하나가 이루어져 온 것으로 보게 된다.

이조 때 등, 불태워 버린 고조선의 사료

이와 같은 우리 고조선의 법제사회 등의 역사기록에 대해서는 일제시대 우리 역사학자, 독립 운동가, 언론인이었으며 오늘날 우리들에게 고대사연구의 전범이 되는 단재 신채호(1880~1936) 선생은 "조선상고사"에 다음과 같이 기록했다. '단군 때 수석대신의 하나인 신지가 언제나 제삿날에 우주창조의 신화와 영웅, 용사 등의 이야기와 예언류의 경계담(警戒談)을 노래하여 그것이 후대에도 계속 따라 하는 예로

25) 이병도 · 최태영, 한국상고사입문, pp 119~120, 고려원, 1989. 최태영, 한국고대사를 생각한다, pp 105~106, 눈빛, 2003. 한국상고사, pp 48~49, 74~75, 유풍출판사, 2000.

되었는데, 후세에 문사(文士)들이 그 노래들을 모아서 한 권의 책으로 만들어 신지의 관직명인 「신치」로써 책 이름을 삼은 것이니, 이른바 〈신지〉가 곧 그것이다. 그런데 이것이 멸절되었다'. 우리 고대사에 관한 "朝鮮上古史"에서 신채호 선생은 다음과 같은 기록도 남겼다. '우리 상고시대인 단군조선시대의 역사기록자인 신지[(神誌)-단군 시대의 사관(史官 · 벼슬)]의 기록은 그 당시의 이두(吏讀)문으로 기록되었던 것인데, 그 기록이 사실(史實)보다 잠언(箴言)이 많아서 옛날 사람이 왕왕 예언의 유로 보았었으나, 이조 태종(太宗)이 유학을 중심으로 삼고, 그밖의 것은 일체 배척하여 이단시하는 글들을 모두 태워버릴 때 신지도 함께 불에 태워버리는 액운을 면치 못하여…. 만일 그 전부가 남아 있다면 우리의 고사(故事) 연구에 얼마나 큰 힘을 주랴'[26]고 하며 단재 신채호 선생은 탄식했다. 그런데 일부 남은 것이 앞에서 인용된 "한국상고사" 등에 수록된 것이다.

노사관계와 부부관계와 생산성

생산관계에 직결된 정보를 서로 공유하는 융화의 노사문화에서 '노'와 '사'는 서로가 남이 될 수 없는 부부의 관계와 같다.

평생을 서로 의탁하고 살아가는 부부간에는 당연히 생산성이 높아야 한다. 부부간에는 자식들의 건전한 육성과 더불어 노후까지의 모

---

26) 신채호, 조선상고사, pp 107~108, 비봉출판사, 2006. 박기봉 옮김.
신채호, 朝鮮上古史, pp 12~13, 일신서적출판사, 간행 연도미상.

든 생활을 지탱하게 할 수 있는 재정적 뒷받침이 되게 하는 높은 생산성이 있어야 한다.

이러한 생산성이 노사관계, 노사융화의 문화에 있어서는 더 말할 필요도 없이 당연히 높아야 하는 것이다. 노사융화의 문화에 있어서 생산성이 높아야 당사자 간에 배분을 논할 수 있음은 두말할 필요도 없는 것이다.

그런데 〈그림 1〉에서 확인되었듯이 우리나라 노사관계생산성은 세계 55개국 중 최하위를 기록한다. 시급한 융화의 노사문화와 조직풍토의 조성으로 이 생산성을 끌어올려야 하는 것이 당면한 과제이다.

우리 심성에 내재하는 이항대립 융화적인 언어가 '융화' 라는 말과 어떤 관계를 갖는지는 계속 관심을 갖고 연구해 나가면 해답을 얻을 수 있을 것이다.

디지털 시대의 새로운 이항대립 융화적인 용어

오늘날의 우리는 허다한 디지털 시대의 새로운 이항대립 융화적인 용어를 쓰고 있다. 이를테면 '온라인과 오프라인', '비트와 아톰', '클릭과 브릭(brick)', '가상현실과 현실', '정보 네트워크와 물류'[25] 등이다. 이러한 이항대립 융화적인 용어들은 모두 정보 또는 정보처리 기능의 컴퓨터와 관련되어 우리 일상생활에 불가결하게 쓰이고 있다.

---

25) 이어령, 디지로그, 뒷 표지, 생각의 나무, 2006.

해당분야 관계인들의 상식으로 되어 있는데도 우리는 흔히 이를 그냥 지나쳐버리거나, 이항대립 개념이 융화된 것인지를 의식하지 않고 지내는 예가 많다. 이러한 사항들을 보다 널리 활용하게 되어야 정보화 시대에 IT · BT · NT화의 체계를 보다 빨리 즐길 수 있다.

'상식이 통하는 기업' MK의 정신

1995년 타임지가 '세계 제일의 서비스 기업'으로 일본의 MK택시를 뽑았다.

유봉식 MK택시 회장은 1928년 경남 남해에서 태어나 16세에 단신으로 일본에 건너갔다. 리스메이칸(立命館)대학 법학부를 2년만에 그만두고, 폐업된 주유소를 인수하여 운영하다가 교토에서 택시 10대로 미나미 택시를 운영, 지금은 1000여대를 보유한 택시회사로 번창해서, 일본의 불황기에도 흑자를 내고 있다.

MK택시는 택시기사가 모두 택시에 탄 손님에게 백화점 상품과 똑같은 상품을 파는 세일즈맨 활동을 하고 있고 또 손님 집에까지 갖다주는 택배도 한다. 말하자면 백화점업과 택배업을 MK택시에서는 겸하고 있는 것이다. MK택시의 드라이버는 모두

- 인명구조원자격증
- 관광가이드자격증을 갖고 있으며
- 외국 손님과는 영어로 대화를 하고
- 장애인을 우선으로 모시는 MK택시를 운전한다.

유봉식 회장은 이런 MK택시 사원들의 월급은 비행기 파일럿 수준으로 지급한다. 그래서 MK택시회사는 1995년에 타임지에서 세계 제일의 서비스 기업으로 뽑았다. 유봉식 회장은 한국경총 등 우리나라 각처에 강연을 하여 오고 있으며, 2002년 7월에는 파크랜드, 안동병원, 휴먼링크 등 우리 중견 기업들이 중심이 되어 〈모임 MK 정신〉을 설립하여 오고 있다. 이러한 MK의 유봉식 회장이 우리에게 '도쿄를 경제로 침략하라' 고 역설한다.

'기마민족'의 펄펄 끓는 한국인의 기상!
'도쿄를 경제로 침략하라'!

매일경제 기자, 유봉식 회장 인터뷰 내용

일본의 유명한 MK택시 유봉식 회장이 2005년 4월 14일 신라호텔에서 매일경제 기자와 만난 자리에서 "도쿄를 '경제' 로 점령하라"면서 "젊은이, 무슨 일을 하던 용기를 갖고 신바람 나게 하시게. 한국 청년의 가장 큰 자산은 기마민족의 펄펄 끓는 기상이야, 기상."이라고 하면서 "일본인에게 하나도 꿀릴게 없다"고 말했다. 지속되는 'MK택시 신화' 에 이어 2002년 쓰러진 近畿産業金融組合(재일 조선인 금융기관으로 동포사회를 대표하는 금융기관)을 인수, 79세의 고령임에도 지금도 하루 15시간 30분이나 일하면서, 인수 후 10개월 만에 500억원의 흑자를 낸 유 회장은 고국의 젊은이들에게 자신감을 불어넣어 주었다. "우리가 역사가 짧으냐, 신체가 일본인보다 못하냐, 그렇다고 머리가 나쁘냐.

왜 그들의 놀음에 장단을 맞추고 있느냐."…고 우리에게 기마민족으로서의 긍지와 순발력에 찬 자신감을 가질 것을 강조했다.[26)]

이처럼 그야말로 힘찬 기상을 현대에 되살린 것이 1960년대까지 이어져 온 계절적 기아(飢餓) 문제의 해소, 70년대의 소양강 다목적 댐, 경부고속도로 축조 · 건설, 원자력개발, 자동차, 조선, 화학 등 중화학공업의 시동 등이고, 80년대에 이룩한 자동차산업과 중화학산업의 심화 및 88서울올림픽 성공적 개최, 90년대에는 1만불 소득달성, 2002년에 이룩한 월드컵 4강과 저 '붉은 악마' 의 영광된 기록이다. IT의 개발 및 활용도 빼놓을 수 없다. 지금도 기억이 생생하듯이 월드컵 경기 때 저 신명나는 광화문 · 서울시청 앞은 물론 전국의 광장마다 온통 메운 '붉은 악마' 의 열정적 함성 및 뒷자리까지 깨끗이 치운 청결정신으로 온 세계를 놀라게 하였다. 그야말로 서구에서 2~3백년 걸린 것을 우리는 3~4십년 만에 해낸 것이다. 이것이야말로 우리 민족의 원형의 하나인 융화 · 순발력에 찬 역동성 및 진취적 기질이 발로된 결과라고 할 것이다.

FTA 시대, 디지털과 아날로그의 융화, 자신감을 더 높이자

FTA 시대에 한국인의 진취의식은 기마적 노마디즘의 디지털과, 꾸준한 지속성을 의미하는 농경적 아날로그의 융화[27)] 로 더 밝은 미래가

---

26) 매일경제, 2005년 4월 16일, 1, 2면.

펼쳐질 것이다. 우리 모두 희망찬 꿈을 안고 선진화를 위해 도전해 나가자. 우리에게는 유일한 인적자원만을 활용할 수 있는 까닭에 오직 이 길만이 우리가 FTA 시대에 선진화로 번영해 나가는 길이다.

이미 논급됐듯이 우리가 흔히 맛있게 먹는 비빔밥은 자타가 모두 알고 있듯이 우리 기마 · 농경민족 간의 융화의식에서 생겨났다. 밥과 여러 가지 나물과 고기 · 고추장볶음, 참기름 등을 계량하지도 않고 직감으로 막 섞어서 비비는 비빔밥에서는 한국 특유의 훌륭한 맛이 난다. 88서울올림픽 이후로는 우리나라 사람들만이 아니라 국제항공기 기내식으로, 또 온 세계 각국 사람들이 모두 맛있게 즐기게 되었다. 예전에는 아무도 상상하지 못한 꿈같은 현실이다. 여러 가지 재료를 계량함도 없이 직감적으로 섞어 융화의 훌륭한 맛을 내는 비빔밥이야말로 아득한 옛날부터 우리 심성에 잠재된 기마 · 농경민의 융화의식에서 유래된 것이라 할 것이다.

이러한 역사성에서 우리는 보다 큰 자신감으로 FTA의 시대적 상황에 대처할 수 있다. 2002년 월드컵의 4강을 이룩한 것도, 붉은악마와 온 국민이 그토록 선수들을 성원한 것도, 모두 직감적 순발력, 진취성 높은 우리의 기마의식과 여기에 또 지구력 높은 우리 농경의식이 융화됨으로서 가능했던 것이다. 각자의 자신감을 높이자.

이 한국인의 융화의식은 현재 이어령 교수가 강조하고 있는 '디지

27) 이어령, 디지로그, pp 155~159, 생각의 나무, 2006.

털 시대의 아날로그 추임새'[28]에서 '융합' = '융화' 가 강조되듯이 우리 상고대사로부터 전래되어 오는 융화의식, 즉 한국인의 기마 · 농경융화의식의 강점이요 또한 전통이 되고 있다.

오늘날 우리에게 있어서는 앞에서 보아 온 이항대립적인 개념의 용어 말고도 제2장에서 논의될 아날로그지로서의 암묵지와 디지털지로서의 형식지의 융화, 즉 상호작용을 한층 더 높여야 한다.

앞에서 논의된 것 이외에도 허다한 이항대립적인 낱말이 있을 것이다.

그러나 우리에게 있어서 가장 절실한 것은 노사문화가 이른바 '약탈노조' 와의 관계로 대립적인 것이 아닌 융화의 노사문화, 즉 융화의 노사파트너십으로 발전, 변혁되어 FTA 시대에 3~4만 불 달성 및 우리 선진화의 기반이 조성되어야 한다. 우리의 논제가 되고 있는 FTA 시대에 창조적 노사문화와 조직풍토의 효과를 세계만방에 빛내는 자신감을 굳게 하자.

---

28) 이어령, 앞의 책, pp 141 이하.

Chapter 2

FTA 시대 창조력 개발할 노사융화의 SECI 모델

1. 고 정주영 회장의 창의력 · 노마디즘

고 정주영(1915~2001) 회장은 타임지가 선정한 '아시아 영웅'에 뽑혔다. 타임지는 '지난 60년간 아시아를 빛낸 대표적인 영웅'에 고 정주영(1915~2001) 현대그룹 명예회장 등 66명을 선정했다. 타임지가 아시아판 창간 60주년을 맞아 선정한 '아시아 영웅'은 기업인, 사상가, 예술인, 체육인 등 5개 부문에 한국인으로는 고 정주영 회장과, 2006년 1월 작고한 비디오 아티스트 고 백남준(1932~2006) 씨, 탈북자 출신 북한민주화운동본부공동대표인 강철환(38) 씨 등이 있다.

타임지는 정 회장을 선정한 이유로 "굳은 의지와 '하면 된다'는 정신으로 한국산업 발전을 이뤄냈다"고 설명하며 생전에 조선소에서 근로자들과 함께 일하는 사진을 실었다.[29)]

정주영 현대그룹 명예 회장의 빛난 일화는 수 없이 많다. 1998년

10월 전 세계의 집중되는 관심 속에 '통일 소'라는 이름이 붙은 5백 한 마리의 소떼를 몰고 판문점을 통과, 고향을 향해 북행하는 발상은 일반인들에게는 상상을 초월하고도 남는 거사이다. 이에 대해 거듭 음미해보면 일상적으로 서산농장에서 소를 기르고 있는 정 회장의 일상적 경험지가 그런 일반인의 상상을 초월하는 혁신적 직감의 바탕이 된 것이다. 달리 표현하면 정주영 회장만의 특성에서 창출된 직관적 이노베이션의 정신력이 만든 거대한 발상의 아이디어이다. 학업이라고는 할아버지한테서 한문을 익히며 고향 강원도 통천 송전보통학교를 다녔을 뿐인 정 회장이 420km의 경부고속도를 세계 최단 기간에 건설한 것도 태국 등에서 우리 경부고속도로와 유사한 공사의 경험지와 정 회장의 다른 비즈니스의 예와 같이 혁신적 세런디피티가 발동한 것이라고 해야 할 것이다.

또 88서울올림픽 유치당국자들은 올림픽 유치를 다 포기하다시피 한 상황에서 정 회장의 일반 비즈니스와는 전혀 다른 분야인 올림픽 유치위원장을 맡아, 1988년도 서울올림픽을 찬성 52표, 반대 27표로 유치한 사실 등등, 정 회장의 이노베이션을 불러일으킨 성공 '신화'는 끝도 없이 많다.

---

29) 중앙일보, 2006년 11월 8일.

경험지의 묘미

난공사로 유명했던 전장 2.564m에 이르는 아산만방조제 끝막음 공사. 간만의 조차가 8~9m나 되어 조수의 유속이 너무 빨라 할 수 있는 모든 공법과 지혜를 다 동원해도 끝막음을 할 수 없었을 때, 정 회장은 경험지의 발상으로 해체를 대기하던 폐 유조선 2척을 현장으로 끌어다 이 2척을 이어서 가라앉히도록 한 정주영 회장의 기발한 발상이 끝막음의 대 성공을 거두어 세계 토목학계를 깜짝 놀라게 한 것, 또한 70년대 초 울산 방이동 해안 일대 아무 것도 없는 모래사장에 조선사업 차관을 끌어올 때 영국은행 당국자에게 당시 5백원권 지폐의 거북선 그림의 내력을 설명해서 차관에 성공하고, 조선기술이나 전문기술과 지식이 전무하다시피 했던 조선공법에 대한 임기응변식 방법이 성공한 현장의 일화도 수없이 많고, 또한 후술하는 현대자동차의 독자개발을 포기시키고자 했던 미국의 압력으로부터 독자적 자동차 사업을 성공적으로 지켜낸 일 등과 같이 중요한 결정을 내릴 때마다 매사가 그렇듯이, 전술한 5백 마리의 소떼를 몰고 북행할 당시와 같은 정 회장의 기발하고 혁신성 높은 세런디퍼티가 가동한 것이다.

이러한 것을 바로 '경험지' 라고 한다.

'우연히 발견하는 능력' 및 '전혀 관련이 없는 다른 두 가지로부터 새로운 아이디어를 얻어내는 신비스런 능력' 또는 무의식의 능력발휘를 의미하는 이 세런디퍼티(serendipity)라는 영어의 어원은 영국작가 월폴이 쓴 《3인의 왕자》에 있다. 주인공 왕자들이 여러 나라를 여행하면서 상상도 못해 본 경험을 하게 되는 데 이들의 고향이 세런디퍼티 왕국이다. 여기서 serendipity라는 말이 생기게 된 것이다.[30]

현대자동차 독자개발 포기의 압력

1977년 어느 봄날, 조선호텔 한 객실에서 단독으로 앉아 정주영 회장을 기다리던 리처드 스나이더 주한 미국대사가 단도직입적으로 말했다. 정 회장에게 현대자동차 '포니' 등의 독자개발을 포기할 것, 그러면 미국 GM, 클라이슬러 등과 현대가 원하는 유리한 조건으로 조립생산을 할 수 있도록 미국 정부에서도 지원을 아끼지 않도록 하겠다는 것 등의 제안을 했고, 만일 이 제안이 받아들여지지 않는다면 현대는 앞으로 미국과 한국에서 모두 어려움을 겪게 될지도 모른다는 '협박' 하는 말까지 하였다.

그러나 정주영 회장은 정 회장 특유의 직관력으로 즉각적인 높은 경륜을 펴 스나이더 미국 대사의 제안을 일축하였다. 이러한 사실을 당시 전경련 국제담당 상무로 정주영 회장을 보좌하던 박정웅 시너렉스 사장의 경험담을 통해 요약한다.

조선호텔 객실에서 단독으로 정 회장을 기다리던 스나이더 미 대사의 말이다. "단도직입적으로 말하겠소. 자동차 독자개발을 포기해 주시오.…우리 냉정하게 생각해 봅시다. '포니'의 박람회 출품으로 현대

30) 이시형, 앞의 책, p 63.

의 기술력은 증명이 되었소. 하지만 기술만 가지고는…, 몇 천 달러에 불과한 1인당 국민소득수준으로 볼 때 과연 한국인들이 자가용을 타고 다닐 날이 언제가 될지 아무도 장담할 수 없는 상황 아닙니까? 정 회장께서 수출을 염두에 두고 계신 모양인데…, 한국에 그만한 부품을 공급해줄 기술과 경험이 있는 업체들이 과연 있을까요?

자, 제가 제안을 하나 하겠습니다. 자동차 독자개발을 포기하신다면 제가 할 수 있는 모든 힘을 다해 현대를 지원하겠습니다. 그리고 포드든 GM이든 클라이슬러든 현대가 원하는 조건대로 조립생산을 할 수 있도록 미국 정부에서도 지원을 아끼지 않을 것입니다. 이렇게만 된다면 내수시장은 물론 동남아시장까지 현대의 몫이 될 수 있습니다. 또한 중동건설시장에서도 현대를 도와드리겠습니다.

이것이 제가 제안할 수 있는 것입니다. 만일 이 제안이 받아들여지지 않는다면 현대는 앞으로 미국과 한국에서 모두 어려움을 겪게될지도 모릅니다."

스나이더의 말을 옮기던 박 상무도 잔뜩 긴장하지 않을 수 없었다. 이는 말 그대로 제안이 아니라 '협박' 이라 해도 과언이 아니었던 것이다. 스나이더 대사가 무슨 말을 할지도 모르고 온 정 회장은 스나이더의 말이 끝나자 한동안 스나이더의 얼굴을 응시하고 있다가 가라앉은 음성으로 대답을 했다. 느리게 이어지는 정 회장다운 확신과 열정으로 응대하였다.

미 대사의 OEM체제 제안, 단호한 사양

"현대와 저에 대해서 걱정해 주셔서 고맙습니다. 저도 단도직입적으로 결론부터 말씀드리겠습니다. 대사님의 제안은 고맙지만 사양하겠습니다.

저는 이렇게 생각합니다. 한 나라의 국토를 인체에 비유한다면 도로는 인체 내의 혈관과 같고 자동차는 혈관 속을 흐르는 피와 같습니다. 도로가 발달하고 자동차가 원활하게 달릴 수 있게 되면 모든 생산과 경제활동 역시 활발하게 돌아가고 경쟁력을 갖게 됩니다. 물류비용 역시 상당히 줄어들게 됩니다. 이 때문에 좋은 자동차를 싸게 공급하는 것은 인체 내에 좋은 피를 흐르게 하는 것 만큼이나 중요한 일입니다. 어떤 어려움이 있어도 제가 자동차 산업을 포기할 수는 없는 이유는 바로 이런 사명감 때문입니다.

초등 정주영 회장의 높은 지적융화 · 순발력

조만간 우리나라의 GNP도 5천 달러 시대를 맞이하게 될 것입니다. 여기다 몇 년 전 경부고속도로가 건설되는 등 도로여건이 눈에 띄게 좋아지고 있습니다. 내수시장도 곧 활기를 띠게 될 것입니다. 그리고 어려움은 있지만 수출도 가능하다고 봅니다. 또 부품공업의 기반 역시 대사님의 걱정과는 달리 서서히 자리 잡아 가고 있기 때문에 크게 우려할 정도는 아니라고 봅니다. 자동차산업은 기계, 전자, 화학 등 여타 산업분야에 미치는 막대한 연관 효과나 고용 창출력으로 볼 때 한국이 앞으로 선진공업국으로 진입하는 데 있어서 반드시 필요한 것이라고 믿습니다. 그렇기 때문에 그동안 제가 건설에서 번 돈을 모두 쏟아 붓고 실패한다 하더라도 저는 결코 후회하지 않을 것입니다. 왜냐하면 이것이 밑거름이 되어 내 후대에 가서라도 우리나라 자동차산업이 자리를 잡을 수만 있게 된다면 그것을 나는 보람으로 삼을 것입니다."

스나이더 미국 대사가 무슨 말을 할 지 전혀 모른 채 와서, 세계 초강대국 미국 대사의 현대자동차 독자개발 포기 압력에도 불구하고 즉각적인 반론을 낸 정회장의 경륜에 대해 통역이 끝났는데도 한동안 말을 잇지 못하는 스나이더 대사의 표정은 참담하기까지 하였다는 것이 당시 통역을 한 박정웅 사장의 기억이다.[31]

이렇듯이 오로지 고 정주영 회장의 사명감으로 21세기의 오늘까지 육성하여 온 현대기아차동차가 조속히 강성노조와의 지속적인 트러블을 끝내고, 자동차의 본거지라 할 미국에 도전하고 있는 도요타 등을 벤치마킹하여 세계 5대 자동차 메이커로 도전하기 바란다.

정 회장의 'gut', 높게 평가한 드러커 교수

1977년 10월 12일 환갑을 갓 넘긴 보통학교, 즉 초졸 출신의 한국재계의 거목과 엘리트 코스를 제대로 밟은 세계경영학계의 원로 피터

---

31) 박정웅, 이봐, 해봤어? 시련을 사랑한 정주영, 2002, pp 13~20, FKI 미디어.

드러커 교수가 만났다. 서로 아낌없이 칭찬해 주면서 환담하던 중에 드러커 교수가 정 회장의 'gut'(결단력, 용기, 기운, 끈기, 지구력, 배짱이 센 남자, 창자)을 높게 평가하여 다음과 같은 말을 하였다.

"이론과 머리는 극히 일부분에 불과해요. 참 기업가의 정신은 머리가 아니라 gut에서 나오는 것 같습니다. 이론이 아니라 타고난 천성에서 나온다는 이야기지요. 정 회장님은 그런 점에서 'gut'을 타고 난 분입니다. 많은 불확실성과 위험요소들 가운데서도 예지력을 가지고 사업 기회를 간파하고 이를 강력히 실천하는 이론 이전의 직관력을 정 회장님은 타고 난 분이고 저는 한낱 이론가일 뿐이죠."[32]

드러커 교수의 논평과 같이 이론 이전의 좌우뇌 융화에 의한 예지력 직관력, 또는 직관적 리더십을 포함하는 참신한 암묵지의 획득에는 복뇌(腹腦)에서 나오는 gut, 즉 결단력, 용기, 끈기, 배짱 및 자신감이 있어야 한다는 의미일 것이다.

지속적 이노베이션을 통한 창조적인 생산성 증대만이 번영케 하는 FTA의 디지털 노마디즘 시대, 롤러코스터처럼 불안하고 부단히 변환되는 환경을 우리가 헤쳐 나가야 한다. 지속적 창조력의 창출, 이노베이션 해야 선진화할 수 있다. 이노베이션을 실천하여 이 어렵고 힘든 환경을 헤쳐나갈 좌우뇌와 복뇌에서 나오는 지혜와 직관 용기로 수준 높은 암묵지, 즉 신지식을 우리 모두 획득하도록 해 나가자. 그래서

32) 박정웅, 앞의 책, p 57.

각급 조직에서 이 암묵지를 바탕으로 참신한 형식지화(化), 즉 문서화하도록 해서 생산성을 증대해야 하는 과제를 풀어나갈 수 있다.

우리 스스로 개발하는 SECI 기능 활용케 할 융화력 · 순발력 높은 노사융화의 시발

그러나 일반의 조직 멤버들로서는 드러커 교수가 평가한 창발력 높은 암묵지와 gut을 타고났다고 한 고 정주영 회장과 같을 수 없는 것이다. 그러므로 2007년 노사융화가 활성화되기 시작하는 단계에서부터 조직풍토변혁의 과제로 SECI 모델을 원용, 조직 구성원들이 이노베이션을 선도할 새로운 암묵지를 획득하도록 하여 수준 높은 형식지와의 역동적 상호작용이 일어나도록 해서 높은 효율성 창의력의 발휘로 생산성을 증대해 나가야 한다. 이렇다 할 자원은 없고, 두뇌-인적 자원밖에 없는 우리로서는 퇴출 1호의 한국전기초자를 부흥케 한 고도의 생산성 같은 지속적인 이노베이션만이 살길이다. 그래서 SECI 모델의 활용하는 생산성 제고를 위해서 후술하는 에포케(epoche) 즉, 판단정지기법과 우뇌와 복뇌(腹腦)를 활용하는 명상법을 익히도록 하자.

또한 후술하는 무노조인 S사의 제조과정 지식창조 사례연구에서 알 수 있듯이 생산 및 영업 물류 등의 각 현장의 경험지의 묘미는 DB와 소프트웨어 등을 활용, 사내외의 '실용지' 및 '학문지'와 더불어 연구 검토될 때 더 큰 성과를 올릴 수 있게 될 것이다.

그러므로 현실을 있는 그대로 직시하여 받아들이게 되는 경험지와 사내외의 여러 가지 실용지 및 기초적 학문지의 종합으로 수준 높은 암묵지 획득에 의한 창조력의 지적가치창출방법을 생산일선의 모든 정보를 낱낱이 알고 있는 노사 간을 비롯한 지적활동주역들과, 연구개발은 물론 영업판매활동 등의 모든 지적활동을 하는 멤버들이 익히도록 하여 FTA의 디지털 노마디즘 시대의 경쟁력을 강화해 나가도록 해야 할 것이다.

긴요해진 이항대립융화의 사고와 창조력의 디자인 · 성능 · 품질

당면한 FTA 시대의 신지식으로 노사 간의 높은 지적가치를 창출할 프로세스인 SECI 모델에서는 ① 경험지와 실천지를 갖춘 암묵지를 서로 나누는 공동화 과정(S), ② 암묵지를 표준, 규격 등의 형식지로 표출화 하여 기록하게 하는 과정(E), ③ 여러 가지 정보와 지식의 체계화 및 연결화 하는 과정(C), ④ 형식지를 실천을 통해 자기의 보다 높은 수준의 암묵지를 획득, 학습하는 내면화 과정(I)으로 우리에게 잠재된 순발력 높은 융화의식으로 진행되는 상향 스파이랄 식 신지식의 창출 과정이다. 현장의 모든 것을 잘 아는 노사가 함께 하여야 효과가 높아진다. 이 과정은 공동화와 표출화(E)가 창조성을, 연결화(C)와 내면화(I)는 효율성을 높일 수 있는 기능을 주로 한다〈그림 3 참조〉. 이 4개의 과정은 암묵지와 형식지의 이항대립(二項對立)적인 요소를 융화력에 의해 창조성과 효율성을 높이면서 지적가치를 창출케 한다.

다행히 이항대립의 융화하면 우리에게 익숙하다. 예로서 이항대립적인 기마 · 농경의식 융화문화에서, 즐거운 '나들이'를 하며, 여닫는 '미닫이'로 '드나들며' 또 열고 닫는 '빼다지' 속에 중요한 것을 간직하고, 서로 닮은 사람을 '엇비슷'하다고 말하면서도 잘못되면 남의 입에 '오르내리게' 되는 이항대립적인 말, 즉 사고를 하며 또한 '디지로그'와 '아날로그'가 서로 융화되는 문화에 젖어들고 있지 않은가?[33]

이렇듯 우리는 우리에게 오랜 세월 잠재되어 온 이항대립 융화적인 발상과 언어, 행동에 익숙하다.

순발력 높은 융화의식으로 창의성과 효율을 추구하는 것이 긴요해졌다. 암묵지와 형식지 간의 이항대립적인 존재를 융화, 즉 상호작용의 효과를 극대화해야 하는 이 노사융화의 SECI 모델을 익혀, 높은 창조성과 효율성으로 무한경쟁의 FTA 시대의 글로벌 환경에서 우리 상품들의 시장가치를 높이는,[34] 즉 세계적인 고객 감성 만족도를 충족시키는 상품의 디자인, 성능, 품질의 향상을 확고하게 함으로써 글로벌 으뜸으로 끌어올리는 지적가치를 창출해야 한다.

삼성, LG, 포스코(동아리 활동) 및 도요타, 혼다, HP 등에서 이 SECI 모델을 활용, 훌륭한 성과를 올리고 있다.

---

33) ① 노나카 이쿠지로 외 1인, 知識創造の方法論, pp 71~72, 東洋經濟新報社, 2003.
② 이어령, 디지로그, pp 155~159, 생각의 나무, 2006.

34) 윤석철, 경영 · 경제 · 인생 강좌 45편, 2005, pp 109~112, 위즈덤하우스.

2030년대의 준비

지금으로부터 한 세대가 지난 2030년대의 경제상황변화의 충격은 얼마나 큰 것일까?

지난 20세기 말 동서냉전의 종식, 즉 공산사회주의 소련을 중심으로 하던 동구공산권의 몰락으로 시발된 무국경화의 세계화의 경쟁이 2030년대에는 한층 더 심화될 것이다. 그 결과 국가 간 무역경쟁은 더욱 더 우심해질 것이 확실하다.

국내적으로는 성장동력인력의 진출이 줄어들게 되었다. 2007년을 정점으로 '성장동력인구' 인 25~49세 인구가 줄어들게 된 것이다. 높은 경험지를 축적하여 가장 왕성하게 일할 연령의 성장동력이 내년이 지나면 줄어들게 된 것이다. 이러한 사회현상은 우리 경제의 활력저하로 이어져 저 인구 · 저성장 국면으로 진입할 것이라는 염려마저 낳고 있다. LG경제연구원 오문석 상무는 "저 출산 · 고령화로 인한 노동력 부족을 생산성 증대로 만회해야 한다"며 "선진국 진입을 위해서는 경제 전체 생산성, 특히 서비스 부문 생산성 향상이 중요하다"고 강조하였다.[35] 앞으로 더 많은 여성인력의 진출 및 활용이 긴요한 때이다.

---

35) 매일경제, 2005년 7월 11일, 1면

〈표 1〉 현재까지와 2030년대의 비교

현재까지 → 2030년대

• 성장동력 인력자족	→ 성장동력 감소, FTA를 호기로 활용
• 주입식 평준화 교육	→ 창의력, 상상력 중시 교육 강화[36]
• 욕망의 파장 작았음	→ 자아실현의 동인-잠재역량 극대화[37]
• 모방식 생산체계	→ SECI 모델 원용, 감성적 창조성 창출
• 공업화 디지털화 IT화	→ IT · BT · NT의 융화 · 결합 방법 활용
• 관리 중심의 경영	→ 리더십 중심의 경영, 무인생산화
• 물량체계, 품질 강조	→ 성능 및 디자인 · 감수성, 현장력[38] 육성
• 공업화 · 정보화	→ 융화력 직관력 중시 이미지적 가치창출
• 구미 중심의 세계화	→ 동아시아 중심 동서균형의 글로벌화

자료 : ① 최민자, 직접시대, 2001, 115-116, 범한. ② 자크 아탈리, 21세기 사전, 1999, 편혜원 정혜원 역, 중앙M&B. ③ 후구다슈지, 価値創造學, pp 3~20, 丸善. 2005. ④ 노나카 외 1인, 앞의 책, ⑤ 필자 가필.

36) 이장무-황창규, 창의력이 경쟁력이다, 조선일보, 2007년 1월 1일.

37) 김경훈, 대한민국 욕망의 지도, pp 43~47, 위즈덤하우스, 2006.

38) 선우정, 경영자의 '現場力', 선우정 조선일보 도쿄특파원은 GM과 소니의 몰락 및 도요타의 급성장 요인을 분석하면서 GM에 대해서는 재무구조를 망가트린 노조 및 기업의 의료비부담 등 주로 외부 환경적 요인을, 소니는 '경영이 현장기술자의 사기를 꺾었다'고 하면서 도요타 급성장의 요인에는 '근로자가 일하는 공장의 "형장력"에 있다고 하면서 어떻게 하면 현장 근로자의 정체성과 창의성을 복원시킬 것인가를 리드하는 경영자에 있다'고 하였다. 조선일보, 2005년 12월 15일.

노사융화의 조직풍토에서 창조력의 발휘

그런데 FTA의 좋은 기회가 오고 있다. 물론 성장동력에 대한 문제는 지속되는 것이겠으나 제2장에서 확인되듯이 SECI의 노사융화와 FTA의 호기를 돌파구로 잃어버린 시간을 만회할 수 있게 해야 할 것이다.

이런 가운데 우리의 20세기 한국의 공업화 시대와는 판이한 노사융화의 조직풍토에서 창조성 발휘가 FTA 시대에는 필요하다. 〈표 1〉과 같이 지금까지에 비하여 IT · BT · NT의 융화결합시대인 2030년대의 특징에 대비해 나가야 할 것이다. 우리는 다각도의 혁신으로 얻는 창조성에 의해 2030년대에 대한 준비를 서둘러야 한다.

이노베이션 선도할 노사융화의 SECI 모델 활용의 필요성

앞에서도 언급한대로 21세기, 특히 FTA 시대는 우리가 공업화를 하던 지난 세기와는 다르다는 것을 인지해야 한다. 세계 시장에서 포화되고 있는 모든 상품의 가격은 물론 낮추는, 디자인 · 성능 · 품질에서 창조력이 중요한 지적 지배의 시대가 되었다. 그러므로 우리는 제2장 이하에서 논의되는 노사융화의 조직풍토를 시급히 조성해야 한다. 그래서 생산, 영업 판매 마케팅, 연구 개발 기획, 지원관리 등 여러 측면에서 PDCA 과정의 효율성, 창조력을 일으키게 하는 노사융화의 SECI 모델을 각급 조직에서 활용, 생산성 증대로 우리의 경쟁력을 강화해 나가게 해야만 한다.

2. 창조력 발휘, 효율성 높이는 노사융화의 SECI 모델

이노베이션의 발단-암묵지

저생산성 고임금의 경영환경 즉, 저성장의 오늘날 우리가 맞이하게 된 FTA 시대의 노마디즘 환경에서는 이노베이션을 통한 생산성 증대만이 살길임을 앞에서도 여러 번 강조했다. 더욱이 디지털 노마디즘이 불안, 불확실성과 함께 증폭되고 있어서 시민의 세금으로 운영되는 정부의 서비스를 비롯한 모든 생산제품 및 서비스의 시장가치증대를 위한 이노베이션을 한층 더 강조하게 된다. 이와 같은 현 단계의 이노베이션의 발단에는 암묵지의 창출이 필요불가결하다. 이를 위해서는 당연히 소요될 여러 사항 중에서도 현장의 실정을 하나하나 파악하여 분석할 것과 IT · BT · NT융화의 고도화된 정보로 IT활용의 SECI 모델을 노사융화의식으로 활용해야 한다.

예로서 2009년에는 지상 3,700m까지 상승해 시속 250km로 2시간 나는 성능을 갖는 자동차가 등장할 것이라고 한다.[39]

칩을 사람이나 애완용 동물의 피부에 부착시켜 소재를 확인하는 것은 흔해지고 있다.[40]

'융화결합의 시대' 이다. 최근 눈부신 발전을 거듭하여 오는 IT(information technology), 즉 정보기술의 정보는 유동(flow)적인 속성이

39) 차인택, 하늘 나는 차…, 중앙일보, 2007년 3월 5일.
40) 연합통신, 주한 미군 全 애완동물에…, 중앙일보, 2007년 3월 5일.

있다. 기록 등으로 저장할 수 있는 지식과는 다른 것이다.

창조력에 의한 DB활용, '정보의 재 조직화'

그러므로 의사이고 과학자이기도 하며 또 화가, 조각가이기도 한 다빈치와 같아야 한다. 부단한 노력으로 여러 가지 정보를 데이터베이스화하여 새 정보와 DB에 의한 기존 '정보의 재 조직화' 즉 '정보와 정보의 관계를 이전과 다르게 활용' 하여 낯선 이단적 방법도 활용하는 '낯설게 하기'[41] 로 창조성을 발휘하도록 하자. 직장 동료들이 낯설어 할 정도의 신지식을 획득해 나가야 한다. 이렇게 해서 신 암묵지를 획득해 나가는 데는 우리 전통인 이항대립 융화적인 사고로 순발력 높은 융화력을 발휘해야 한다. 이런 방법으로 IT를 활용, 노사융화의 SECI 모델은 후술하듯이 그 가치가 더욱 높아지게 될 것이다. 21세기는 디지털 노마디즘 시대이고 특히 FTA 시대이다. 이러한 시대성을 극복할 한국인의 지적가치창출이 3~4만불의 달성은 물론 선진화의 실현을 우리 노사융화의 SECI 모델로 앞당기게 할 것이다.

사람의 지식은 정보의 축적 과정이다. 정보와 지식은 인간의 역사와 더불어 암묵적, 형식적으로 축적, 활용, 발전, 발달해 온다. 정보기술은 멀리는 70년대 대형 컴퓨터의 등장, 가까이는 우리나라의 경우 80년대 후기 이후 개인용 PC의 보급 및 인터넷의 활용에 따라 이 정

41) 김정운, 노는 만큼 성공한다, p 91, 21세기북스, 2006, 필자 가필.

보기술의 기하급수적인 활용이 일반화되고 있다. 초등학생도 인터넷을 하는 시대이다.

"지식정보화사회"로의 진전

이에 따라서 최근까지 정보가 중요하냐? 지식이 더 중요하냐? 하는 논란이 제기되어 왔다. 이와 같은 문제의 해결책으로 서울대 사회학과의 임현진 교수와 서이종 교수의 공동연구는 매우 가치 높은 일이다. 정보지식에 관한 내외의 선행연구를 종합 · 검토하여 암묵지와 형식지의 상호작용으로 지적가치를 창출케 하는 노사융화의 SECI 모델을 통해 구체화 된 바 우리사회를 "지식정보화사회(knowledge-information-society)"[42] 로 보고자 하는 연구결과는 매우 값지다. 이 연구에서 두 교수는 '정보기반 지식사회'와 '지식기반의 정보사회'의 통합패러다임으로서의 이 "지식정보화사회"의 연구 결과를 다음과 같이 정리하고 있다.

① **정보화** : 디지털화, 네트워크화, 하이퍼텍스트화

② **지식의 성격변화** : 접근도와 활용도의 증가, 데이터베이스화, 검색능력의 확대, 지식체계의 유연화, 지식생산의 고도화

③ **지식생산체계의 변화** : 네트워크화, 시공간 압축, 탈 공간화, 비동시성, 대중화, 거대화와 고도화

---

42) 임현진 · 서이종, 21세기 한국사회; 지식사회냐 정보사회냐, 2005년 2월 26일, 문화정책, 창간호, naver/gaury, 05, 7, 3.

④ **예상되는 문제점** : 정보화 될 수 없는 지식의 존재(※신 암묵지의 생성)

- 분절화와 의미맥락의 상실
- 지식생산의 기계화, 자동화
- 지식생산의 파편화, 맥도날드화
- 지식위계(보증체계)의 해체

※ 지식은 물론 사람이 창출하는 것임. 지식의 대중화에 따른 활용기회상실에 따른 지식의 쓰레기화 및 진부화.

※표시는 필자 가필임.

지적가치 증진의 사례

이와 유사한 현상의 실제로는 미국 오하이오에 있는 소프트웨어 회사의 활동을 일례로 들 수 있다.

'미국 오하이오에 있는 한 소프트웨어 회사에서 만들기 시작한 소프트웨어는 저녁 무렵 하와이 지사로 전송되어 6시간 동안 추가작업이 이루어진다. 하와이에 해가 지면 인도 방갈로르 지사에서 마무리 작업을 해서 완성품이 다음날 아침 오하이오 본사에 전송된다'.[43]

우리 산업계에서도 실제로 재택근무자가 가내 컴퓨터를 활용하여 디자인을 설계하고 계산하여 회의시간에 맞추어 회사로 나가는 예는 많을 것이다.

---

43) 임형진 · 서이종, 같은 연구 자료.

우리나라의 이랜드, LG, SK, 삼성, 포스코 등은 SECI를 비롯한 지식경영 선발의 예이다. 우리의 관심을 끄는 사례로는 아직 지속되는 노사분쟁이 있기는 하나 후발 자동차 메이커인 현대자동차의 유연생산체제 및 정교한 수동 작업의 병행의 뚜렷한 발전이다.[44] 이는 'Hyundaism'에서 비롯된다. '같은 라인에서 다양한 제품을 유연하게 생산'하며, 동시에 '그랜저 등 고급차를 생산하면서 높은 품질을 실현하기 위해서는 정교한 수동 작업을 병행'하는 유연생산체계의 발전에 앞으로 우리 모두 큰 관심을 가져야 할 것이다.

일본의 도요타, 샤프, 혼다 및 미국의 HP, 세븐일레븐, 마이크로소프트, 맥도날드 등의 발전에는 노나카 등이 개발해낸 SECI 모델의 전부 또는 일부를 활용한 효과임을 확인할 수 있다.

이와 관련해서 우리는 태권도, 명상, 뇌호흡, 그리고 불가(佛家)를 중심으로 고대부터 행해져 온 마음을 가다듬고 정신을 통일하는 무아정적(無我靜寂)의 선(禪)운동 등이 발전하여 왔다. 동양인인 우리가 암묵지를 선호하고 있다는 사실은 앞으로 우리의 이노베이션을 선도할 신지식의 창출에 노사융화의 SECI 모델을 중요하게 활용하게 될 것임을 확신, 자부심을 갖고도 남게 한다.

그런데 우리 인간은 스스로 지혜를 짜내서 어떤 한계라도 극복하려는 본질을 지니고 있다. 이런 까닭에 오늘날 노사융화의 SECI 모델을

---

44) 조형제, 한국적 생산방식은 가능한가?, 2005, pp 19~28, 한울 아카데미.

도입하는 조직에서의 조직 리더의 역할은 노사융화의 SECI에 의한 지적가치를 창출해낼 후술하는 '한마당' 의 리더십을 발휘하는 이항대립적인 암묵지와 형식지에 대한 융화력, 순발력이 뛰어나야 한다. 현재의 지식경영에서 IT에 기반을 두는 경우가 많을 것이다. 그러나 현 단계의 우리에게 중요한 것은 인간의 본질로 돌아가서 사람과 IT의 통합, 즉 임현진 교수와 서이종 교수가 공동 연구한 지식정보화사회를 지향하는 노사융화 SECI 모델의 철학에 바탕을 두는 토탈 매니지먼트, 즉 종합적 지식경영이 절대 필요하다.

지식의 내용과 존재 형태의 재음미

지식의 내용에는 우리 인간이 인식할 수 있는 '사물지(事物知)' 를 포함, 3가지가 있다. 사물의 특성이나 상태에 대한 서술적 명제를 알고 있는 '사실지' 및 인간의 욕구 해결 또는 문제 해결, 더 나가서는 여러 문제의 해결할 '방법지(方法知)' 와의 세 가지 유형으로 나누어진다. 지식의 존재형태는 1965년 마이클 폴러니가 연구하여 명명한 이 세 가지 지식의 유형이 원시적으로 볼 때는, 처음에는 한 개인의 뇌력으로 생성되거나 혹은 획득된다고 한 것은 오늘날에도 아주 큰 뜻이 있는 것이다.

그러나 이렇게 생성된 지식을 표현하기에는 그 개인이 가지고 있는 언어 능력이 항상 부족하기 마련이다. 폴러니는 어떤 상징이나 부호로 나타낼 수 있거나, 표현할 수는 없지만 알고는 있어서 행동에 영향을 주게 되는 지식을 '암묵지(暗默知, tacit knowledge)'라고 명명했다. 그런데 인간의 능력이나 수명은 한계가 있어서 이 암묵지를 오랫동안 저장하거나 보관할 수는 없다. 그래서 여기에 사용되는 것이 바로 문자, 부호, 그림과 같은 것으로 표현한 지식을 폴러니는 '형식지(形式知, explicit knowledge)'라고 정의했다.[45)]

21세기 FTA 시대, 불안, 불규칙, 불확실성이 롤러코스터를 탔을 때처럼 지속되는 디지털 노마디즘 시대. 노마디즘은 저마다 지닌 낡은 정체성(停滯性)의 일대 혁신이다. 이 노마디즘의 환경을 헤쳐 나가야 하는 우리의 이노베이션을 선도할 21세기 신지식창출에는 신 암묵지의 끊임없는 창출 · 획득이 앞서야 한다. 그리고 이 신 암묵지가 동료와 공유하게 되면 기존의 매뉴얼이나 기타 기록된 기존의 문서를 재정리, 익숙하게 생산 활동을 하고 지적활동을 하는 사람들과의 마찰이 없도록 하는 시책으로 고용관리 및 교육 등이 중요하게 된다.

지속적 창조성 창출할 노사융화의 SECI 모델

이미 앞에서 논급되었듯이 이항대립적인 암묵지와 형식지의 변환과정에 다이내믹한 융화력의 상호작용이 이루어져야 참신한 신지식의 지적가치가 창출된다. 그 방법이 노사융화의 SECI 모델이다. 노사융화의 SECI 모델은 Socialization(공동화, 사회화), Externaliza

45) 김효근, 新지식인, 1999, pp 63~68, 매일경제신문사.

tion(외재화), Combination(연결화), Internalization(내면화)의 영문 머리글자이다. 공동화 사회화는 4개 과정 중 가장 중요하며 또 나의 암묵지를 남에게 전수하기는 쉬운 일이 아니다. 공동화는 이를테면 나의 암묵지를 구성원에게 모든 표현방법을 다 써가면서 멘토링 등의 방법으로 전달해 주면 구성원이 수준 높은 신암묵지를 창출케 하는 프로세스, 표출화 외재화는 암묵지에서 참신한 형식지를 만들어 내게 하는 프로세스, 연결화는 다양한 문서 · 자료의 형식지로부터 새로운 형식지를 만들어내는 과정, 내면화는 형식지로부터 수준 높은 신 암묵지를 창출해 내는 프로세스를 말하는 것이다.[46] 우리 지적가치를 창출할 지식경영은 지난 90년대 후기 이래 많이 연구되어 왔다. 21세기에 들어와서 기업계, 학계 등에서 진행되는 지식경영에 관한 연구에는 이 SECI 모델이 많이 원용되고 있다. 그런데 현장의 생생한 정보를 바탕으로 해야 하는 노사융화 SECI 과정은 항구적 무파업이 일어나기 시작한 2007년부터이다. 이의 구체적 내용과 프로세스는 후술하도록 하겠다.

창조성 생성케 하는 우뇌와 복뇌(腹腦)

나 자신을 들여다보는 명상은 그야말로 관조(觀照)하면서 나의 집중력을 키우게 한다. 내 속의 '작은 소리에 집중하는 것을 명상의 기본

46) 노나카 이구지로 외 1인, 앞의 책, p 58.

으로 하여 내 몸 속의 소리를 듣듯이 작은 소리에 집중한다. 눈을 감아야 하는 데 많은 경우 눈을 감으면 눈동자를 굴리며 안절부절 못하고 편하지가 않다. 편안한 자세로 눈을 감고, 눈동자를 굴리지 않는 연습부터 해야 한다.'[47]고 《나를 변화시키는 3분 명상력》의 저자는 권유한다. 이 책에서 우리가 배울 것이 많다. 명상을 통해서 우리의 집중력, 직관력, 판단력, 통찰력, 담력의 정신력과 생명력 등을 우리 스스로 강화할 수 있게 된다. 그래서 3분에서 5분간만이라도, 이 시간도 길다면 30초만이라도 이 책의 명상 실천법의 기초인 눈감기를 연습해 나간다. 카페에서 주문한 차를 기다리는 동안, 역에서 지하철을 기다리는 2~3분간, 욕조에 몸을 담그고 있을 동안, 은행에서 차례를 기다리는 동안, 화장실에서, 영화관이나 공연장에서 영화나 공연이 시작되기 전에, 복사를 하면서, 전자레인지로 음식을 데울 때 등등 이 눈감기를 할 수 있는 기회와 시간은 얼마든지 있다. 혼동하거나 서두를 것은 조금도 없다. 이 3분 명상력을 익히는 바른 방법은 '올바른 명상은 자신을 알아가면서 익히는 것' 이라는 점이 강조되고 있다. 나 자신을 확실하게 알아가는 것이 중요하다. 이를테면 자동차 운전을 할 때 오토차를 제외하면 기어를 1단에 놓고 100km의 속력을 낼 수 없는 이치와 같다. 올바른 명상을 위해 가장 먼저 해야 하는 것은 앞에서 이미 말한 눈을 감고 눈알 굴리지 않기와 자신의 존재(자신의 상태, 능력)

---

47) 이자연, 나루세 마사하루, 명상(MEDITATION), 조선일보, 2005년 7월 13일.

를 확인하면서 자기를 가능한 많이 알라는 것이다.[48] '너 자신을 알라' 는 옛 말과 같다고 하게 된다.

나의 내면의 소리를 듣도록 해야 하는 것이다. 내면의 소리는 열광적이거나 들떠 있지 않다. 사람의 우뇌 주관인 감성(感性)과 직결되는 직관(直觀 · intuition)을 감지하자는 것이다. 이 내면의 소리를 듣기 위해서는 진심으로 '귀 기울여' 그 소리를 들을 수 있는 정신 · 신체적 여력을 확보해야 한다. 나의 내면의 소리를 최대한 듣기 위해서는 모든 생각과 감정과 기대를 잠재워야 한다.

'배에서 우러나오는 소리를 들어라' 는 말을 들어본 일이 있는가. 감정이나 느낌, 직감 · 직관과 같은 것을 가장 잘 느낄 수 있는 우리 몸의 부위가 어디냐고 물어 보면, 어느 나라 사람이든지 몸의 중심부를 가리킨다. 즉, 사람의 감성은 우뇌가 주관하는 것이지만 우리 몸의 중앙의 부위에서 느끼게 된다. '중심을 잃다' 혹은 '중심을 잡아야 한다' 라는 말도 이런 연유에서 나온 것이다.

이는 실제로는 복강신경총에 관련된다.

사람의 횡경막 바로 아래, 배꼽으로부터 조금 위쪽에 신경조직이 뭉쳐져 있는 곳이 있는데 이를 복강신경총(celiac/solar plexus) 또는 복강신경얼기라고 부른다. 신경학자이자 컬럼비아대학 해부 및 세포생물학 과장인 마이클 거숀(Michael Gershon)은 1965년에 '우리의 뱃속에 뇌

---

48) 나루세 마사하루, 나를 변화시키는 3분 명상력, 2004, pp 4, 5, 22, 265~267, 명성현 역, 예문.

가 있다'는 말로 동료들을 깜짝 놀라게 한 적이 있다. 거숀은 인간의 내장은 수억 개의 신경세포로 둘러싸여 있으며, 이곳에 척추 전체보다 더 많은 뉴런(neuron, 신경체계의 구조적 · 기능적 단위인 신경세포)이 집중되어 있다고 말했다. 그는 또 감정의 변화에 따라 방출되는 신경전달물질들이 머리가 아니라 '뱃속의 뇌'에서 합성 · 저장되고, 여기에서 방출된다는 사실을 발견했다. 1981년에 와서야 다른 학자들은 그때까지 논란의 대상이 되어왔던 그의 연구결과를 인정하였다. 그 결과 뱃속에 있는 뇌의 세포형태 · 작용물질 · 수용기[receptor, 눈 · 귀 · 코에서와 같이 적합자극(適合刺戟)을 직접 수용하는 세포] 등이 '두뇌'가 지닌 것들과 같다는 점이 밝혀졌다. 학계의 최근 발표에 따르면 배의 뇌와 두뇌 사이에는 배의 뇌에서부터 두뇌로, 혹은 그 반대로 두뇌에서 배의 뇌로 이어지는 신경삭이 여러 줄 있다고 한다. 여러 가지 경로로 배의 복뇌와 머리 즉, 두뇌가 이어져 있다는 뜻이다.[49)]

자신감 'gut', '뱃장' 생성의 부위

동양에서는 아주 옛날부터 복뇌(腹腦)를 생각하여 오고 있다. 이 복뇌에 관하여 옛날부터 선가(仙家)에서는 명치 끝 쪽 복부 안에 자율신경을 관할하며 잠재의식을 통괄하는 복뇌가 있다고 생각하여 왔다. 민간요법에서도 뱃속 뇌, 즉 복뇌가 있다고 믿고 있다. 배 마사지는 이 복뇌

---

49) 엘프리다 뮐러 · 카인츠 크리스티네 죄닝, 직관의 힘, 2004, 강희진 역, pp 32~33, 시아출판사.

와 단전을 자극시켜 복뇌 속의 자연치유력을 이끌어내는 수단이다. 또 이 복뇌는 대뇌의 중간거점에 연결돼 있어서 복뇌를 자극하여 개발하면 차력, 태식법 등의 특수 능력을 갖추게 된다[50]고 하는 것이다.

〈표 2〉 좌뇌와 우뇌의 기능

좌 뇌 (언어적 사고 · 판단)	우 뇌 (시각적, 이미지적 사고 · 판단)
많은 정보에서 체계적 추리	하나의 정보로 전체를 판단
이성 · 지성	감성
논리적	직관, 감각적
분석적	공간적, 도형
합리성	비합리성, 신비성
규범성, 억압	무규범, 자유
유교적	무속, 무교적
의식	무의식

자료 ; 이시형, 우뇌가 희망이다, 2005, p23, 풀잎

이와 같은 복뇌는 〈표 2〉에서 제시되듯이 감성 및 직관을 주관하는 우뇌와 복뇌의 복합작용으로 일어나게 된다. 이노베이션을 일으키는 참신한 암묵지를 획득해 나가는 과정에서 생기는 사람들의 퍼뜩 떠오르는 생각 또는 뻰쩍 떠오르는 아이디어의 생성 찰라이다. 자신감 넘

50) 이원섭, · 조선왕실의 장부조절복부건강법 중에서, 인터넷, naver, 검색

치는 생각이나 아이디어는 확신과 신념에 찬 결단력, 용기, 지구력, 배짱 등의 영문인 'gut' 이 우리들의 머리의 우뇌와 복뇌의 복합작용에서 생성되는 것이라고 본다. 선의의 '뱃장' 도 바로 이러한 뜻이다.

하이닉스 부활의 힘

한 가지 좋은 예를 들어보자. 최근 아주 좋은 소식으로 알려져 오는 '하이닉스의 부활'. 지난 2002년 4월, 미국 마이크론에 매각되는 것을 하이닉스 창사 이래 22년 간 무분규의 노사문화를 기록하는 노조원들이 주동하여 '매각 반대' 를 관철시켰던 것이다. 그런데 2005년 8월 하이닉스 이천공장 정문에 플래카드가 걸렸다. 직원의 땀과 오기가 '죽은 회사' 를 살려낸 것이다. '하이닉스의 신화창조! 이제 새롭게 시작합니다' 라는 플래카드의 내용이다. 3년 10개월간의 워크아웃이 끝난 것이다. 이 4년 가까운 워크아웃이 끝나게 된 요인에는 직원의 땀과 오기라는 추상적인 표현도 해당되겠다. 그렇지만 "자존심 · 혼을 걸고 품질보장", 죽기 살기로 불량률 줄이고, 임금동결 · 1만명 감원감수 하는 등 모든 사원의 사투도 하이닉스 부활의 요인, 즉 힘이 되었다.

그런데 이러한 여러 요인 말고도 신기술의 창출이 회사를 살려낸 것이다. "구닥다리 생산 장비를 개조해 최첨단의 반도체를 만드는 신기술을 개발, 막대한 투자비 9500억원을 줄이기도 했다"는 자발적인 창의력의 발휘가 더 큰 힘이 되었던 것으로 높이 평가하게 된다. 다른 표현으로 말하면 '경쟁사의 30% 수준의 투자로 생산설비 효율성을 최신설비수준으로 업그레이드시켰다'[51]는 것이다.

이야말로 이 과정 관계요원들의 일상의 경험지에 의한 재래식 설비를 활용하는 참신한 신기술개발, 즉 지적가치창출의 실행을 향한 자신감과 결단력, 용기, 지구력, 배짱 등의 gut을 중심으로 하는 하이닉스 멤버들의 정신력의 힘이 없었다면 불가능한 쾌거인 것이다. 우리는 힘을 내고 자신감을 가질 때는 손을 힘껏 쥐게된다. 정신력의 개가이다.

후술하는 SECI 모델 도입에 의한 암묵지 획득에는 필수적인 '에포케' 도 이 확신에 찬 결단력, 용기, 지구력 등을 뜻하는 gut과 자신감이 발원하는 복뇌, 우뇌, 좌뇌 등 온 몸에서 넘쳐나는 정신력의 힘이 있어야 한다고 하게 되는 것이다.

일상과 경험지-호기심으로 들겁게

다분히 이렇다 할 생각이 없이 창밖을 내다보거나 그렇게 하고 있을 때 퍼뜩 좋은 아이디어가 떠오르는 수가 있다. 이런 때 '새로운 지식은 이미 있던 정보들이 지금까지와는 다르게 재조합되어 새롭게 만들어진 결과이다.'[52]

또는 별생각 없이 지내고 있는 우리들의 일상생활에서 좋은 생각이 떠오르기도 한다. 왕년에 드러커 교수가 gut과 직관력을 타고난 분이

51) 박종세 외 2인, 조선경제, 2005년 8월 19일.

52) 김정운, 앞의 책, p 102.

라고 평가한 고 정주영 회장의 세런디피티로 오늘날에도 흔히 거론되는 기발한 방식을 생각해 볼 수도 있다. 간만의 차가 8~9m나 되고 전장 2,564m의 아산만 방조제공사 끝막음공사가 급물살로 되지 않는 난공사에서 고 정주영 회장의 지시로 폐유조선 2척을 끌어다 가라앉혀 막은 지혜는 어디서 나왔을까? 우리가 의식함이 없이 참신한 아이디어를 내는 일상생활의 경험지일지도 모른다.

그런데 보통 사람들은 이 일상을 인식하지 못하거나 또 일상을 인식하는 능력이 부족한 경우도 많다. 이 일상을 제대로 인식하지 못하면 결과적으로 하지 않아도 될 일을 한다거나 절호의 좋은 기회를 놓치게 되기도 한다.[53] 일상(경험)에 대한 인식능력의 배양을 위해 앞에서 본 명상이나 후술하는 '에포케'를 필요로 하게 된다.

내과의사 진찰 · 진단의 경험지, 직관-암묵지

일체의 주지적 요소를 배제하는 프랑스 철학의 대가 베르그송(H. Bergson)이 지적했듯이 '직관은 경험(experience)'[54]이라고 하고 있듯이 직관은 일상의 경험지에서 얻게 되는 것은 확실하다.

앞에서 논하여 오는 암묵지는 '할 수는 있지만 설명하기는 어려운', 또는 '알고는 있는데 말로 표현하기는 힘든' 지식이다〈표 3 참조〉. 명의를 예로 들어 생각해 보자. 뛰어난 내과 의사는 청진기를 환자의 가

53) 나루세 마사하루, 앞의 책, p 21.

54) 송영진, 직관과 사유, p 196, 서광사, 2005.

슴에 대고 환자의 몸속에서 나는 소리를 듣기만 해도 환자의 상태를 어느 정도 알 수 있다. 그러나 환자의 몸속에서 나는 소리의 차이를 어떻게 구별하는지를 말로 설명하는 것은 어렵다. 또 의사는 환자의 몸속의 소리만 들어볼 뿐만 아니라 손가락으로 환자의 가슴을 두드려 보기도 하며 진찰한다. 환자의 가슴속에서 나는 소리를 듣기 위함인데 그 소리를 어떻게 분간하는지는 말로 설명하기가 어렵다. 이런 것이 의사의 경험에서 생기는 암묵지이다.[55)]

노련한 명의의 다양한 진찰 · 진단의 경험에서 나온 경험지야말로 직관적 암묵지라고 할 수 있다.

사람들이 거의 무의식적으로 지내는 일상 중에서 정신을 가다듬고 의식적으로 '판단 중지 · 에포케(epoche)' 의 상태에 들어가서 명상에 잠기듯이 온갖 생각과 감정 등의 모든 상념을 멈추고 자기 복강신경총 즉, 복뇌에서 나오는 퍼뜩 스쳐 지나가는 상념이나 또는 자기 '내면의 소리' 를 포착하며, '머리' 가 아닌 '배' 로 느끼도록 해 보자. 이렇게 하는 것은 쉬운 일은 아니지만 직관이나 암묵지가 획득되는 가치 높은 일이다. 높은 깨달음을 얻기 위해 온갖 사심과 감정을 다 버리고 '마음' 을 비워야 한다. 현실을 있는 그대로 직시하도록 하는 것이다.

이와 같이 직감 · 직관하는 것을 감지하는 방법은 사람에 따라 다르다. 시각적 인지능력으로 볼 수 있는 '시각적 타입' , 청각을 통해 직관

---

55) 스기야마고조 외 19인, 지식과학사전, p 90, 조영렬 역, 바다출판사 2005.

적으로 감지해 들을 수 있는 '청각적 타입', 또 수학적 논리적으로 사고하는 이성적인 '인지적 타입' 도 있고, 이와는 달리 감정이 아주 예민한 예술가 음악가들과 같이 매우 감상적인 경우에는 '감각적 타입' 으로 나타나는 예도 있다.

제일 가까이 있는 일상 업무의 개선에서 착안해 보자. 경험지가 도움이 될 것이다. 또는 각도를 달리해서는 업무를 원 바이 원 식인 순차적으로만 다루려 하는 직렬적인 고정관념을 털어 버리고 동시적 병렬적 처리방법[56]을 고안, 실행하면 일의 스피드를 높이게 되며 그런 가운데 새로운 암묵지를 획득할 수 있게도 된다.

앞에서 소개된 세계 토목학계가 놀란, 난공사의 아산방조제 끝막음 공사와 같은 일은 고 정주영 회장은 가능했어도 보통 사람들로서는 잘 획득되지 않는 암묵지에서 창출되는 것이다. 그래서 보통 사람들의 가치 높은 아이디어나 암묵지를 체득케 하기 위해 열정에 불타는 '에포케' 기법과 우뇌, 복뇌의 활용방법을 논하게 되는 것이다.

'사람들은 한 번에 일곱 가지 밖에 기억하지 못한다' 고 한다. 그렇기 때문에 중요한 일일수록 '즐거움' 과 '호기심' 으로 그 일을 '좋아하여' '집중력' 을 키우도록 해야 한다.[57] 그러면 암묵지를 얻기가 쉽다.

---

56) 시찌다 마코도, 우뇌개발법, 2004, 임호찬 역, pp 60~61, 학지사.

57) 이케가야 유지 외1인, 해마, pp 149~152, 은행나무, 2003, 박선무 외 1인 역.

에포케, 우뇌 복뇌로 펴뜩 뻔쩍하는 암묵지 획득

모든 발명이나 발견은 직감이나 뻔쩍임이 뒷받침 되거나 원형이 된 결과이다. 우뇌의 무의식의 영역에는 고차원에서 오는 직감이나 영감이 일어난다. 그러므로 우뇌는 예술, 철학, 과학 등 여러 고차원의 감정이나 천부적 재능의 원천이 되고, 무의식의 영역은 고차원의 심적 활동이나 영적인 에너지가 숨어 있는 곳이라 할 수 있다. 직감이나 뻔쩍임이 없는 사장은 번영하는 기업을 이끌 수 없다. 반면 직감이나 뻔쩍임이 풍부한 직원이 많은 회사는 지금까지 없었던 새로운 여러 종류의 상품들을 내놓아 큰 수요를 일으켜 세계적으로 발전하게 된다.

이 때문에 향상되는 사람이 되기 위해 무엇보다 뻔쩍임 트레이닝을 해 보기로 하자. 뻔쩍임 트레이닝의 가장 손쉬운 방법은 밤에 잠자리에 들면서 내일의 과제를 자기 뇌에 알리고 자는 것이다. 그러면 현재의식은 쉬지만 잠재의식은 과제를 기억하고 있어서 잠자고 있는 사이에 해답을 찾아준다. 대체로 아침에 눈을 뜨면 곧장 지난밤에 잠들 때 과제로 내놓은 문제가 뻔쩍이는 모습으로 답이 나온다. 메모지와 필기구를 머리맡에 준비하고 자는 습관을 가지면 좋다. 뻔쩍임이나 직감은 우리들이 잠들어 좌뇌가 활동을 쉬고 호흡을 가능케 하는 폐를 비롯해서 우리 몸속의 여러 장기를 주관하는 우뇌가 우위로 활동할 때 잘 나오는 움직임이다. 꿈에 훌륭한 아이디어를 얻게 되기도 한다.[58]

정신통일과 명상과 암묵지

우리들이 노사융화의 SECI 모델로 이노베이션, 참신한 암묵지를 획득해 나가기 위해서는 상술하였듯이 현실을 있는 그대로 직시하는 힘을 길러야 한다. 달리 말하면 지혜로서 자신감 및 열정과 확신에 찬 gut의 작용으로 '에포케(판단중지)' 기법을 실시하여 참신한 아이디어나 암묵지를 획득하게 되어야 한다.

'에포케' 기법을 활용하면 이렇듯 신지식생성의 원천인 자기 경험이 바탕이 되는 경험지를 활용하게 한다. 현장의 현실을 있는 그대로 관찰하고 직감하게 하는 것이다. 그래서 '경험 → 직관 → 반성 → 자각' 과정의 기초인 경험에서 일어나는 직관 또는 직감으로 퍼뜩, 뻔쩍하는 암묵지의 원형을 확인할 수 있게 된다. 정신일도하사불성(精神一到 何事不成)이라는 우리 옛말과 같이 마음을 가다듬고, 정신을 집중시켜 노력하면 어떠한 어려운 일에도 성공한다는 이치와 같은 것이다.

FTA 시대! 디지털 노마디즘의 이 불안한 어려움을 헤쳐 나가기 위해서는 수준 높은 지적가치를 창출할 암묵지가 필요하다. 후술하듯이 암묵지를 획득하여 공유해 나갈 사람과 사람의 만남, 사람과 적절한 환경의 만남을 실현케 할 '한 마당' 의 리더십이 반드시 육성되어야 한다. 창조력을 창출할 지적생산 활동에는 이러한 '한 마당' 의 경험의 공유 · 교류가 그야말로 필수전제가 된다.

---

58) 시찌다 마코토, 앞의 책, pp 185~187.

현실을 있는 그대로 직시하여 얻게 되는 체험만이 아니라 객관과 주관이 일치되는 경지 즉, '몰입' 이 되는 '순수한 물아일체(物我一體)' 가 되어야 하는 것이다. 여기서는 직감에 의해 직접적으로 인식하는 관조(觀照) 또는 도덕경 제3장 등과 성경 마태복음 제5장 3절의 내용과 같이 마음을 비우는 것이어야 한다. 그래서 나의 내면을 들여다보는 명상(冥想)과 같이 지금의 나를 초월하는 진아(眞我)가 되어 진리를 찾는다. 그렇게 되면 우리들이 직면하는 눈앞의 변화를 직시 · 직관하게 된다. 이렇게 하여 암묵지를 획득하게되면 그 지식은 확실히 질이 높은 창조적인 것이 될 것이다. 그러나 실제에 있어서는 '순수한 물아일체', '순수 경험', '순수' 하며 순수를 수없이 되뇌어도 순수라는 것은 바이어스에 빠져버리고 말게 된다. 그러니 어떻게 하는 것이 좋을까?

경험의 본질 직관하는 현상학

그래서 후설(Edmund Husserl, 1859~1938)이 창시한 현상학적 방법을 쓰는 것이 좋다. 현상학(Phenomenology)은 현상을 중요시하는 철학으로 지식의 본질적 구조를 분석, 기술하게 한다. 현상학적으로는 무엇보다도 '세계가 거기에 객관적으로 존재한다' 고 하는 신념을 굳게 갖도록 하는 것이 중요하다(에포케-판단중지 기법).

앞에서 여러 번 논급한 에포케는 사람의 여러 감정에 얽힌 판단을 중지(명상기법과 같이 사고의 정지)하여 현상을 있는 그대로 허심탄회하게 관찰하고 깊이 직시해 보게 하는 출발점을 제공한다. 이 방법의 핵심은 자기 마음을 후술하는 '한 마당'에 두고, 온갖 감정은 버리고 스스로의 의식작용에 대해 편견과 감정을 버리는, 즉 판단중지하여 있는 그대로를 관찰, 여기서 얻는 경험의 골자를 추출, 기록한 위에 가치 높은 수준의 지식을 추출, 종합하는 것이다.

환언하면 반쯤은 무의식적으로 지내고 있는 일상생활 중에서 에포케를 활용하는 것은 특정 사상(事象) 및 경험에 대해 자기편견을 모두 버리고 가치 높은 아이디어를 찾아내는 새로운 안목의 세계를 획득하는 방법이다.

'에포케' 기법의 암묵지 획득 단계

형상학적으로 이노베이션을 위한 암묵지를 획득하는 데는 ① '에포케(Epoche)'의 실시, ② 현상학적 환원(Phenomenological Reduction), ③ 이미지의 변화(Imaginative Variation), ④ 종합(Synthesis)의 4단계를 거친다.

① '에포케'의 실시에서는 대상이 되는 현상에 대해 ;

- 판단의 정지
- 대상에 대한 개방적 · 투명한 관찰
- 계속적 주의력 집중
- 내성(內省)적 경험에서 얻는 사실을 비교함으로써 그들의 관계를 정의하고 이것으로 아직 경험하지 않은 부분에 미치게 될 상황도 고려함[사유(思惟)]

② 현상학적 환원에서 일어나는 현상을 직접 인식하는 경험으로 ;

• 경험의 질과 의미를 반추하고

• 에포케 실시로 일어나는 상황의 실정과 자기 내면의 이미지를 기술함

③ 상상(想像)적 변화 경험의 구조적 기술 ;

• 상상력을 발휘, 경험을 다각적으로 보고 그 의미를 추출, 기록

• 배후의 구조를 확인, 그의 최적한 예시를 탐색 기술함

④ 직관적으로 지금까지의 작업내용을 종합한다. 여기에는 ;

• 기록된 경험과 발견한 구조를 통일적으로 기술(현상, 경험의 본질만을 전체적으로 기술)

• 경험의 모든 것을 망라하는 것은 되지 않으므로 어디까지나 특정 장면에서의 본질을 파악하는 것임

'에포케'의 과정에서는 ①의 단계인 관찰이 가장 중요하다. 그런데 특정한 목적을 갖고 고객을 관찰 · 상담하거나 시장을 조사할 경우 그쪽 상황을 이해하지 않으면 안 되는 면도 없지는 않다. 그러나 고객 및 시장에 동질화되어 버리면 전체적, 합리적 관찰은 되지 않게 된다.

정보와 지적융화력에 의한 암묵지는 내 속에 존재

'에포케'는 단순한 관찰법이 아니다. 관찰할 때 분석을 하는 것이 아니라 대상이 되는 소비자 · 고객의 입장에서, 다시 말하면 고객으로부터의 정보를 종합하면서 사물을 관찰하도록 해야 하는 것이다.

이와 같은 '에포케'에 의한 관찰의 목적은 자신의 마음속에 내재하

는 무수한 지식(암묵지 의미의 원형)을 종합해 나가는 것이어야 한다.

이러한 관찰, 종합에는 능동적인 것과 수동적인 것이 있다. 남에 대한 '순수한' 이해는 관찰자의 자기 자신의 경험에서 나오게 되는 의미의 해석 작용에서 시작된다. 이것이 능동적인 것이다. 관찰자의 관심은 남이 처해 있는 상황이나 신체조건 등의 표층에 있는 것은 아니다. 그의 행동목적 동기는 무엇인가 또는 그에게 있어서는 어떤 의미인가 하는 배후에 있는 것에 관찰자의 관심이 가야 하는 것이다. 다시 말하자면 '무엇 때문에 이런 것을 하고 있는가' 고 관찰을 하는 나의 물음은 궁극적으로는 그것을 묻는 나 자신의 관점(해석) 밖에 되지 않는다고 하는 통찰이다.

능동적 관찰통합 익숙하게

이러한 나머지 우리는 흔히 남의 목표를 마치 자기 목표인 것처럼 여기고 이를 수행하며 테스트하고 있는 자신을 상상하는 경우가 많다. 이를 감정이입으로 여기는 경우도 있으나 이러한 관찰은 남에 대한 감정이입이 아니다. 감정이입이란 자신의 마음과 남의 심리구조가 유사관계로 기울어지고 있는 상태에 지나지 않는 것이다. 이에 비해 에포케에 의한 관찰은 '남의 마음속에서 무엇이 일어나고 있는지를 살펴 가는 것' 이기 때문에 감정이입과는 뜻이 전혀 다르다.

이는 능동적 종합으로 나 자신의 내재하는 마음에 투영되는 환경을 응시하여 얻는 지식을 형성해 나가는 주체성이 있는 과정이라고 한다.

한편, 수동적 종합은 환경과 '한 마당'에서 관계되는 데이터를 '무심코' 얻게 되는 '행운(?)'을 통하여 암묵지를 형성하여 가는 과정이다. 이는 마치 자연의 이치로 번데기가 성충이 되어 나르는 것[우화등선(羽化登仙)]과도 같은 것이다. 그래도 이 '무심'한 마음속에는 항상 무의식적 관심을 둔 결과로 관계 데이터를 무심코 얻게 되는 것이라고 하게된다.

이 '에포케' 체제는 우리 전통인 '이항대립융화' 의식과 '3분 명상력' 및 '낯설게 하기' 등과 함께 후술하는 SECI 모델의 효과를 보다 증대케 할 것이므로 이미 SECI 모델을 도입한 사업장에서는 이들의 기법을 검토, 도입할 필요성이 클 것이다.

지혜 짜는 도요타 직원 1인당 1년 9.23건 제안

여러 가지 경험 중에서도 우리 몸으로 느끼는 5감을 통해서 직감적으로 얻게 되는 지식으로 경험지가 있다. 직관력에 의한 것이다. 이러한 경험지를 여러 해 축적해 가며 의도적 경영 전략적으로 이노베이션 하여 온 기업이 전 세계 처음으로 전기 휘발유 혼용차를 개발한 도요타 자동차이다.

도요타는 JIT의 창시로 유명하지만 이 JIT의 효과가 일어나게 하는 요인은 JIT를 운용하는 사람들의 암묵지에서 나온다는 말은 인상적이고, 기억해 두어야할 내용이다.

이와 같은 지적가치창출의 결과는 6만 5천의 맨파워가 1년간 평균

9.23건의 아이디어를 내서 합계 60만 건의 제안이 1년 간에 모이게 되는 연구하는 멤버들의 자세로 환율변동에도 영향을 별로 받지 않는 여건이 조성되어 있다[59]는 것이다. 또한 노사 간 융화에 의한 협력적 기반이 전 세계 어느 기업보다 견실하다는 데서 온 것이다.

그래서 직원들이 출근할 때 '일하러 간다'에서 '지혜를 짜러 간다'는 말이 도요타에서 유행되어 오고 있다. 도요타에서는 후술하듯이 직원 1인당 1년 간에 9.23건의 아이디어(암묵지)를 짜내서 제안하고 있다. TPS(도요타 생산방식)를 가치창출의 기초로 삼고 있는 도요타의 JIT(져스트인타임)의 생산관리방법은 얼핏 보아서는 시스템을 갖춘 형식지로 보게 된다. 그러나 실제로 JIT를 지탱하는 지식의 베이스는 시스템이 아니라, 그러한 시스템 뒤에서 움직이게 뒷받침하는 생산현장의 암묵지라는 것에 도요타 자체가 알아차려 왔다.

오구다 도요타 회장은 "사람의 지혜에는 암묵지와 형식지가 있습니다. 암묵지는 매뉴얼화가 되지 않는 일종의 장인의 노하우, 형식지는 매뉴얼화가 되는 것입니다. 인간의 지혜를 IT 등의 컴퓨터 기술로 전환해 가는 부분은 증폭된다고 생각합니다. 그렇다고 해도 역시 제로가 되지는 않습니다. 암묵지와 노하우는 최후까지 남게 됩니다."고 말하여 시스템적인 지식의 근저에서 지탱하고 있는 암묵의 노하우와 사람됨의 중요성을 재인식하고 있다.

---

59) 이지훈, 도요타와 GM, 그리고 현대, 조선일보, 2005년 6월 15일.

도요타의 KANBAN(看板) 방식을 LEAN 생산이라고 번역한 미국기업에서도 최근 암묵지의 중요성을 말하기 시작했다. 예로서 TQM(종합품질관리)의 미국 판이라고도 하는 6시그마의 제창자들도 배후에 있는 공동체적인 경험을 통한 암묵지가 없다면 기능이 잘 되지 않는다는 것을 알아차리기 시작했다.

JIT의 기조는 공장의 생산관리방법론인데 그것은 어떤 원리 · 원칙에 따라 처음부터 주어진 것이 아니다. 본래 그야말로 베이직한 사고방식을 생산라인의 근로자와 관리자가 실천 중 끊임없이 쌓아 올려져 온 경험지가 종합된 것이라고 하여야 된다. 숙련자의 직관과 연구, 납품업체의 하고자 하는 기세, 공장관리자의 이노베이션하려는 마음씨들을 통해서 암묵리에 싸여 온 관습, 상식, 관례(조직적 경험)라고 생각하는 것이 당연하다.

이렇듯 현장의 인포메이션이 얼마나 중요한 것인가를 실감케 한다.

하이브리드 카 개발의 원점

1990년대로 들어서면서 이른바 대기업병으로 고민하게 된 도요타의 최고경영자가 빈번히 '제품제조의 원점' 으로의 회귀를 강조한 것은 상징적이다. '제품제조의 원점' 이란 제품제조의 매력은 ① 만드는 과정에서 얻는 만족, ② 완성된 제품에 대한 긍지, ③ 고객이 사용하는 기쁨으로 회귀되는 것의 3가지이다.

'제품제조의 원점' 에서는 경직화되어 매너리즘에 빠진 경영조직의 운영에 대해 일단 판단중지(이퍼케)하여 지식이 드러나는 원점에서의 체험과 경험지로 돌아간다는 것을 의미한다. JIT로 배양된 도요타 식 경험지, 체험지의 원점으로 회귀하자고 하는 자세가 '제품제조의 원점'으로 돌아가자고 강조하는 말에서 여실히 나타난다. 그것은 단지 하드한 제품지향만은 아니다. 도요타의 경우 그것은 현장의 모든 경험에 바탕을 두는 끊임없는 성찰이다. 현장의 온갖 사상(事象)을 있는 그대로 보고 왜 그렇게 되었는지, '왜?', '왜?' '왜?'를 끊임없이 반복하고 확인하는 것이다. 그러한 경험지의 틀을 만든 것이 이러한 '왜?'를 반복하는 말의 배후에 있는 것이다.

이러한 톱 다운의 원점회귀운동은 '21세기 자동차는 어떠해야 하는가' 하는 과제를 일으키고, 그 후 전기 유류 혼합형인 하이브리드 카를 개발해내기에 이른다.[60]

현대차까지 분해, 벤치마킹

'위기의식의 전도사'. 2004년 6월 도요타 CEO에 취임할 때 취임 일성으로 '도요타의 대기업 병(病)'을 질타한 와타나베 기쓰아키 사장의 별칭이다.

2005년 7월 26일 외신 기자들과의 인터뷰에서 "5월에 중국에 갔을 때 '베이징 현대'의 기세가 너무 셌습니다. 멋진 기세였어요. 우리 텐

60) 노나카 이쿠지로 외 1인, 앞의 책, pp. 245~247.

진 현지공장 관계자에게 '더 공부하세요' '공부가 부족해요' 라고 말했지요. 오프 더 레코드에 가깝습니다만… '현대차를 분해하세요. 우리(도요타)와 비교해서 무엇이 우수한가 조사하세요' 라고 말했어요."

실제로 분해했냐는 질문에 "분해했지요. 현대자동차도 (늘 벤치마킹을 위해) 우리 자동차를 뿔뿔이 헤쳐버리니까요, 뭐(피장파장이라는 뜻)…." 성장을 자만하면 일거에 추락한다. 공부하고 또 공부해야 한다는 것을 경영신념으로 하는 와타나베 사장은 "…그래요, 성장하고 있다는 이유로 자만하면, 일거에 우리가 질거라고 생각합니다. '위협' 이라고 했습니다만 정말 공부하지 않으면 안 된다고 생각해요."라고 강조하면서 품질 향상에 대해서도 "사내에서 'CF(Customer First · 고객 최우선)운동' 을 펼치고 있어요. 직원들이 정말로 품질을 중시하는가, 공정은 그렇게 돼 있는가? 숨어있는 과제를 찾아내 모두 함께 원점에서 다시 생각해보자. 미국 · 아시아 공장도 일본 공장과 비교해 보고 갖춰야 할 모습을 생각해보자…. (그렇게 생각해낸 모습은) 이상에 가깝지요. 이 이상과의 갭을 메우는 노력을 해야 해요. 꾸준히, 확실하게…."

글로벌 전략의 변화에 대해서도 언급했다. "'브랜드 만들기는 인간 만들기' 입니다. 브랜드 레벨을 높여 주는 것은 사람이지요. 개발하는 사람, 판매하는 사람의 의식을 향상시키지 않으면 '진짜 물건이 안 나와요. 역시 기초는 '인간 만들기' 이지요. 도요타 식으로 '한 조직에서 생각해 낸 개선점을 세계 다른 조직으로 확대한다' 는 용어가 '요고뎅(橫展)' 이라고 합니다만 일본에서 렉서스 수준을 한 단계 올려서 전 세계로 이전시키는 것(전략)입니다."

와타나베 사장에게서 확인된 도요타의 전략 중 다른 하나는 GM을 추월하는 시점은 5년 뒤인 2010년으로 보고, 그 때 1천만 대 생산 중 절반은 해외에서 만들것으로 계획하고 있다는 것이다.[61]

그런데 2007년 7월 현재 GM을 추월, 세계 제일이 되었다.

'바다 위의 렉서스', 도요타의 야망

GM을 누르고 세계 톱을 점령한 도요타가 이젠 바다도 정복하려 한다.

렉서스의 고급 브랜드 이미지와 첨단 생산기술을 보트 제조에 접목시킨 '포남(PONAM) 45'가 사업의 모델이다. 일본산 최고급 목재를 사용하고 렉서스의 전자제어장치를 이용, 하나의 스틱 조작으로 전방위 평행이동이 가능하게 한 해상용 보트이다. 길이 15m, 무게 18t의 이 고급 보트 한 척 가격은 1억 2358만 엔(약 9억 5000만원). 한 척을 만드는데 두 달이 걸린다. 주문이 몰리는 바람에 도요타는 불과 1년여 만에 세계 고급 보트 시장에서 3위로 뛰어올랐다.

도요타의 여가용 보트사업은 1937년 창업 때부터의 '꿈'이었다. 회사 설립 당시 정관을 보면 도요타는 '육·해·공의 종합수송용 기기 제조업체'로 되어 있다. 창업자인 도요타 키이치로(豊田喜一郎)는 실제로

61) 선우정, "현대차까지 분해해서 벤치마킹", 조선경제, 2005년 7월 28일.

헬기 모형을 제작했고, 80년대부터는 항공기 엔진 개발도 추진해 왔다. 또 90년대 들어 창업자의 장남인 도요타 소이치로(현 명예회장)는 대형 선박, 수상스키용 소형 보트에 눈을 돌리며 바다 시장을 겨냥했다. 이후 경기회복으로 부유층들이 고급 보트 시장으로 몰릴 것으로 판단한 도요타는 고급 중대형 보트에 집중하기 시작했다. 애초 도요타는 한 해 5척 판매를 예상했으나 수개월 만에 13척의 주문이 몰리기도 했다. 정보기술(IT) 업계의 젊은 기업인들이 고가의 보트에 관심을 보이면서 지난해 고급 보트 시장은 132억 엔 규모로 팽창했다.

보트제작공정개선 300건 이상

끊임없이 생산성 향상을 추구하는 도요타 정신은 보트 제조에서도 예외가 아니다. 원래 보트 같은 소형 선박 제조 공정은 자동차 공장과 같은 고도의 설비가 필요 없다. 수주한 배를 일일이 손으로 만드는 방식이기 때문이다. 도요타는 '뉴 재팬 마린' 이란 선박제조 업체에 생산을 위탁하면서 도요타의 기술담당 직원을 현장에 상주시켰다. 그리고 7개 관련 업체의 종업원들로 '스터디 그룹' 을 만들고 군살을 없애갔다. 선실을 일단 만들고 가구를 운반해 오던 것을 한 공장 안에서 같이 짜 조립해 불필요한 대기시간을 없앴다. 이런 식으로 공정을 개선한 것만 이미 300개 항목에 달한다.

이런 분위기에 몇 달 뒤부터는 보트 한 척을 만드는 데 걸리는 시간이 지금의 절반인 1개월로 줄어들 전망이다.[62)]

3. 노사융화의 SECI 모델 적용 방법과 사례

디지털 노마디즘 시대의 신지식

FTA 시대의 생산성 제고 즉, 이노베이션의 방법으로 논의하여 온 노사융화의 SECI 모델의 실시방법은 조직 내의 융화의식의 상호작용 여부로 이의 유효성이 좌우된다.

FTA 시대의 지적창출과정인 SECI 모델의 창안자인 노나카 교수의 SECI 모델은 1980년대 후기 일본식 경영에 대한 반성에서 비롯되었다고 한다. '지력(知力)을 소홀히 한 채, 지나치게 효율성 중심의 경영'을 해온 것이 일본의 경쟁력 상실의 계기가 되었다고 본 것이다.[63]

지식은 원래 정보의 축적과정이지만, 암묵지와 형식지의 다이내믹한 복합체이다. 이 다이내믹한이라는 뜻에는 정보의 DB화나 정보의 종합 또는 정보 재조직의 의미가 포함되어야 한다. 이러한 지식은 크게 개인적 주관적인 암묵지(tacit knowledge)와 사회적 객관적인 형식지(explicit knowledge)의 두 가지로 분류된다. 암묵지는 형식지에 앞선다고 할 것이다. 암묵지는 이노베이션의 원천이며 지식의 시발이 된다. 그러니까 이노베이션의 모체라고 할 수 있다. 이 암묵지와 형식지가 다이내믹하게 상호작용함으로써 신지식이 창출되게 마련이다. 상술했듯이 헝가리 태생인 마이켈 포라니(1891~1976)가 처음 개념화한 암묵지

62) 김현기, '바다 위 렉서스' 도요타의 야망, 중앙일보, 2007년 7월 6일
63) 손태원, 조직행동과 창의성, pp 295~296, 법문사, 2005.

〈표 3〉 암묵지와 형식지의 비교

암묵지(tacit knowledge)	형식지(explicit knowledge)
• 언어화가 안 되거나 또는 언어화가 어려운 지식	• 언어화된 명시적인 지식
• 경험이나 5감에서 획득된 직접적인 지식	• 암묵지에서 분절되는 체계적 지식
• 현시점(지금, 여기)의 지식	• 과거사에서 매듭지어진 지식
• 신체적인 감이나 요령과 결합된 기능	• 명시적 방법 · 절차, 사물에 관한 정보를 이해하기 위한 사전적인 구조
• 주관적 또는 개인적	• 객관적 · 사회적 · 조직적
• 정서적이거나 정념적인 것	• 이성적 · 논리적
• 아날로그 지, 현장의 지	• 디지털 지, 코드화 된 지
• 특정한 사람, 장소, 대상에 특정 · 한정된 경우가 많음	• 정보체계에 의한 보완 등에 의해 시공간을 초월한 이전 및 재이용이 가능
• 신체적 경험에 따른 공동작업에 의한 공유, 발전 증식이 가능	• 언어적 매개를 통해 공유 또는 편집이 가능

출처 ; 노나카 외 1인, 전게서, p 56.

는 알고는 있어도 언어화가 힘들거나, 비언어적인 경험적 신체적인 아날로그 지식이다. 말이나 문장으로 표현하기 어려운 것이 암묵지이다. 비근한 예로서 우리는 남의 얼굴은 알고 있으면서도 어떻게 생겼는가 하는 설명은 잘 되지 않는 것과 같다. 우리가 흔히 말하고 있는 생각, 신념, 관점, 숙련, 노하우 등도 암묵지이다. 이에 비하여 형식지는 암묵지를 언어화, 문서화, 매뉴얼화로 체계화한 디지털 지로 쉽게 공유할 수 있는 사회적인 지식이다〈표 3 참조〉.

개인(I), 집단(G), 조직(O) 내의 창조력 공유

노사융화의 SECI 모델은 새로운 가치, 높은 지식, 즉 전술하였듯이 암묵지와 형식지 간의 융화, 즉 다이내믹한 상호작용〈그림 3 참조〉의 원리에 의하여 기존의 업무방식을 개선하는 이노베이션, 새 아이디어, 신기술, 신상품으로 시장가치증진을 위해 나선형으로 지속적으로 개선을 향해 올라가는 개념이다. 이 노사융화의 SECI 모델은 21세기 디지털 노마디즘 시대를 리드할 새로운 정보로 창조적 가치가 창출되는 시스템으로 포라니와는 달리 90년대 후기 노나카와 데라우찌, 곤노 등이 개발[64] 한 시스템이다. 앞에서 논의된 어느 나라보다도 앞서서 하이브리드카를 개발하는 도요타나 휴렛팩커드(HP) 등 선진기업의 현장에서는 널리 사용되는 시스템이다.

FTA · 글로벌 시대에는 조직풍토를 매너리즘에서 벗어나게 해야 한다. 고생산성의 효율성과 창조력을 추구하기 위해 각급 리더와 멤버들에게 요구되는 것은 어제보다 뛰어난 방식을 찾아내는 일이다. 저 생산성 고 임금의 압박을 벗어나 선진경제를 지향하자면 종래의 방법을 효율화 하는 것뿐이고, 몇 십 배의 생산성을 지향하기 위해서는 창조성을 창출하는 것이다.[65] 바로 SECI 모델이다.

---

64) 노나카 외 1인, 앞의 책, pp 55~60, 93~98, 160~163.

65) 임성룡, 끊임없는 동기유발과 경쟁력의 원천, p 141, 교우사, 2006.

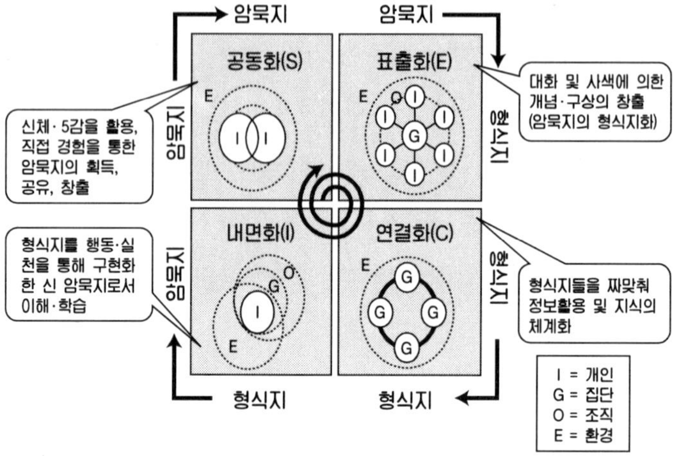

출처 : 노나가이쿠지로 외 1인, 知識創造の方法論, p 57, 東洋經濟新報社, 2003.

〈그림 3〉 SECI 모델의 일반원리

또한 후술하는 바와 같이 융화력에 의한 암묵지와 형식지 간의 다이내믹한 상호작용은 개인(I)과 집단(G) 및 조직(O) 간에 지적 창출력을 스파이랄 식으로 수준 높게 상향 균형되게 한다. 개인(I)에서 개인(S · 공유화) 간의 암묵지, 개인에서 E · 표출화에 따른 집단의 형식지, 집단(G)에서 C · 연결화의 보다 좋은 조직(O)의 형식지로, 조직(O)에서 개인(I · 내면화)에 의한 보다 높은 암묵지로 개인, 집단, 조직 간의 지적 창출력 증진 · 균형을 이루게 한다.

또한 세계화로 여러 나라 사람들이 같은 사업장에서 같이 일하거나 또는 세계 각국에 사업장이 분산되어 일하는 글로벌화의 여건에 적합하게 설계되어 21세기 디지털 노마디즘 환경에 적합한 SECI 모델이 개인, 집단, 조직의 균형된 성과 높은 창조력 발전을 기할 수 있게 한다.

FTA 시대, 지적가치창출의 자신감

FTA 시대는 디지털 노마디즘의 신지식을 활용해야 되는 시대이다. 대략 8~9년 전에는 지식경영 신지식이 '신지식인 상' 등이 우리나라에서 크게 인기를 끌었다. 그런데 최근에는 이 SECI 모델에 의한 스파이랄 식의 지적가치창출방법이 각광을 크게 받고 있다.

이 노사융화 SECI 모델의 신지식은 산업생산 · 판매 일선의 숙련자, 즉 지식인들의 경험지에서 우러나는 암묵지와 암묵지에서 시뮬레이션과 실험에 의해 이루어지는 형식지와의 융화, 즉 상호작용으로 창출되는 것이다. 물론 암묵지에서 새로운 형식지의 체계화로, 또 형식지에서 새로운 암묵지로 변환하는 것은 말처럼 쉽게, 원활하게 되는 것이 아니다. 그러나 우리에게는 암묵지를 선호하는 동양인이라는 자부심과 자신감이 있다. 지난 세기 60년대 이후 40년 만에 공업화와 IT화를 이룩한 저력으로 21세기 디지털 노마디즘 시대, 지적가치창출의 자신감을 갖기에 넉넉함이 있다. 고도한 신지식 또는 차원 높은 암묵지를 생산이나 영업현장에 시행하기 위해 형식지화 하여 지적가치를 창출하는 데는 기존 매뉴얼 등을 활용하는 과정에서 일어나기 쉬운, 기득권과의 다종다양한 갈등도 생길 수 있으나 극복해나가야 할 것이다.

긴요한 노사간, 상하간, 팀간, 팀원간의 융화력 표방하는 리더십

이런 까닭에 각급 조직 리더의 '한마당'의 리더십이 필수적이다. 가치 높은 것은 고객으로부터 최신의 정보를 종합한 지식이야말로 우리 경쟁력을 강하게 한다. 그러니까 현장요원의 셀프리더십을 이끌어 내는 상위자의 리더십이 매우 중요하다. 비약적 발전을 거듭하는 전자업계와 초대형선박의 엔진까지 자체적으로 만들어 건조하는 현대중공업과 대우해양 등 조선업에 기대가 크다. 이레전자의 정문식 사장, 삼성전자 황창규 사장, 그 밖의 성공적 벤처기업 등도 그렇다.

앞으로 이노베이션을 선도할 어떤 사안에 대한 암묵지와, 암묵지의 내용을 서술케 함에 따라 매뉴얼화 되는 형식지간의 역동적 상호작용에 의한 신지식 또는 기술·기능, 참신한 방법의 획득 및 그 결과에 따라서는 최소한 다음과 같은 대책이 강구되어야 할 것이다.

각급 조직의 노사 간, 팀장과 팀원 간, 팀과 팀 간, 팀원 간 및 필요한 사외의 학술, 기술 등의 연구기관과의 정보교류와 함께 신지식·기술 등 새로운 방법이 도입되는 데 따르는 구성원의 재교육 대책과, 소수정예화에 따르는 고용관리 대책이 전개되어야 할 것이다.

암묵지 형식지의 융화-상호작용 ;
노사융화 SECI 모델의 프로세스

암묵지와 형식지는 〈표 3〉에서 확인된 바와 같다. 암묵지와 형식지의 상향적 융화의 상호작용의 순환과정에서는 낯선 결과가 나오게 될수록 큰 성공이다. 〈그림 3〉으로 제시되듯이 ① 온 몸과 5감을 활용하는 S : 공유 · 공동화 · 사회화 과정↗ ② 대화와 사색에 의한 E : 표출화 · 외재화 과정↗ ③ 형식지들을 짜 맞추는 C : 연결화 과정↗ ④ 행동 · 실천을 통해 형식지를 구현하는 I: 내면화(→새로운 암묵지) 과정↗ 으로 창조적 효율적인 4개 과정은 '낯설게 하는' 이단도 용납하는 창조적 과정이다.

후술하는 '한마당'의 실시방법에서 알 수 있듯이 암묵지와 직결되는 공동화 내면화의 프로세스에는 이단적 방법인 '낯선' 방법이 창조성과 효율성을 더 높이게 하는 것이다. 순발력 높은 융화, 즉 상호작용의 과정을 밟아야 하는데 단 1회로 끝나는 것이 아니다. 스파이랄식으로 반복되어야 창조성 높은 지적가치가 상승하고 증대된다. 또 수평적이거나 직선적인 것도 아니다. 〈그림 3〉에서 확인되듯이 상향적 스파이랄 식의 프로세스가 반복되는 시장가치 증진의 과정을 밟으면서 지속적 지적가치 창출이 이루어져야 한다. 이 4개 과정은 다음과 같이 연관된다. 암묵지는 참신한 형식지로, 다시 이 형식지는 연결화와 내면화 과정을 통하여 보다 새로운 암묵지로 순발력 높은 융화력으로 스파이랄식의 상승을 반복하는 역동적 복합상승의 상호작용을 하는 일련의 신지식, 새로운 노하우, 신기술 · 기능 창출의 프로세스이다. 생산, 마케팅 및 영업 · 판매 · 구매 · 연구개발 및 지원관리 등 기업경영의 모든 분야에 이 SECI 모델의 일부 또는 전부가 활용됨으로써 기업이 활력을 찾고 경제가 활성화되어 3~4만불의 선진화시대를 앞당기게 된다. 기업의 톱매니지먼트로부터 모든 멤버들의 의욕과 융화력에 찬 자신감, 순발력 높은 결단력, 용기, 지구력, gut을 길러서 창조성 높은 지적가치 상승의 신기축을 구축해 나가야 한다.

다양한 정보재토직-융화로 익숙한 것보다 '낯설게 하기'

획기적 혁신적인 예로는 앞에서 본 하이닉스 부활 과정에서 일어난 아주 훌륭한 이노베이션이다. 경쟁사의 30%에 불과한 저렴한 투자로 구식설비를 활용, 최신의 반도체를 생산해 내는 하이닉스 멤버들의 신기원적인 사례로 이는 이를테면 폐 유조선으로 난공사의 아산만 방조제의 끝막음 공사를 해낸 현대의 고 정주영 회장의 아이디어와 같은 사례이다. 이는 노사융화의 SECI 개념을 모르면서도 강력한 지적가치를 향한 관계 멤버들 간의 융화의 순발력을 발휘한 예이다.

이렇듯이 신기원적인 참신한 신지식은 개인의 암묵지가 팀원들이 공유할 수 있는 매뉴얼 등의 형식지로 저장되어 생산현장의 실천 프로세스와 연결됨으로써 다시 수준이 한층 더 높은 참신한 암묵지가 획득되는 창조적 효율적인 생산, 영업과정 PDCA의 프로세스을 밟는다. 물론 이런 과정에서는 기존의 규정 또는 매뉴얼 등의 형식지와 관련해서 생길 수 있는 기득권과 같은 기법과 혁신간의 필요악적인 부작용이 불가피하게 일어나게 되는 경우도 없지 않게 된다. 그러나 후술하는 현명한 '한마당'의 리더(최고 경영자 · 각급 조직의 팀장)는 이런 부작용을 해소해 나가는 다이내믹한 지도력을 발휘, 차원 높은 시장가치가 창출되는 조직을 이끌어 나가야 할 것이다.

하찮아보이던 것을 위대해지도록

시장가치를 높이기 위해 보다 중요한 것은 우리 강점인 순발력 높은 융화력으로 익숙한 기존의 일하는 방식은 과감하게 새 정보와 기존 정보의 재조직으로 낯설고 귀에 선 것도 익숙하게 하는, 즉 현대 미학에서 논의하는 '낯설게 하기, Verfremdung, Ostranenie'에 익숙해져야 한다. 그래서 '너무 익숙해서 아무도 깨닫지 못하는 하찮은 것을 새롭게, 낯설게 느끼도록 만드는 것'이 더 빛나게 하자.[66]

우리 두뇌는 서른이나 마흔이 지나야 응용력이 더욱 활발해진다. 응용력이 커지는 것이다. 우리 뇌력에 따라 이전에 학습한 것을 잘 활용할 수 있는 능력이 커져서 언뜻 보기에 관계가 없는 것 같은 사물들 사이에서 연관성을 찾아내는 응용력의 능력은 서른이 지나야 탁월해진다고 한다.[67]

그러므로 현장에서 항상 하는 일과 같은 대수롭지 않고 하찮아 보

66) 김정운, 앞의 책, pp 84~85.

67) 이케가야 유지 외 1인, 앞의 책, pp 31, 58~59.

이는 작업의 개선도 예로서 출퇴근 시간에 얼핏 떠오르는 아이디어 하나로 개선해냄으로써 생산원가를 크게 절감하게 되는 경우는 적지 않다. 작업자의 머리에 잠재하는 어떤 생각이 그야말로 훌륭한 아이디어로 발전되는 예이다.

또는 무심하게 지내는 휴식 중의 아이디어가 항상 휴대하는 핸드폰의 전기 배터리의 원리를 원용, 태양열을 이용할 수 있는 배터리를 개발해내게 된다면 중동에서 수입하는 막대한 원유의 문제가 해소될 수 있다. 이러한 개인의 아이디어 개발이나 일상 업무의 개선이 후술하는 SECI 모델의 원리를 활용하면 보다 큰 효과를 낼 수 있게 된다.

이렇게 되기 위해서는 융화의 노사문화와 조직풍토가 이룩되어야 한다. 그래야 일선 현장의 하찮아보이던 것이 위대하게 개혁 · 재창조될 것이다.

이항대립 융화의 사고에 익숙한 한국인
-노사융화의 SECI 과정에 유리

제1장에서도 논의되었듯이 우리는 무의식적으로 '나들이', '빼닫이', '오르내림', '엇비슷' 등 이항대립(二項對立)을 융화하는 사유 및 언어와 행동으로 살아오고 있다. 우리는 이 이항대립의 융화의식 속에서 이항대립을 무의식적으로 의식하지 않거나 의식하지 못하면서 살고 있는 것이다. 이런 까닭에 순발력 높은 융화력이 요구되는 이항대립의 암묵지와 형식지의 상호작용(융화)에 의한 창의성과 효율성을 높

이는 노사융화의 SECI 과정은 바로 우리에게 익숙한 이항대립 융화적인 것이다. 그러므로 다음의 노사융화의 SECI 4개 프로세스는 한국인에게는 매우 유리한 과정이 되는 것이 틀림없다.

노사융화의 SECI 모델의 4개 프로세스

① 공동화 · 사회화 · 공유화(Socialization · S) ; 암묵지에서 신 암묵지 창출과정

생산제품 불량의 원인을 밝힌다거나 작업방법과 공정 및 설비의 개선과 새로운 디자인의 설계에 대한 조직적 지식창출의 출발점인 공동화(Socialization (S))이다. 이 공동화는 개인의 비공식적이고 정의하기 어려운 '기술적' '인식적' 차원의 노하우 등 암묵지를 멘토링, 지도 교수제 또는 사제(도제)관계 등의 순발력 높은 융화력으로 그룹(팀) 내 다른 멤버들과의 경험지의 공유로 신기술(지식)을 획득케 하는 공유의 과정이다.

그러니까 공동화는 전수 받는 멤버(멘티)가 선임자 등 수준 높은 암묵지 보유자와 공동작업 등으로 경험을 공유하면서 선임자의 암묵지를 자기 것으로 획득 · 체득하는 과정이다. 이는 주객을 초월한 경험과 직감 · 직관에 의해 집단의 참신한 암묵지가 창출되는 과정이다. 전형적으로는 '시간은 황금이다' 고 하는 식의 은유(隱喩)를 포함하는 멘토링 또는 도제제도, 선 · 후임자간, 사제관계에서 후임자(제자)가 선임자(스승)의 기능이나 노하우의 정보 지식을 관찰, 모방, 실습훈련으로 익

히고, 또 수준 높은 신지식을 획득 · 창출하는 과정이다.

이 공동화 프로세스에서 표현방법은 다양하다. 위에서 논급된 은유와 직유(直喩) 등을 포함하는 멘토링을 해야 하는 것은 일반적이고, 브레인스토밍도 한 방법이 된다. 이를테면 10명 내외로 토의 멤버를 짜서 브레인스토밍을 실시한다. 제기된 안건에 관하여 ;

① 문제의 지적 및 해결방향의 정리, ② 적절한 자료의 수집, ③ 수집된 자료의 분석, ④ 여러 아이디어의 축적에 의한 가설의 설정, ⑤ 문제해결의 실마리를 얻을 때까지 토의 정지, ⑥ 여러 아이디어를 종합하여 문제해결의 방법을 찾는 브레인스토밍을 실시한다. 이때 남의 아이디어나 의견에 대한 비판적인 판단을 삼가야 하고 아이디어를 설명할 때 생각한 아이디어를 기탄없이 말할 수 있게 자유분방(free-wheeling)하게 할 것과 아이디어의 양은 되도록 많게 하여 제안된 아이디어 중에서 유사한 것을 결합해서 새로운 개선책을 만드는 브레인스토밍을 해야 한다.

그런데 앞에서 논급된 은유, 직유 등의 효과나, 흔한 말로 '느낌이 좋고 인상이 좋은 사람은 적이 없다' 는 말의 효과라든가, 또는 자동차 또는 항공기 등의 이동공간을 설계해야 하는 디자인에서 활용되는 경우로 협소하고 한정된 차내 · 기내의 공간에서 사람이 어떻게 몸을 두고 움직여야 하는지를 파악 · 설계하게 하는 보디 · 스토밍(body · storming)의 효과와 브레인스토밍의 효과와는 밀접한 유사성이 있는 것이다.[68]

암묵지는 축적이 가능한 것이며 또 남에게나 남으로부터 전수, 이전, 획득되는 것이다(조직적 멘토링). 그러므로 사내 · 외를 돌면서 또는 거래업체나 고객의 경험에서 암묵지의 설명을 경청, 전수받게 된다.

3M은 전문가를 파견, 3주 내에 노하우를 고객 또는 공급자와 공유하게 하고 있다.

지식이란 정보전달 과정을 통해 그야말로 다이내믹하게 움직이는 것이다. HP는 MBWA(Management By Work Around) 방식으로 사내를 돌면서 온 몸으로 직감적으로 현장 정보, 신지식을 받아들이는 방식을 쓰고 있다.

언어화(문서화)가 잘 되지 않는 암묵지는 사실상 공유하기가 수월한 것이 아니다. 그래서 순발력 높은 융화력이 집중되어야 한다. 선임자의 눈빛, 표정, 제스처, 또는 기색 등을 살펴 나가기도 하며 또 상위자가 설명하면서 '돈은 힘' 이라는 은유(隱喩), '바다 같이 넓은 마음' 이라는 직유(直喩) 등의 여러 가지 비유를 활용해야 되는 경우도 많게 된다.

그런데 영업 전략이나 다른 기술적 측면에서도 자기의 특수한 정보나 업무상의 노하우를 공개하는데 인색해 하거나, 비밀로 숨기려는 경향이 있다면 즉시 고치도록 해야 한다. 아무리 사소한 정보라든가 일에 관한 문제라도 같이 일하는 한 그룹의 멤버들끼리는 서로 기탄없이 알 수 있게 공개하여 공유되어야 한다.

---

68) 노나카 이쿠지로 외 1인, 앞의 책, pp 166~195, 우라베 구니요시, 경영학사전, p 557, 中央經濟社, 도쿄, 1980.

■ '뽀드득' 소리의 노하우

빨래하는 효과를 높이는 노하우를 죽을 때까지도 같이 일하는 딸에게 알려주지 않았던, 빨래해서 먹고사는 한 표모(漂母) 모녀의 얘기가 있다.

전해내려오는 옛날 이야기의 하나로 '가난한 집에 빨래를 해서 먹고 사는 늙은 어머니(漂母)와 딸이 살고 있었다. 빨래를 말려서 펴 보면 어머니가 빤 빨래는 항상 깨끗하고 뽀얀데 딸이 빤 빨래는 언제나 그렇지가 않았다. 딸은 어머니한테 어떻게 하면 빨래가 그렇게 깨끗하고 뽀얗게 되는지 묻고, 묻고 또 물어 보았으나 어머니는 가르쳐 주지 않았다. 그러다 어머니가 돌아가시게 되었는데 임종시에 빨래에 관한 무슨 노하우를 알려 주는가 했는데 어머니는 아무 말도 없이 '뽀드득' 소리만 내고 돌아가셨다. 딸은 그때야 비로소 빨래할 때는 '뽀드득' 소리가 나도록 꼭 짜라는 것으로 깨닫고 그렇게 해 보니 진짜 빨래가 잘 되더라' 는 얘기이다.

■ 빨래 짤 때 '뽀드득' 소리가 납니까?

이 '뽀드득' 의 노하우. 이런 옛 이야기에서 21세기의 우리는 무엇을 시사받게 되는 것일까? 이 '뽀드득' 은 옛날 표모들의 암묵지이다.

유능한 표모는 경험지 · 암묵지로 빨래를 한다.

② 표출화 · 외재화(Externalization · E) ; 암묵지에서 신 형식지 창출과정

표출화는 암묵지가 신형식지로 변환, 언어화되는 과정이다. 물론 언어화가 곤란한 이미지나 생각, 앞의 예로 '뽀드득' 또는 연구개발 팀이 신제품을 개발할 때, 현장의 숙련자가 길들여진 행동(기능) 즉, 암묵지를 수준 높은 매뉴얼로 만들 때와 같은 것이다. 그룹 내 각 멤버들은 각기 다른 배경, 관점, 동기를 갖고 있으므로 대화가 잘 되도록 후술하는 '한마당'을 훌륭하게 운용하는 사내의 분위기 조성이 중요하다. 암묵지를 가진 개인과 또 개인과 집단의 순발력 높은 융화력의 상호작용이 일어나는 연역적 귀납법을 활용하는 대화가 필수적이다. 비유나 아날로지(유비) 등의 형태로 중요 내용이 공유되고 이를 보다 높은 이상이나 비전과 결부시키면서 보다 가치 높은 세련된 지적 표현 방법의 연구개발로 참신한 컨셉을 새로 언어화 문서화, 즉 매뉴얼화로 고안, 작성하는 것이 표출화과정이다.

대면 커뮤니케이션으로 노하우, 즉 다양한 정보공유와 기존의 정보를 재조직하는 상호간의 융화력을 발휘해야 한다.

혼다자동차는 대화의 기업문화로 이름이 났다. 3M은 '미팅 모어 미팅'으로, 세븐일레븐은 매주 월요일 1천 명 정도의 관리자들과 대화의 장을 마련하는 것으로 정평이 나 있다.

③ 연결화(Combination · C) ; 형식지에서 신 형식지 창출과정

연결화 · 조합화는 현장에서 표출 · 외재화 된 형식지를 예를 들어 제품개발 팀에서 이루어지는 여러 정보의 재조합에 의해 신형식지로

창출되는 과정이다. 이 연결화에서는 이를테면 대규모 데이터베이스에 있는 문서화된 정보의 형식지를 정리 · 재정리, 재분류 · 재조직하여 그야말로 참신한 것으로 바꾸는 과정에서 신지식으로 창출하는 것이다.

표출화 · 외재화를 통해 그룹 수준에서 공유하게 된 형식지는 다시 연결화를 통해서 각 현장영역과 긴밀한 순발력 높은 융화의 상호작용을 위해 생산, 판매, 기획 등 여러 분야의 요원들이 참여하여 만드는 조직 수준의 집단이 공유할 수 있는 형식지로 창조적 변환이 이루어지게 된다. 신제품 개발의 컨셉을 연결하여 조정하거나 데이터베이스의 정보 재조합을 통해 새로운 컨셉, 참신한 의미의 생성을 위해 종합분석하는 과정이 전형적인 예이다.

인터넷 등 최근 눈부시게 발전한 IT를 이용하면 조직 여기저기에 분산되어 있는 정보나 지식을 신속, 저렴하게 시스템화 할 수 있다. 예로, 자동차 정비업소의 불량품에 관한 정보나, 영업 담당자가 개인적으로 갖고 있는 고객의 정보, 각 매장마다 관리하고 있는 상품의 매출정보 및 고객요구 등을 체계적으로 데이터베이스화하여 거시적인 마케팅 전략으로 종합하여 활용할 수 있다. 이처럼 분산되어 있는 단편적인 정보를 수집 · 분류 · 체계화하여 수준 높은 신 형식지를 만들 수 있다.

그런데 만약 형식지와 형식지를 단순히 연결짓는데 그친다면 지적관리가 원활할 수 있을지는 몰라도 지적가치창출이라고는 할 수 없다. 이런 형식지의 결합은 기존의 조직이 보유하고 있던 지식 베이스를 가볍게 이해하는 데 지나지 않는다. 상기한 '다양한 정보의 재조직융화로 이단적으로 낯설게 하기' 가 부족하거나, 아직 몸으로 체득하지는 못했다고 하게 된다.

④ 내면화(Internalization · I) ; 형식지에서 신암묵지 창출과정

내면화는 앞에서 설명된 사회화 · 공동화 · 공유화(S), 표출화 · 외재화(E), 연결화(C)의 3개 프로세스에서 사람들의 경험지가 축적되고 실험 및 현장에서의 검증 · 점검 · 반성과 실습 · 행동학습(learning by doing)을 통해 계속되는 체험, 경험지에 의해서 사물지에 대한 더 높은 식견 또는 새로운 노하우의 신 암묵지로 정착하는 과정이다. 이것은 일단 연결화 · 조합화된 지식을 가치체계나 기술적 노하우의 공유 등을 통해 조직구성원 개개인이 체득케 함으로써 보다 새로운 암묵지를 획득케 하는 것이다.

이 내면화는 아주 가까운 예로 자동차 운전교습에서 자동차 운전을 체득하는 것과 같다. 교육을 통해 머리로 일단 이해한 교통법규나 자동차에 대한 지식 등을 기초로, 운전연습을 통해 운전방법을 손수 익힘으로써 교통법규 등의 지식을 응용하거나 또는 자동차의 기능을 자기 것으로 체화해 나가게 된다. 운전기법이 익숙해지는 단계가 되면 그 교통법규의 숙지나 자동차의 시동에서부터 안전운전 속도내기 긴급제동 등에 관련되는 암묵지 형식지를 완전히 자기 지식-기술로 전

환시키는 내면화, 즉 잠재력화 및 돌발 사고를 예방하는 '의식의 집중화'[69] 과정이 중요하게 된다. 이런 과정을 거쳐야 직감적 운전이 된다.

이것은 위에서 이미 설명하여 온 S, E, C의 3개 프로세스를 거치는 가운데 머리로 이해한 신지식을 행동학습을 통해서 자신의 창의성 높은 지적가치창출인 내면화 과정의 암묵지로 만드는 프로세스인 것임을 확인하자.

이는 마치 '어른들은 낯선 것을 익숙하게 만들고, 아이들은 익숙한 것을 낯설게 만든다'는 논리와 같다.

'50살 먹은 어른의 창의력은 5살 어린이의 창의력의 4%에 지나지 않는다고 한다. 어린이가 창의적인 이유는 우뇌 우위기에 "낯설게 하기"를 통해 끊임없이 재미를 추구하기 때문이라는 것이다.'[70] 어린이는 우뇌 주도의 세계에 있는 것이다.

스파이랄 식 노사융화 SECI 모델 활용 효과

이 노사융화의 SECI 모델을 활용하면 자신의 암묵지나 아이디어를 형식지나 상품의 형태로 작업하게 하고, 다시 자신의 기술로 체득하여 가는 과정을 통해 나 자신의 암묵지는 더욱 수준 높고 풍부한 시장가치를 높이는 지적가치를 창출하는 효과를 얻게 된다. 그래서 노사융화의 SECI 모델에 의한 지적가치창출은 자기가 알고 있던 것, 즉

---

69) 수전 그린필드, 브레인 스토리, p 282, 정병선 역, 김종성 감수, 지호, 2004.

70) 김정운, 앞의 책, pp 92~93.

과거의 '지' 에 집착하지 않는, 낯설게 하는 이단도 용납하는, 다시 말하자면 자기정체성을 버리는 '자기초월의 과정이다' 라고 말하게 되는 것이 이 때문이다.

이 노사융화의 SECI 모델에서는 개인(I), 집단(G), 조직(O) 간의 창조력(지)의 균형이 이루어지는 효과가 일어난다. 물론 이런 효과는 편히 앉아서 쉽게 생기지는 않는다. 후술하는 '한마당' 을 조성하여 대화창달, 효과적 미팅의 실시, 수직형 조직문화의 타파로 수평적 커뮤니케이션의 활성화가 일어나야 한다. 최종 목표는 모든 재화 및 상품의 시장가치를 높이는, 즉 고객의 감성적 판단에서 지속적으로 선호할 상품의 성능, 디자인, 품질의 종합에서 전 세계에서 언제까지나 으뜸가도록 각 개인, 집단, 전 조직이 합심하여 노력해야 하는 것이다.

이 창조력을 일으키는 노사융화의 SECI 모델의 4개 과정은 이를 일주하는 데서, 한 번에 끝내는 것이 아니다. 비 일회용으로 반복되는 4개 프로세스이다. 〈그림 3〉으로 확인되듯이 개인의 암묵지가 더 차원 높은 새로운 SECI 과정의 새 출발점이 되고, 또 새로운 SECI 과정으로 이어지고 또…, 또 … 더 높은 수준으로 반복되는 스파이랄 식의 창조적 지적가치 창출이 끊임없이 반복되어 시장가치, 즉 위에서 언급하였듯이 고객이 우리 상품의 성능, 디자인, 품질에 대해 최대로 만족해하는 서비스 및 상품을 제조 서비스해낼 수 있는 우리 경쟁력 강화의 대 역사가 이루어지게 하는 것이 바로 노사융화의 SECI 모델이다.

그래서 이 노사융화의 SECI 모델은 'MBO의 폐단을 극복할 BSC 원용'[71]을 통한 '홀로닉스 모델'[72]의 '창조', '협조', '경쟁', '관리'에 관해 각 부문별로 지적가치창출항목들을 상향적으로 체크하고 운용하는데 활용될 수 있게 한다.

현재 보유된 암묵지에서 더 새로운 참신한 암묵지를 창출하게 되는 공동화 · 사회화(S), 암묵지에서 더 참신한 문서와 매뉴얼 등의 형식지를 마련하는 표출화 · 외재화(E), 이와 같은 형식지에서 다시 더 참신한 형식지를 창출하는 연결화(C), 그리고 이 형식지에서 새로 가치 높은 암묵지를 창출하는 내면화(I)의 4개 포로세스를 통해서 개인(I), 집단(G), 조직(O)에 균형된 지적가치 증진이 이루어지도록 하는 경영전략에 활용됨으로써 지속적으로 스파이랄 식의 높은 지적가치가 창출되는 효과가 일어나게 되는 것이다.

암묵지의 분류

이 암묵지를 더 분류해서 조직풍토혁신에 활용하는 방법이 있다. 기업에서 모럴이나 신뢰관계 등은 〈표 11〉에서 확인되듯이 메타지에 해당한다. 이는 이미 세상에 존재하는 것으로 현재 널리 보급되고 있는 ISO 활동 등으로 기업에 규격이 문서화된 형식지로 확인되고 있는

71) 조윤형, 한국형 「컴피턴시」의 체계와 인재육성전략, pp 98~101, 한국경총, 2004.

72) Anjan V. Thakor, バリュー・クリエーター, pp 73 이하, 松林 博文 역, ダイヤモンド社, 2001(도쿄).

것이다. 다시 말하면 ISO 활동에 따라 대화와 실천의 반복으로 조직 내 멤버들에게 다양하게 내면화되어 있다고 할 것이다.[73] 이는 조직풍토의 혁신에서 활용된다(194쪽 〈표 11〉 참조).

〈사례연구〉 S사의 제조과정 지식창조

여느 생산과정에서도 같을 것인데, 반도체 생산의 S사 '생산 현장에서 SECI 모델을 적용한 지식경영 촉진체계연구' 에 의하면 제조 현장의 지식은 ;

① 제조 작업 개선 시 발생하는 지식

② 생산설비의 유지관리 및 고장 수리 때 발생하는 지식

③ 생산 공정의 개발, 적용, 관리 시 발생하는 지식

④ 품질의 안정적 관리를 진행할 때 발생하는 지식으로 요약된다.

이 4개 과정에서 일어나게 되는 작업개선, 설비 고장, 새로운 공정의 개발 및 적용, 품질관리의 문제발생 시 이를 해소하는 방법으로 SECI 모델을 원용하였다. 그 실례를 살펴보자.

작업개선을 통한 새로운 방법 개발

첫 번째, 제조 작업 현장에서 발생하는 지식 중 대표적인 것은 작업방법의 개선이다. 매일 반복적으로 똑같은 작업만을 계속하는 작업자

73) 이시카와 야스오, 창조지식경영, pp 54~55, 애플트리태일즈, 조경덕 역, 2007.

는 자기작업 중 불합리함을 찾아, 자기 지식을 총동원, 동료들과 협의하면서 문제점과 발생 원인을 색출, 제거하여 그 작업방법을 개선한다. 이 작업방법 개선의 당사자는 새로운 작업방법을 표준화시켜 동료 작업자에게 알리며, 규명된 발생 원인을 주위 관련자들에게 알려, 유사작업에 반영토록 한다. 동료 작업자들은 새로운 작업 표준을 습득, 작업에 반영함으로써 자신의 경험지로 만든다. 이것이 제조 작업 시 발생하는 지식창조 프로세스의 대표적 예이다. 여기서 자기 지식과 동료의 지식을 모으면서 발생 원인을 규명, 개선안을 모색하는 과정이 공동화, 공유화, 사회화(Socialization)의 프로세스이다. 새로운 작업방법을 표준화시켜 동료들에게 알려주는 과정과 발생 원인을 주위에 알리는 과정이 표출화(Externalization)의 프로세스이다. 또 동료 작업자들이 새로운 작업을 습득, 작업에 반영하여 경험지를 쌓는 것이 연결화(Combination) 및 내면화(Internalization) 과정이다.

생산설비 고장수리작업 개선 및 재발방지 지식

두 번째, 생산설비의 유지관리 및 고장수리 시 발생하는 지식 중 대표적인 것이 고장수리이다. 설비에 고장이 나면 설비 기술자는 고장수리를 한다. 고장수리 때 설비 기술자는 자신의 경험지로 고장을 수리하며 고장의 발생 원인을 찾아 연구 분석을 한다. 고장의 발생 원인을 색출, 원리를 밝혀, 그 원리에 따른 설비개선대책을 마련함으로써 다시는 고장이 재발하지 않게 설비를 개선한다. 이때 자신의 경험지와 동료의 경험지 등이 합쳐져서 개선안이 실시되고, 설비기술자는 자신의 개선내용을 표준화하고 고장이 일어나게 된 메커니즘(mechanism)을 정리하여 동료 및 작업자에게 알린다. 동료들은 자기가 맡고 있는 설비에 적용할 수 있는지를 연구, 자기 설비에 반영할 것이 있다면 그것을 반영하면서 체득되는 지식을 자신의 지식으로 체화한다. 이 과정이 고장수리 작업에서 일어나는 지식창출 프로세스의 대표적인 예이다. 첫 번째와 같이 자신의 경험지와 동료의 경험지를 합쳐서 고장의 발생 원인을 색출, 고장이 재발하지 않게 개선안을 찾아내는 것이 사회화, 공동화(S) 프로세스이고, 개선안 내용을 표준화하여 고장발생의 메커니즘을 동료 및 작업자에게 알리는 과정이 표출화(E) 과정이다. 새 지식을 전수 받은 동료들이 자기 담당 설비에 반영하려 연구하고, 그 결과를 자신의 지식으로 체화하여 나가는 과정이 연결화(C)와 내면화(I)의 프로세스이다.

생산 공정 개발, 적용 시의 지식

세 번째, 생산 공정개발, 적용, 관리 시 발생하는 지식 중 대표적인 것으로 신규공정의 개발 및 적용이다. 신규공정이 개발되면 이것을 실제 생산라인에 적용할 공정기술자들은 공정개발자들에게서 신규공정과 관련된 노하우, 노와이의 기술 등을 전수받는다. 공정기술자들은 전수받은 기술을 토대로 자신의 경험지를 총동원하여 공정을 생산라인에 적용하는 작업을 실시하게 된다. 이 작업 중에는 많은 문제가 발생하게 되기도 하여, 공정기술자는 이 문제를 해결하기 위해 문제의 발생 원인을 분석, 문제발생 메커니즘을 규명하게 된다. 결국은 이 문제의 발생 원인을 근본적으로 제거할 수 있는 방안이 마련되어 적용됨으로써 신공정이 생산라인에 적용케 된다. 신공정이 생산라인에 적용되면 그것을 표준화시켜 동료 공정기술자와 작업자에게 공유케 한다. 또 공정개발 및 적용 시 발생했던 문제에 대한 문제발생 메커니즘을 다른 공정기술자와 공정개발자들에게 알려 다시는 똑같은 문제가 발생하지 않도록 한다. 작업자들은 표준화된 공정으로 생산 작업을 하고 공정기술자는 그 공정이 문제없이 진행되는가를 확인하며, 자신들의 새로운 경험지로 만들어나간다.

이것이 신규 공정개발 및 적용 시 발생하는 지식창출과정의 대표적 예이다. 여기서 공정기술자들이 공정개발자들로부터 노하우, 노와이의 기술 등을 전수받는 것이 공동화 · 사회화(S)의 프로세스이고, 공정기술자들이 신규공정을 생산라인에 적용하고 또 그것을 표준화시켜 동료 공정기술자와 작업자들에게 공유케 하는 과정과 공정개발 및 적용 시 발생했던 문제에 대한 발생 메커니즘을 알려주는 것이 표출화(E)의 프로세스이다. 표준화된 공정으로 작업을 진행하고, 공정에 문제가 없는지 지속적으로 관찰하며 자신들의 경험지로 만들어 나가는 과정이 연결화(C)와 내면화(I)의 프로세스가 된다.

우량품질의 안정적 관리의 지식

네 번째 우량품질의 안정적 관리를 위해 발생하는 지식 중 대표적인 것이 불량품의 원인파악 및 개선이다. 생산제품의 최종검사 중 불량품이 발견되면, 이 불량품이 발생한 원인을 밝혀야 된다. 품질관리담당자는 개발자, 공정기술자, 설비기술자, 작업자들과 같이 품질불량의 원인이 어디 있는지를 찾아내야 되는 것이다. 품질관리담당자는 불량의 발생 원인을 찾기 위해 발생 메커니즘을 규명한다. 발생 메커니즘을 바탕으로 다시는 똑같은 불량이 재발하지 않게 해결책을 마련, 시행하여 품질불량의 발생 원인을 제거한다. 이 담당자는 품질 불량을 없애기 위해 문제해결 방책을 실시하면서 획득한 경험지를 자신의 것으로 체화하며, 개선된 사항들을 표준화시켜 그 업무와 관련되는 모든 사람들에게 알린다. 또 불량의 발생 메커니즘도 같이 알려주어서 똑같은 불량이 다른 곳에서 일어나지 않도록 해야 된다. 동료들은 표준화된 개선안을 자기가 맡고 있는 작업장에 적용해 나가고, 이러한 개선 중에 경험지가 생기게 되어 이러한 경험지들을 자신이 체화, 축적해 나간다.

이것이 품질불량 발생 시 문제를 해결하는 지식창출의 대표적인 예라고 할 수 있다. 여기서 품질관리담당자와 같이 불량의 근본원인을 찾아내며 불량발생 메커니즘을 규명하여 문제해결책을 제시하는 과정이 공동화(S)의 프로세스이다. 문제를 해결하고 개선하는 과정의 여러 사항을 표준화시켜 관련자들에게 알리는 과정과 불량발생의 메커니즘을 알려주는 과정이 표출화(E)의 프로세스이다. 표준화된 개선안을 자기 영역에 적용해 나가면서 획득하게 되는 경험지를 자기 것으로 체화, 축적해 나가는 것이 바로 연결화(C), 내면화(I)의 프로세스이다.

〈표 4〉 제조현장 문제해소과정의 SECI 프로세스

공 동 화	문 제 발 생 ⇓ 문제 발생원인 규명 ⇓ 개선안 도출 및 적용 ⇓	• 동료들과 같이 문제의 발생원인 규명 • 동료들과 같이 문제의 근본원인을 제기할 개선안을 만들고 적용
표 출 화	⇓ 문제 발생 메커니즘 정리 변경사항에 대한 표준화 ⇓ 정리된 내용을 타인에게 전달	• 발생된 문제에 대한 발생원리 정리 • 변경사항에 대한 표준화 내용 정리
연 결 화	⇓ 자신의 업무에 반영	• 전달받은 지식을 자신의 업무에 반영
내 면 화	⇓ 자신의 경험지 화	• 업무에 반영 중 발생하는 경험지를 자신의 것으로 체화

출처 ; 김영인, 생산현장에서 SECI 모델 적용한 지식경영 촉진체계 연구, 1999, p 26, 동국대 대학원 경영학과 석사논문.

지식창출 저해의 실상과 선진 지식창출의 예

S사와 같이 선진하는 기업과는 달리 대부분의 업체에서 그동안 지식창출관리에 대해 소홀하거나, 강성노조의 영향으로 실행하지 못하여 왔다. 따라서 창조력의 지식창출관리는 체계적이지 못하여 많은 지식이 개인의 머릿속에만 머물러 있다가 사장되어 버리게 되는 형상을 빚어왔기 때문에 그만큼의 지적활동 및 생산성 증대 기회의 손실을 보게 되었다. 이러한 시행착오현상은 거듭되면서 시간, 노력 및 자금의 추가투입을 반복하게 되어 결과적으로 기업의 경쟁력 증진을 저해시키게 되었던 것이다.

세계적인 기업 다우케미컬의 경우는 지식을 3단계로 나누어 관리하고 있다.

첫째 단계는 지적자본(intellectual capital)으로써 가치창출 가능성이 있는 잠재지식을 가리키는 것이다. 이를테면 구조화된 아이디어나 노하우를 말한다.

둘째 단계는 지적재산(intellectual property)으로써 소유권이 부여된 지식을 가리킨다. 특허가 대표적 예이다.

셋째 단계는 지적자산(intellectual assets)으로써 가치를 갖고 있는 개발된 지식을 말한다. 이를테면 로열티, 라이센스 수입이 가능한 특허를 말한다. 이렇듯 다우케미컬은 당장 이득을 내지 않는 지식이라도 잠재력이 있는 지식까지 모두 관리를 하고 있다.

그런데 우리 기업들이 지식을 관리하는 방법은 당장 눈앞에 이득이 생기는 지식만을 관리하는 실정이다. 이는 지식의 발생기반을 약화시켜 결과적으로는 기업의 경쟁력을 약화시키는 기본요인이 되고 있는 것이다.[74]

현장의 정보교환, 노사융화문화의 중요성

특히 그간에 노사가 융화되지 못하고 경직된 노사문화에서는 생산현장의 생생한 정보교환이 노사 간, 리더와 멤버 간에 저해되어 지식관리를 할 겨를이 없었을 것이다. 이제 융화의 노사문화가 피어나고 있으므로 SECI 프로세스의 창조력의 지식관리가 가능한 것이다.

S사의 SECI 모델 적용 성과

S사에서 SECI 모델을 원용한 지식경영촉진의 성과는 1993년과 1998년을 비교하면 총 제안건수가 66,400건에서 690,700건으로 10배, 시상금은 2.1억 원에서 35억 원으로 17배가 증가했다. 이 모델을 원용하기 이전과 비교하면 〈표 5〉과 같이 이익이 원용 이전에 7,800억 원이었으나 원용 이후 1조 500억 원으로 1.3배가 증가했다.

74) 김영인, 같은 논문, pp 27~28.

〈표 5〉 S사의 SECI 모델 적용 성과

구 분	1993년	1998년	변 화
직접 효과 설비평균고장건수 품질사고율 신규라인 램프업 속도	20건/대, 월 7% 10개월	1건/대, 월 3% 3.8개월	95% 감소 57% 감소 62% 감소
간접 효과 원가절감속도(2년간) 공기 단축	23% 67일	57% 35일	2.5배 52% 감소
이 익	7,800억 원	1조 500억 원	1.3배

출처 ; 김영인, p 69.

공식, 비공식 대화의 질적 향상

그런데 이와 같은 막대한 성과를 거두게 하는 노사융화의 SECI 프로세스를 활용하기 위해서는 앞에서도 설명했지만 특정인의 암묵지를 같이 참여하는 멤버들에게 알려주어서 공유하도록 할 때 은유 또는 여러 가지 제스처를 활용, 설명하는 과정이 매우 중요하다. 그러므로 〈표 6〉과 같이 조직 내 팀원 간의 대화는 공식적이든 비공식적이든 창의성 있는 생산적 대화가 되게 하고 또 이를 위해 지난 일을 반성하게 하는 질 높은 대화가 리더와 팀원 간 및 팀원끼리의 조직 내에서 항시 이루어지는 조직풍토가 갖추어지는 것이 매우 중요하다. 흔히 우리나라에서는 예의만 중요시하여 남의 말을 귀담아 듣는 경청이 조직의 상위자일수록 잘 되지 않는 경향이 있다는 말은 성장 발전하는 조직풍토에서는 생기지 않게 되어야 할 것이다.

〈표 6〉 대화의 질적 향상

	보통 토론	과격한 토론	반성적 대화	생성적 대화
중시하는 대상	예의 바름 중시	대립과 충돌을 중시	마음에서 떠오르는 멘털 모델이나 가정을 중시	창조적 발상이 되게 하는 현실세계의 원천에 접근시키기
대화 목적	룰을 재고하는 대화	룰을 폭로하는 대화	룰을 반성해 보는 대화 행위	참신한 룰을 생성케 하는 대화 행위
개입의 타입	사고를 언어로 표현하지 않음	사고를 언어로 표현함	언어를 실천으로, 사고를 언어로	행동을 주시하기, 실천을 언어로, 사고를 언어로

출처 ; 이시카와 야스오, 창조지식경영, p 46, 조경덕 역, 애플트리태일즈, 2007.

도요타, 혼다 등의 SECI 모델 적용 사례

어떤 새로운 제도나 기술이든지 이를 도입, 적용코자 하는 기업이나 비즈니스의 특성에 따라 그의 적용방식도 달리할 수 있게 된다.

SECI 모델도 동일하다.

도요타의 사례

앞에서도 이미 설명하였듯이 노사융화의 SECI 모델의 4개 영문자는 지식변환 4개 포로세스의 영문 첫 자를 딴 것으로 이의 4개 과정을 SECI 모델이라고 한다.

이를테면 앞에서 이미 소개된 도요타 자동차의 오구다 회장은 앞에서 인용된 대로 '사람의 지혜에는 암묵지와 형식지가 있는데…컴퓨터를 이용한 IT기술이 아무리 늘어나도 암묵지의 노하우는 마지막까지 남게 되는 것입니다' 고 하였다. 경험지를 강조하는 것이다. 최고경영층이 이와 같은 철학을 갖는 도요타에서는 구성원들이 고객과의 경험의 공유, 무의식적 또는 암묵적으로 체득하는 암묵지를 중요시한다. 언어로는 잘 되지 않는 것으로 원리 원칙적 지식이라기보다는 현장에서 일어나는 직감적 인스피레이션이나 뻔쩍하는 것으로 실재하는 체험적 확신의 지식, 보다 구체적으로는 전문적 숙련적 기능 또는 특정한 기술영역에서의 경험, 고객과의 교류에서 얻어지는 직감적 통찰, 사회적 관찰에 의한 비즈니스 감각이나 창업경영자의 독자적 가치관에 따른 철학 등의 경험지가 높은 가치를 갖게된 것이다. 그래서 도요타에서는 SECI모델에서 암묵지인 I와 S를 중용하게 한다. 즉, 매뉴얼 등의 형식지를 구성원이 100% 이해하여 실천하는 체화를 의미하는 내면화(I)를 통한 암묵지의 발휘와, 암묵지의 공동화(S)에 의한 집단 내 모든 멤버들의 암묵지 공유 · 발휘가 실현되어 오늘날 하이브리드카를 연구개발, 출시하게 되었음을 강조하게 되는 것이다.

혼다의 사례

혼다기연공업(약칭 혼다)에서는 현장, 현실, 현물의 '3현주의'를 내세우고 있다. 이런 혼다에서는 기업이념이 인간존중으로 되어 있다. 언제나 '현장을 보자'고 하는 혼다 쇼이치로 회장은 평등을 모토로 공장 직원은 개발자든 사원이든 모두 상하관계나 계급 등에 관계없이 전원 합동 디자인 한 회색 작업복을 착용하는 것을 전통으로 하고 있으며, 혼다 회장 자신이 '대장'이라 불려지면서 여러 가지 의논하는 데는 언제나 참여하며 현장에서 사원들을 직접 고무시킨다. 개발 프로젝트의 어려움을 해결하기 위해 설정된 '정신(혼)을 내는 모임'이라는 비공식 합숙에서 개발 팀 멤버 전원 간의 철저한 논의를 통해 암묵지가 멤버 간에 공유, 공동화(S)되는 것을 알게 되었다. 또한 혼다 · 시티의 개발에서 자동차를 생명체로 보는 '자동차 진화론'이라는 은유가 효용성 높은 매뉴얼 등을 마련하는데 표출화(E)하여 여기서 마련된 매뉴얼 등의 컨셉이 혼다의 경영 비전과 연결되어 히트 제품을 개발하게 된다. 또한 이렇게 개발 팀에서는 어떤 무엇에라도 도전하는 정신이 고무된 나머지 멤버들이 각기 ;

- '무엇 때문에 하고 있는가?'
- '컨셉은 무엇인가?'

• '스펙은 무엇인가?' 하는 등의 포스터로 구호화된 자기 질문을 통하여 전문적인 직능을 초월한 광폭의 암묵지를 창출하게 되는 형식지의 내면화(I)가 가능했던 것이다.

인텔 및 기타의 사례

인텔은 E와 C를 중심으로 하는 대화의 지(知)로 가장 전형적인 예를 보인다. 세계 최대의 반도체 기업인 인텔에서는 '건설적 대립(Constructive Confrontation)' 으로 프로젝트 매니지먼트를 비롯한 지식의 근간에 두어 오고 있다. '건설적으로 대립합시다' 고 하는 요청은 인텔의 노리지 워커들 가운데 공유되어 상사-부하 간에 가림이 없이 누구든지 상대의 약점은 발전적으로 찾아내는 것이 적극적으로 장려되고 있는 기업문화로 되어 있는 것이다.

이러한 대립이나 부정은 대화를 통해 테스트되지 않는 지식이나 제품은 시장으로 나갈 수 없다는 것이다. 또한 '건설적 대립' 은 위기관리 및 품질향상에도 실질적으로 유용하게 먹히고 있다.

인텔의 '건설적 대립' 의 방식은 몇 가지 스텝으로 돼 있어서 명확한 룰과 산출 방식이 이루어져 있다.

이밖에도 SECI 모델을 원용하는 업체는 모두 발전하고 있는 기업이다. HP, 마이크로소프트, 세븐 일레븐, 이밖에도 여러 기업들이 이 SECI 모델을 중심으로 하는 지식경영 체제를 구축하고 있다.[75)]

4. 노사융화의 SECI 모델 성공조건

노사융화의 SECI 모델에 의한 생산성의 증대, 지적가치창출은 손쉽게 또는 전통적 연공관리에서와 같이 저절로 되는 것은 아니다. 여기서는 협력적 노사관계에 대해서는 구체적으로 논급하지 않지만 협력적 노사관계가 당연히 갖추어져야 됨은 물론이다. 2007년에 들어서 융화의 노사문화가 전개되고 있음은 제4장에서 살펴보게 되므로 여기서는 노사융화의 SECI 모델에 의한 지적가치창출의 성공조건을 열거해 본다.

첫째, 한국전기초자 또는 쌔턴의 예에서 보듯이 가부장적 노사관계를 탈피, 쌔턴 시스템(표 14 참조)으로 EI(employ involvement), ES(employ satisfaction)의 효과가 나도록 해야 한다(제3장 조직풍토 참조).

둘째, 지금까지 수차 언급된 우리의 시장-고객가치를 높이는 지적가치창출을 위한 혁신성이 높은 '한 마당'이 이루어져서 앞에서도 논급되었듯이 '사람과 사람의 만남, 사람과 환경과의 만남에서 서로 경험을 교환 · 공유하게' 되어야 하는 것이다.

셋째, 지적가치창출을 위한 '한 마당'의 리더십이 갖추어지도록 하는 것이다.

넷째, 지적가치창출 프로세스에서 생기게 되는 '눈에 잘 띄지 않으

75) 노나카 외 1인, 앞의 책, PP 243~252.

나 그의 비중이 더 증대되고 있는 자산' 인 무형지-암묵지의 지적자산 관리가 실현되어야 하는 것이다.

다섯째, 다양한 선행연구의 결과를 존중, 이를 참고 · 활용하도록 해야 된다.

여섯째, 노사융화의 SECI 모델 도입을 위해 '한 마당' 을 조성하는 데는 모든 구성원들의 의식 개혁이 일대 전제가 되어야 한다. 그러므로 이를 실현해 나가기 위한 최고경영자의 결단과 실행이 무엇보다 중요한 것임이 강조된다.

일곱째, 영업, 생산, 연구개발, 각 영업소, 자동차 등의 정비업소 등 모든 현장의 지적활동을 시행하고 있는 멤버들은 각기 정리 · 체계화되지 않은 지식을 보유하고 있다. '구슬이 서 말이라도 꿰어야 보배' 라는 말과 같이 그들이 무형지-암묵지로 알고는 있으나 언어화, 체계화가 되지 않은 지식을 후술하는 '온톨로지' 로 체계화하도록 함으로써 조직 내의 지적자산의 가치를 높이도록 해야 된다.

역동적 상호작용 일으키는 노사융화의 '한마당' 조성

지속적으로 시장-고객가치를 혁신케 할 창조력 창출을 실현해 나가기 위해서는 기업을 단순한 상품거래를 하는 주체라던가, 인적 물적 자원의 복합체로만 볼 것이 아니다. 창조력 높은 조직의 이노베이션을 선도할 노사융화의 SECI 모델에 의한 창조력을 창출해 내는 다이내믹한 '한 마당' 의 혁신적 공동체로 이끌어 나가게 해야 한다. 이러한 공동체로 제창되는 컨셉이 바로 '한 마당' 이다. 이 '한 마당' 은 노사융화의 SECI 모델을 창시한 지적가치 창출론의 세계적 권위자인 노나카 이구지로 교수가 고안한 일본어의 '바(場)' 를 우리말로 표현한 것이다. 이는 물리적 장소가 아니라 팀 내 기득권화된 형식지와 창조력 높은 참신한 암묵지 간의 필요악적 마찰에서 일어날 수 있는 악순환을 바로잡고 순발력 높은 역동적 지적상호작용이 이룩되는 지식인-작업자 간의 상호관계성을 역동적으로 높이는 것이다.

이와 함께 '공유된 컨텍스트(shared context)' 즉, 어떤 일의 발전과정에서 생기게 되는 정황과 배경 · 환경 · 경위 등을 리더와 멤버들 간에 공유케 함을 의미하는 것이다. 이러한 의미에서 '한 마당' 에서의 다이내믹한 지적상호작용을 시행해 나가는 주체는 사내 각 조직의 벽을 넘어 여기저기 어디서든지 지적교류가 가능해야 함은 물론이다. 법인으로서의 기업의 울타리를 넘나드는 지적교류가 가능해야 된다. 가치 높은 사람과 사람이 서로 만나서 경험 · 정보를 교류하여 이를 내면화로 보다 새로운 암묵지를 획득케 함으로서 참신한 지적가치창출을 가능케 해 나가는 것이 중요하다. 이와는 달리 이를테면 특정 대학 교수 등과의 교류 또는 소요되는 연구소와의 관계형성의 필요성이 증폭되기 때문에 기업의 울타리를 넘게 되는 것이다. 그럼으로 앞에서 논의된 '다양한 정보의 재조직 융화, 이단적으로 '낯설게 하기' 가 재차 강조된다.

따라서 '한 마당' 에서는 ① 물리적 또는 가상적 공간이 확보되고 ②

익숙한 것보다 낯설게 하는 이단에 대한 감성, 인식, 가치 등의 심리적 공간이 확보되어야 하며 ③ 각 개인이 표현하는 말과 문맥, 즉 컨텍스트가 자유롭게 공유되어야 한다.

그러므로 노사융화의 SECI 모델의 4개 과정(또는 도요타와 같이 S와 I 2개 과정으로도 가능)에 따라 재무적, 비재무적인 지적가치창출 요인들이 원활하게 제시, 교환, 도입되어야 한다. 예로서 공동화(사회화)의 원활화를 위해서는 조직 내 · 외부 활동의 다양한 관계가 이루어져야 하며, 표출화(외재화) 과정에서는 그 상황에 맞는 의견의 제시와 교환 및 새로운 의견의 도입이 원활하게 이루어져야 한다. 연결화 과정이 원활해지자면 문서화 및 문서의 통합 방법에, 또한 최신의 D/B 구축 및 전달 기능에 이르기까지 가장 효과적인 방법이 시행되도록 강구되어야 한다. 역시 내재화의 프로세스가 원활하게 운용되기 위해서는 암묵지 및 비전의 공유와 의사소통이 원활할 것 등이 요망된다.

그래서 이노베이션의 성공을 이끌어 나가는 이 '한 마당' 에서는 각 멤버가 높은 자율성을 가지면서도 계획 및 보이지 않는 의도를 공유, 상호작용하면서도 서로 다른 컨텍스트를 갖는 이단자와 같은 사람에게도 기탄없는 융화와 개방성을 지닐 수 있게 해야 하는 것이다.

이를 위한 방법으로 '한 마당' 에서는 사회화 · 공동화 과정이 활발해지도록 지적활동 관계 요원을 위한 다양한 외부활동 및 내부활동이 존중되어야 한다. 표출화를 위해서는 활발한 의견제시와 교환, 외부의견의 도입과 상황을 연계하도록 하는 조직 분위기가 조성될 것이 중요하다. 또 바람직한 연결화를 위한 D/B 구축, 문서 · 매뉴얼화 및 이의 통합방법과 전달기능이 고도화되어야 하며, 활발한 내재화가 지속적으로 이루어지기 위한 커뮤니케이션과 일반사항 및 비전의 공유화가 이루어지게 하는 리더의 리더십이 강조된다.[76)]

포스코, "회사 울타리 넘어라"

포스코의 예와 같이 "회사 울타리 넘어라"고 권유하는 포스코의 방침에 따라 외부 전문가와 함께 연구하는 학습동아리 활동이 활발해졌다. 학습동아리 수는 2004년 7월 7개(200명)에 불과했으나 2005년 5월 1,217개(20,800명)로 늘어날 정도로 활발해졌다. 포스코는 단편적으로 습득하던 외부 전문가의 지식 노하우를 적극 활용하기로 하고 외부전문가와 함께 하는 학습동아리(CoP) 활동을 전개하기로 했다.

경쟁을 두려워하지 않고 과감하게 외부와 지식교류에 물꼬를 터, 더 큰 성장의 기회를 얻을 수 있다고 본 것이다. 자신만의 노하우를 독점하려는 기존 지식관리 방침과는 정반대의 전략이다. 이와 관련해 포스코 지식자산실은 2005년 9월 초 사내뿐만 아니라 외부 연구기관, 학교, 고객회사, 공급업체 등 외부에서도 자유롭게 참여할 수 있는 지식경영 시스템을 가동하게 되었다.[77)]

---

76) 김명숙, 지식운용과정이 신 서비스 개발에 미치는 영향에 관한 연구, 2005, 지식연구 제3권 1호, pp 194~221, 필자 가필.

77) 이진명, 매일경제, 2005년 8월 29일, A30면.

그러므로 '한 마당' 은 첫째, 〈공유 창출〉; 각 개인이 감정, 경험 등에서 일어나는 심리적 동기를 공유하고 창출하는 '한 마당' 으로 개별적 직접적인 상호관계를 통해 공유되어야 한다.

둘째, 〈기탄없는 대화〉 ; 집단적, 직접적 상호관계가 이룩되는 친근하고 기탄없이 대화하는 '한 마당' 이어야 한다.

셋째, 〈시스템화〉 ; 집단적 간접적 시 · 공간의 공유로 상호작용이 이루어지는 시스템의 '한 마당' 이어야 한다.

넷째, 〈실천의 한 마당〉 ; 각 개인은 매뉴얼이나 시뮬레이션 프로그램 등의 미디어를 통해 전달받은 문서, 자료, 매뉴얼 등의 형식지를 실천하는 과정에서 형성되는 가치 높은 새로운 암묵지를 획득하여 자기 내부의 기존 지식과 통합하는 기능을 가져야 한다. 그러기 위해서는 지적가치창출을 조직적으로 이루기 위한 조직별 계층별로 여러 컨텍스트에 걸친 한 마당이 이룩되도록 정비되어야 할 필요가 있는 것이다.

이런 까닭에 〈그림 3〉에서 확인되듯이 이 4개 프로세스의 SECI 모델이 '한 마당' 의 리더십으로 계속적인 스파이랄 식의 상향적 반복적으로 암묵지와 형식지의 상호작용으로 신지식이 생성되고 또 이를 많은 사람이 활용할 수 있도록 하는 제도적 장치가 긴요한 것이다.

이러한 SECI 모델을 활성화시키는 방법은 다양하다. 한 가지 예로 구성원 공동의 '한 마당' 을 커피숍, 휴게실 등을 적절한 장소에 마련한 기업은 많다. HP는 사람들이 많이 다니는 중간 지점에 커피 머신을 설치해놈으로써 자연스럽게 거기서 사람들이 만날 수 있게 해 놓았다. Nokia는 Nokia House에서 사람들의 투명한 관계가 이루어지도록 하는 한편 멤버 공동의 사우나를 설치, 활용케 하여 '한 마당'을 형성하고 있다.

그렇기 때문에

- 우리들 미들 매니지먼트들은 무엇 때문에 존재하는가?
- 각개 멤버들은 무엇을 위해서 존재하는가?
- 앞으로 이 회사는 어떤 비전을 갖고 발전해 나가야 하는가? 하는 자기질문을 계속 반복하면서 그 해답을 찾아 최선의 리더십을 발휘하여야 되는 것이다.

이러한 SECI 프로세스에 관련되는 일련의 교육 훈련은 SMC에서 개발한 SS-OCRP 프로그램 및 기타의 교육 훈련이 실시된다.

'한 마당'의 실시방법 및 수칙[78)]

이상에서 보았듯이 '한 마당'의 실시방법은 다양하다. 실시방법의 하나로 ① 창발법, ② 대화법, ③ 시스템법, ④ 실천법의 4가지로 구성한 시행수칙은 다음과 같다.

① 창발법 : 신 암묵지 획득의 공동화 · 사회화(S) 실시방법의 수칙

78) 노나카 외 1인, 앞의 책, pp 263~270.

• 전통적 방식만이 아닌 이단적 방식도 용납하고, 이 이단에 대한 감성 및 균형감을 가질 것
• 경험기회에 대해 적극적일 것
• 고객과의 대화 상대가 되어볼 것
• 겸허한 태도로 고객 및 선배, 동료, 구성원 등의 멤버로부터 배워 본질을 파악할 것
• 눈에 띄지 않는 것, 보이지 않는 것을 볼 것
• 숙련자 곁에서 배울 것
• 자료를 모을 것
• 보고 확인되지 않은 것은 믿지 말 것

② **대화법** : 표출화(E)로 암묵지에서 신 형식지 창출방법의 수칙
• '한 마당' 의 구성원이고 또 관찰자가 될 것
• 자신이 '한 마당' 에서 직접 일을 할 것
• 컨텍스트를 파악하여 새롭게 실현할 모델을 나타낼 것
• 시각화해서 차이를 보일 것
• 참가자와 '한 마당' 이 될 것
• 유비, 비유 등 표현의 창조 방법을 이용할 것
• 시각적 언어를 이용할 것
• 일방적인 사고를 하지 않을 것
• 항상 대상물의 기원은 무엇이었는가를 물을 것 등

③ **시스템법** : 연결화(C)로 신 형식지 창출방법의 수칙

- 상태를 만들어낼 것
- 목적을 대상으로 아이디어를 낼 것이 아니라 시스템을 대상으로 할 것
- 모델의 적용
- 큰 구상을 하면서 가능한 데서 먼저 착수할 것
- 조직을 초월하여 움직일 것

④ **실천법** : 내면화(I)로 신 형식지 창출방법의 수칙

- 과거로 되돌아가지 말 것
- 나선형의 상승을 기할 것
- 실행 → 사고(思考) → 행동의 패턴을 반복할 것
- 행위, 반성, 초월
- 언제나 대안으로 차선책을 실시할 준비를 하고 있을 것
- '되지 않는다' '무리다' 하는 말은 절대 쓰지 말도록 할 것

'한 마당'의 리더십

'한 마당' 의 리더십에서 중요한 것은 SECI 모델의 4개 프로세스가 원활하게 진행되어 조직 내의 창의적 지적활동 가치를 최대화하는 것이어야 한다. 도요타나 HP 등과 같이 조직에 따라서는 4개 프로세스가 모두 필요하지 않는 예도 많이 있을 것이다. 어떤 경우든 멤버들이 지식공유로 창의성이 발휘되는 '한 마당' 을 조성 및 활용 · 활성화하는 것이다. 또한 이미 기술하여 온 것 같이 급격한 지식변환 프로세스

와 '한 마당' 및 앞으로 기술할 지적자산의 통합 기능을 한 것이 지적가치창출의 리더십인 것이다. 이 지적가치창출 과정의 리더십은 제3장에서 기술되듯이 변혁형 리더십을 기조로 하면서도 각 개인들의 지적 공유화 · 사회화, 표출화 · 외재화, 연결화, 내면화 등의 상황별 과정에 따라 각 개인의 자율적 가변적인 컨텍스트에 대응해야 하는 리더가 임기응변적으로 결정하는 '자율분산형 리더십' 이어야 한다. 이런 까닭에 지적가치창출 리더십의 요건은 기업의 존재가치를 높이 평가 · 정의할 지적가치창출의 비전을 책정, 제시하여 후술하는 지적자산의 가치를 식별하면서 창의성 높은 '한 마당' 을 조성하고 활성화하여 나가는 것이어야 한다.

SECI 모델의 지적가치를 창출하는 조직 매니지먼트에 있어서 각 단위 조직 및 집단의 각급 리더들은 중간층의 리더로서 '미들 업다운' 의 역할을 다 해야 한다. 그러면서 리더의 역할을 다하기 위해 ;

- 우리 회사는 무엇을 위해 존재하는가?
- 나는 무엇을 위해 어떻게 해야 하는가? 하는 자기체크를 계속해 나가야 할 것이다.

이러한 일련의 '한 마당의 리더십"이 높게 발휘되기 위해서는 TOP으로부터 각급 리더인 미들 매니지먼트에 이르기까지 무지개 같은 꿈을 안고 매사 긍정하는 긍정의 습관을 견지, 문제를 풀어나가는 지혜를 크게 길러 나가도록 해야 한다.[79)]

---

79) 차동엽, 무지개원리, pp 85, 101, 131, 196, 위즈앤비즈, 2007.

실패 함정의 예방

또한 '한 마당' 의 리더들은 SECI 모델의 지적가치창출을 시행하여 나감에 있어서 실패하거나 함정에 빠지지 말도록 예방하는 것이 중요하다. 그래서 이에 우선 착안, 대비할 사항은 대략 다음과 같다.

① 우선 중점 시행할 분야를 1~2개 선정, 목표를 정하여 지적가치창출을 추구해나가도록 할 것

② 시스템을 구축했다고 해서 편하게 하고 있을 것이 아니라 구성원들이 보다 자율적, 효과적으로 활동할 분위기를 만들어 줄 것

③ 구성원들의 암묵지를 활용시키도록 하는 지혜를 짤 것

④ 리더 자신의 행동은 물론 구성원들의 활동이 느슨해지지 않게 할 것

⑤ 구성원이 모두 책임지는 것은 사실이나 리더와 CKO의 관리가 절대적으로 필요함을 투철히 인식하도록 할 것

⑥ 조직의 지적가치창출 결과를 모니터링 할 시스템을 마련토록 하여야 될 것이다.[80)]

SECI 모델의 지적자산

FTA 시대, 21세기 디지털 노마디즘 시대는 경제성장의 주요인이 창조성 높은 지식이다. 이노베이션의 주 무기가 바로 이 무형자산인

---

80) 김범열, 지식경영을 실패로 이끄는 함정, 1999, LG주간경제, 1999, 7, 7.

지적자산인 것이다. 이 비재무적인 무형자산의 가치는 더욱 더 높아지고 있어서 80년대에는 생산 가치에 대한 무형자산의 비율이 60% 선이라고 했었으나, 영국 시사주간지 《이코노미스트》 1996년 9월 28일자에 따르면 이러한 전문지식이 창출되는 가치는 자동차 부가가치의 70%, 마이크로칩과 같은 하이테크 제품에서는 그 비율이 85%까지 올라간다고 한다. 최근에는 그 비율이 더 오르고 있을 것이다.

지적자산(knowledge assets)이란 생산 일선 직접부문의 지적생산 활동에 주력하는 숙련 멤버들의 지적가치창출 프로세스에서 생기게 되는 '보이지 않는 자산' 즉, 무형자산으로 기업의 중요한 가치를 구성하는 것이다. SECI 모델의 지적자산은 이러한 무형자산을 포함하는 지적재산권 및 라이센싱의 소유권과 같은 자산적 가치를 지닐 뿐 아니라 공유된 암묵지로서의 신뢰성 및 암묵지가 가득 차 있는 조직의 밑바탕의 조직문화 등을 포함한다.

SECI 프로세스에서 이들 지적자산은 지적가치창출 활동의 출력이 됨과 동시에 입력도 되는 것이다. 입력으로서의 지적자산은 지적 재산권의 라이센싱 등의 형태로 거래에 의해 외부에서 획득되는 경우와 내부에 축적된 지적 자산의 변환에서 획득되는 경우가 있다. 외부에서 지적자산을 획득하는 비용과 내부의 지적자산을 변환시키는 데 드는 비용의 상대적 크기에 따라서 지적가치창출의 주체로서의 기업의 바운더리가 규정되게 마련이라고 하겠다.[81)]

그런데 S사와 같이 선진하는 기업과는 달리 대부분의 기업은 그동안 지식창출관리에 대해 소홀하거나, 강성노조의 영향으로 실행하지 못하여 왔다. 따라서 지식창출관리는 체계적이지 못하여 많은 지식이 개인의 머릿속에만 머물러 있다가 사장되어 버리게 되는 형상을 빚어 왔기 때문에 그만큼의 지적활동 및 생산성 증대 기회의 손실을 보게 되었다. 이러한 시행착오현상은 거듭되면서 시간, 노력 및 자금의 추가투입을 반복하게 되어 전체적 결과적으로 기업의 경쟁력 증진을 저해시키게 되었던 것이다.

세계적인 기업 다우케미컬의 경우는 지식을 3단계로 나누어 관리하고 있다.

첫째 단계는 지적자본(intellectual capital)으로써 가치창출 가능성이 있는 잠재지식을 가리키는 것이다. 이를테면 구조화된 아이디어나 노하우를 말한다.

둘째 단계는 지적재산(intellectual property)으로써 소유권이 부여된 지식을 가리킨다. 특허가 대표적 예이다.

셋째 단계는 지적자산(intellectual assets)으로써 가치를 갖고 있는 개발된 지식을 말한다. 이를테면 로열티, 라이센스 수입이 가능한 특허를 말한다. 이렇듯 다우케미컬은 당장 이득을 내지 않는 지식이라도 잠재력이 있는 지식까지 모두 관리를 하고 있다.

---

81) ① 노나가 이구지로 외1인, 앞의 책, pp 55~60, 95, 268~2 ② 나가다 아기야, 앞의 책, pp 35~38. ③ 스기야마 고조 외 19인, 지식과학사전, 2005, pp 20~23, 조영렬 역, 바다출판사.

그런데 우리 기업들이 지식을 관리하는 방법은 잠정 지 또는 전략지 등은 등한시하고 당장 눈앞에 이득이 생기는 직접 지식만을 관리하는 실정이다. 이는 지식의 발생기반을 약화시켜 결과적으로는 기업의 경쟁력을 약화시키는 기본요인이 되고 있는 것이다.[82)]

CKO의 조건 및 역할과 암묵지 창출요소[83)]

CKO의 조건 및 역할과 암묵지 창출요소에서 우리가 먼저 확인해야 하는 것은 CKO의 조건 및 역할이다. 이 CKO는 주지하다시피 Chief Knowledge Officer의 머리글자이다. CKO의 조건과 역할에는;

첫째, CKO는 자사 '사업에 대한 높은 통찰력' 으로 '전략적 우선순위 결정능력' 이 탁월하여 '절충적 혼합' 이 가능한 '다른 임원과는 다른 임원' 일 것

둘째, CKO는 '커뮤니케이션 능력' 이 출중하여 상기한 한마당의 리더십에 대해서는 물론 제3장에서 논의되는 조직풍토변혁에 영향력을 발휘할 수 있을 것

셋째, CKO는 각 부문에 대한 지식관리지원의 핵심으로 최고경영자로부터 지속적 지원확보가 가능할 것

넷째, CKO는 최고의 비즈니스관행이 가능한 지적 정보의 최신 DB

---

82) 김영인, 같은 논문, pp 27~28.

83) 본난은 박준하, 지식경영의 전도사 CKO, LG주간경제 No 511, 1999, 3, 24와 Naver 성공적인 CKO의 조건, 2007, 9, 20, 등을 참작, 작성된 것임.

등을 비롯한 정보전달 체계의 하부구조구축역할이 가능할 것

다섯째, CKO는 관계 학습지원에 대한 고위경영진의 헌신을 유발시킬 수 있을 것

여섯째, CKO는 소요되는 정보탐색자들에게 지적자산에 대해 더 현명하게 질문하는 방법을 교육시키는 능력을 갖출 것

일곱째, CKO는 지적자산관리를 위한 절차를 확립할 수 있을 것

여덟째, CKO는 수용할 수 있는 최단 시일 내에 내부 고객을 만족시키는 정보획득이 가능할 것

아홉째, CKO는 지식관리의 글로벌화가 가능할 것

이러한 CKO의 조건 및 역할은 물론 생산성 높은 창조성, 효율성의 증진이 주목적이다. 따라서 CKO의 조건과 역할에서 창출케 되는 지적자산 및 SECI 프로세스의 기본인 암묵지 창출의 기본요소와 '한 마당' 리더의 리더십에서 착안해야할 지식경영 요소측정사항을 관계 자료에서는 다음과 같이 제시하고 있다.

① 사람, ② 스킬, ③ 사랑, ④ 신뢰, ⑤ 에너지(氣), ⑥ 안심, ⑦ 정렬, ⑧ 열정, ⑨ 긴장 등

이러한 현대 지식경영의 요소들을 그야말로 중요시하여 조화시켜야 경험 지식자산, 컨셉 지식자산, 루틴 지식자산, 시스템 지식자산이 증대 · 확충이 가능하게 된다.

다음과 같은 지식자산의 유형의 예도 있다.

- 브랜드의 지적자산
- 디자인 및 제품 컨셉 등의 지적자산
- 컨셉의 지적자산
- 라이센스 확보에 의한 지적자산
- 시스템 지적자산
- Document Spec의 지적자산
- 특허에 의한 지적자잔
- 새로운 정보의 DB와 연결화된 지적자산

내면화를 통한 일상 업무의 노하우, 루틴업무의 조직문화를 통한 루틴 지적자산 등도 생각해 볼 수 있다.

최고경영층의 확고한 결단 및 지식경영조직의 설정

이러한 지적자산을 포함한 지식경영을 위해서는 ① 최고경영자의 지식경영에 대한 확고한 철학과 ② CKO(Chief Knowledge Officer)와 같은 지식경영의 책임지도자의 선임 및 ③ 조직 내 지적공유를 위한 조직의 설정과 성과측정 보상관리 등의 구조적, 후속적인 뒷받침이 전제되어야 한다.

이러한 지적자산은 후술하는 '온톨로지' 로 각 개인들이 알고는 있으나 체계화되지 않은 상태의 지식을 체계화하면 보다 가치 높은 지적자산이 된다.

다양한 선행연구결과의 활용

지난 90년대 후기 이래 우리의 지식경영의 선행연구는 다소 진부해진 듯한 점이 없지는 않았다. 그러나 SECI 모델의 확인과 함께 업계와 학계의 관심이 높아지고 있다. 한 예로 명지대 금융지식연구소의 활동이 2000년 이후 《지식연구》 등으로 꾸준하게 지속되면서 지적가치창출수단으로 노나카 등의 SECI(2003) 모델 원용은 활기를 더하고 있다.

기업 활동의 어떤 영역이든 마찬가지이겠지만 극히 고도한 인적자원의 활동으로 이루어지는 지식경영 차원의 이 지적가치창출이야말로 지적활동을 하는 각 개인 스스로 자기 암묵지에 관련된 결단력, 용기, 지구력, 배짱을 길러 발휘하게 하는 최고경영자의 변함없는 관심과 성원이 필요하게 된다. 앞에서 이미 살펴 본 대로 '한 마당'의 조성과 바람직한 활동이 지속되어야하는 까닭에서이다. '한 마당'의 활동이 최고경영자에 의해 충분하게 보장됨으로써 조직의 지적가치창출활동이 발전된다.

최고경영자의 결단과 실행의 중요성

김승수 단국대 교수가 '지식경영성공요인이 지식공유활동 및 조직성과에 미치는 영향에 관한 연구' 결과를 다음과 같이 논급하고 있다.

① 최고경영자의 강력한 의지와 지원이 있어야 한다.

② 지식경영조직의 구조는 유연하게 하여 조직구성원들에게 권한

과 책임을 많이 위임하여야 한다.

③ 조직구성원들 간 지식공유 활동이 활발하게 이루어지고 지식을 공유할 수 있는 기업문화를 형성하여야 한다.

④ 지식창조 및 공유활동에 대한 객관적이고 공정한 평가시스템이 마련되어야 하며, 평가결과에 따라 충분한 보상이 지급되어야 한다.[84]

창원대학교 추교완 교수 등은 '조직지식공유가 신제품 개발성과 및 경쟁우위에 미치는 영향에 관한 연구'의 결론에서 ① 조직의 지식공유가 신제품개발에 좋은 성과를 나타내게 됨을 확인하면서, ② 조직의 지식공유가 기업의 비용 및 차별화 우위에 영향을 나타내므로 경쟁력 강화를 위한 지식공유를 위해 기업의 체계적 지식공유 제도의 강화활동이 이루어질 것과, ③ 지식공유를 통한 연구개발성과를 창출하기 위한 교육훈련체계, 인사의 적합성 보장 및 개인별 PC의 보유수준을 높일 것과, ④ 지식의 기반구조인 보상제도, 정보기술, 학습조직의 높고 낮음이 지식공유가 신제품 개발성과의 영향을 미치는 정도에 차이가 있으므로 구성원들의 만족도, 높은 보상, 자기발전, 회사에 대한 자긍심은 장기적으로 최고경영자에 대한 인지와 CKO 임명으로 구성원들의 지속적 자기개발능력과 타인관리 수준을 높이고 도전정신이 조직 내에 확산 · 공유될 수 있도록 해야 함을 보여주고 있다고 권유했다.[85]

---

84) 김승수, 지식경영요인이 지식공유 활동 및 조직성과에 미치는 영향에 관한 연구, 2005, 지식연구 제3권 1호, p 278.

LG 구본무 회장, 블루오션 전략 강조

2005년 5월 LG그룹 구본무 회장이 블루오션 전략을 강조했다. '광범위하고 깊은 잠재력을 가진 시장' 에서 '남들을 따라하거나 경쟁만을 생각할 것이 아니라 남들이 모방할 수 없는 차별화 된 가치를 고객에게 제공' 하는 블루오션 전략을 전개하자는 뜻에 맞는 말이라고 할 것이다. 또한 구본무 회장은 " '위기 경보' 를 발령, '일하는 방식과 사고의 틀을 바꾸지 않으면 1등 LG는 커녕, 생존을 걱정해야 될지도 모른다' 고 '모든 임원들은 미래를 위한 준비에 만전을 기할 것' "을 강조했다.[86]

블루오션 창출한 서커스단의 사례

최근 화제가 되고 있는 '경쟁 없는 블루오션' 형 경영전략의 대표적 사례로 꼽히는 캐나다의 시르크 뒤 솔레이유(태양의 서커스단)의 변신을 살펴보자.

'코끼리 없는 서커스' 로 90개국 공연, 누적관객 5,000만명, 최근 10년 간 22배 성장, 2005년 매출목표 5억 4,000만 달러, 세계 최고의 서커스단으로 우뚝 선 이 서커스단이 창립 이후 20년 간 거둔 성적표이다. 대표적 사양 산업으로 꼽히는 서커스단에서 거둔 성과란 점

---

85) 추교완 · 성남주 '조직지식공유가 신제품 개발…연구, 지식연구, 2005, 제3권 1호, pp 75~76.

86) 조선일보, 2005년 8월 2일, B1.

을 감안하면 놀라운 결과이다.

시르크 뒤 솔레이유가 창업할 당시에도 서커스는 이미 사양화의 길을 걷고 있었다. 시르크 뒤 솔레이유는 '서커스를 구경하지 않는 비(非) 고객들이 어디에서 무엇을 할까'에 주목했다. 마침내 미국 뉴욕 브로드웨이와 같은 문화의 거리에서 연극과 뮤지컬, 발레 공연을 즐기는 거대한 비(非) 서커스고객 집단을 발견할 수 있었다.

새로운 고객인 이들이 원하는 가치를 담기 위해 공연내용을 확 바꿨다. 테마와 스토리 등 연극적 요소와 예술적인 음악, 춤과 같은 뮤지컬적 요소를 가미했다. 브로드웨이에서 보는 듯한 환상적인 종합예술로 서커스를 재창조한 것이다.

이런 차별화만으로 끝냈다면 이 서커스단은 비용부담을 이겨내지 못했을지도 모른다. 시르크 뒤 솔레이유는 블루오션 전략이 차별화와 동시에 반드시 추구할 것을 강조하는 '원가 절감'을 놓치지 않았다. 비용증가요인으로 작용해 온 스타광대 공연, 동물묘기 쇼 등을 과감하게 없앤 것이다.

그 결과 서커스라고 하기도 어렵고 연극이라고 할 수도 없는, 그렇다고 뮤지컬이라고 규정짓기도 힘든 완전히 새로운 장르가 탄생했다. 이전에는 그 누구도 생각해 내지 못한 블루오션을 개척한 것이다. '사양 산업이란 없다. 사양기업이 있을 뿐이다'라는 블루오션적인 사고의 지론으로 위기를 기회로 삼아 성공한 훌륭한 사례이다.[87]

이러한 사례와 관련해서 김진우 연세대 경영대 부학장은 '기업문화부터 바꿔야 성공한다' 며 강조하고 있다. 김 교수는 '사원들의 일사불란한 단결력을 미덕 아닌 「악덕」으로 규정한 회사' 가 이제는 크게 발전할 것으로 본다.

창의적인 서커스 공연 「퀴담(Quidam)」으로 유명한 시르크 뒤 솔레이유(Cirque du solei · 태양의 서커스단)는 일사불란한 단결력을 '최고의 악덕' 으로 사규에 명시하고 있다는 것이다. 집단의 의견에 순응해서는 창의적 아이디어가 나올 수 없고, 이질적 요소들이 결합되는 과정에서 발생하는 스트레스와 갈등, 그에 대처해 나가는 고민 속에서 창의적인 작품이 나온다고 생각하기 때문이라는 것이다. 그래서 김진우 교수는 '꽉 막힌 기업들아, 보고 배우자!' [88]고 강조하고 있다.(밑줄은 필자)

레드오션 없는 블루오션 없다

사람이 만드는 모든 것이 그렇듯이 가치혁신을 통해 경쟁이 없는 새로운 시장을 창출하자는 블루오션 전략에도 약점은 있다. 블루오션 전략을 구성하는 핵심적인 사상은 바로 '가치혁신' 이다. 그리고 가치혁신의 기본철학은 경쟁사를 염두에 둔 경쟁이나 혁신을 넘어서 '고객으로 돌아가라' 는 것이다. 그런데 모방속도는 혁신속도보다 빠른 경우가 많고 블루오션이 레드오션으로 변해 가는 속도와 일치한다는 것이다. 레드오션형 비즈니스가 없는 블루오션을 만들기도 힘들지만

87) 정구학, 파업대신 혁신을, 경영계, 한국경총, 2005, 9.

88) 김진우, 한국 기업 창조경영 왜 안되나, 조선일보, 2007, 12, 8~9, C7면

레드오션을 지키는 것 또한 힘들기 때문이다. 레드오션에서 많은 시련을 겪고 단련된 기업들은 '근성' 이라는 DNA가 있어서 체질 자체가 다른 경우가 많다는 것이다.[89]

블루오션의 창출을 위해서는 경영의 기본 토대가 굳건히 정립되어 있어야 한다. '지금까지 우리나라 기업들은 신 사업 창출이나 혁신적인 신제품개발 등 진정한 혁신 노력이 부족했다' 는 것이다. 이런 까닭에 블루오션의 창출을 위해서는 철두철미한 고객중심이 되어야 한다.[90]

그러므로 '뭔가 많이 경험해본 사람이 창의적 인간일 수 있고… 예상치 못한 문제 해결 능력이 뛰어나' 며 '혁신은 도박처럼 계속 돈을 걸어야 하는 게임이므로 아이디어로 끊임없이 놀 수 있는 사람이 필요' [91]하다는 것이다.

그래서 '땀에 젖느니… 즐거움에 젖게 직원을 춤추게 하라, 근면 성실해서 성공하는 것이 아니라, 성공을 위해서는 근면 성실하게 되는 것이다. 따라서 예술과 재미를 아는, 그래서 일을 앞에 두고 기뻐 날뛰는 천재를 제발 길러내자' 고 권유하는 김정운 명지대 문화심리학 교수는 '그런데도 한국의 수많은 CEO들은 창의성을 외치면서도 「근면하라」고 주문하신다. 오! 이 앞뒤 안 맞는 철학이여!' [92] 하며 개탄한다.

---

89) 감덕식, 레드오션 없는 블루오션 없다, LG주간경제, 2005 7. 27.

90) 장성근, 블루오션 창출의 기본토대-고객과 창의성, LG주간경제, 2005 8. 21.

91) 김현진, 루트번스타인 교수 : "창조경영은 나보다 똑똑한 사람 찾는 데서 시작", 조선일보, 2007, 12, 8~9, C5면

그런데 창조경영 훈련장 르포로 “난 오늘 부장님이랑 영화 찍었다” 또는 ‘도자기 빚기 등의 문화 체험으로 직원들의 숨은 창의력을 자극해, 예술과 경영의 「멋진 만남」을 시도하는 예, 또는 연극으로 고객 가치를 느끼고, 미술로 직원들의 정서를 자극하는 예도 늘어나는 것으로 알려진다.[93]

고객 니즈를 선도하기 위해서는 고객이 하는 말보다 에포케 시행과 같이 고객행동을 주시하여 잠재적 수요를 파악해 나가는 것이 중요하다. 블루오션 창출의 가능성을 높이기 위해서는 조직운용 패러다임을 SECI 모델 및 ‘한 마당’ 의 운용방법으로 발전시켜야 할 것이다.

이상의 여러 측면을 종합적으로 고려할 때 ‘다양성 관리의 중요성이 증대’ 한다. 그야말로 인력 · 환경 · 시스템 · 프로세스 등이 변화되고, 조직운용이 변화하는 시대적 조건에 맞는 다양성 관리의 중요성이 증대한다.

다양성 관리의 중요성 증대화

개인별, 집단별 차이점과 공통점 및 다양성의 모든 차원에 초점을 맞춰 포용성(Inclusive)의 극대화와 목적을 위한 수단을 개발함과 동시에 내부적 필요성과 글로벌 · 창조 경영의 원동력을 찾아나가야 한다.[94] 차별화 되는 컴피턴시 관리부터 착수해야 할 것이다.

---

92) 김정운, 거꾸로 본 창조경영, 조선일보, 2007, 12, 8~9, C6~7면

93) 김현진, 창조경영 훈련 현장 르포, 조선일보, 2007, 12, 8~9, C6면

LG전자 김쌍수 부회장의 실행 10계명

이론보다 실천을 중시하며 또한 공격적 행동을 중시하는 '헝그리맨 리더십'의 LG전자 김쌍수 부회장은 1996년 여름 창원공장 리빙시스템 본부장으로 부임한 뒤 240m의 에어컨 등의 생산라인을 무려 40m로 줄여 화제를 모았다. 여기서 중저가품 대신 고급제품 생산계획을 실천, 각종 프리미엄 가전제품을 내놓아 히트를 친다. 이것이 계기가 되어 2003년 8월 1일 청와대에서 노무현 대통령과 정부관계자들에게 LG전자의 각종 위기 극복과정과 김쌍수 부회장의 혁신철학을 소개하였다. '제로베이스에서 다시 생각해야 한다. 사고의 전환이 전제되어야 혁신다운 혁신이 가능해진다'고 강조하는 김쌍수 부회장은 2003년 10월 LG전자 취임식에서 '우리는 GCGP(Greate Company, Greate People)'가 되어야 한다고 강조했다.

김쌍수 부회장의 실행중시의 발상은 바로 GCGP에 부합된다고 할 것이다. 2004년 8월호 미국 포춘지에는 김쌍수 부회장을 '현장의 사나이', 'The Next Big Player'로 꼽았으며, 그 이전에도 타임지는 전자업계의 세계적 불황 속에 LG전자는 전년 대비 18%의 매출신장 및 33%의 순이익을 내는 초우량기업의 리더라고 특기하였다. LG전자는 2010년 글로벌 톱 3에 도전할 계획으로 있다.

LG전자 김쌍수 부회장이 취임 당초부터 강조해 오는 실행중심 개

---

94) 장상수, 글로벌 HR 트렌드, 경영계, pp 40~44, 한국경총, 2007, 12.

혁의 10계명은 다음과 같다.

1. 5%는 불가능해도 30%는 가능하다 – 제로베이스에서 혁신을 생각하자
2. 한 방에 끝내라 – 주먹밥 정신 – 융화의 정신을 발휘하기
3. 조직을 파괴하라 – 고정관념 버리기 – 위계의식 버리기
4. 실천이 힘이다 – 아는 것이 힘이다
5. 'No!' 아닌 '대안' – 긍정적 사고(융화, 합심으로 실천)
6. '나' 아닌 '우리' – 개인 아닌 공동의 혁신 실천하기
7. '資源有限 智無限'(20세기는 몸으로 / 21세기는 지혜로)
8. 'Early Innovation' – 미리 앞당겨 혁신 – 혁신 극대화하기
9. 과수원 패러다임 – 과수원 농부의 품종개량과 같이 혁신으로 가치 높이기
10. 큰 덩치 잡기 – 규모나 성격상 핵심적인 것 – 완벽하게 해결하기 인터넷 네이버 검색

앤 잭맨의 실행력 높이는 방법

• 실행력 높이는 10가지 핵심 기술

영국의 공공부문과 개인부문의 컨설팅을 하여 오고 있는 앤 잭맨은 그의 컨설팅 경험을 살려 실행력을 높이는 스킬 10가지를 비롯한 여러 가지 기법을 제시하고 있다. 그의 저술 《How to get things done》(2003)에서는 다음과 같은 실행력 제고방향을 제시하고 있다.

1. 자기 스스로 동기유발
2. 나의 소질, 긍정적인 면을 메모하며 생각하기
3. 적극적 자기주장으로 상대를 설득
4. 경쟁, 조정, 회피 및 보류, 협력, 타협으로 갈등 해결
5. 상대와 건전한 경쟁
6. 화나게 되는 것은 인정하되, 좌절은 안하기
7. 시간 관리를 위한 중요 사항에 우선순위 설정
8. 일을 적재적소의 적임자에게 위임하기
9. 스트레스를 받지 말고 즐기기
10. 자기 자신에 대해 자긍심 갖기

- **앤 잭맨의 성과를 높이는 실행 전략 10단계**

1. 인생의 목표 확인
2. 변화 위한 우선순위 설정
3. 목표 달성률 높이는 10가지 공식
    1) 크게 생각하기
    2) 기록하기
    3) 다른 사람들 포함하기
    4) 시각화
    5) 계획화
    6) 장애물 극복
    7) 검토하기
    8) 긍정적으로 보기
    9) 집중화
    10) 성공 확신
4. 처음에 할 일을 신중히 검토하기

5. 목표와 첫 단계를 재검토하기

6. 실행과정을 점검하기

7. 장애물을 제거하기

8. 목표달성 시점을 설정하기

9. 실패의 신호를 감지하기

10. 실패에서 성공 비결을 배우기[95)]

긍정적 사고만 있어도 반은 성공입니다

작금 야심찬 젊은이들에게 널리 읽히고 있는 조엘 오스틴의 "Your Best Life Now-긍정의 힘"(정성묵 역, 두란노, 2005)의 추천사난의 제목인 '긍정적 사고만 있어도 반은 성공입니다' 라는 표현으로는 다분히 우리사회가 긍정력이 약한듯함을 의미하는 것 같아 각 개인의 긍정력 배양이 중요하다.

실제로 지금 이 책을 읽는 독자는 어떠한가?

긍정적 사고를 키우는 데는 다음과 같은 자기 확인을 반복하는 것도 좋은 방법이 될 것이다.

한편 보다 큰 성과를 내기 위하여 '긍정적 사고를 넘어 최적(OPTIMAL)의 사고' 가 필요하다. '최적의 사고(思考)' 를 하자면 '최적의 질문이래야 최적의 생각을 유도하게 되고 또한 최적의 생각이래야 최

95) 앤 잭맨, 실행력 UP 노트, pp 55~139, 143~180, 이명원 역, 더난출판. 2005.

적의 행동으로 연결된다.[96] 로잘린 글릭먼의 최근의 저술인 "OPTIMAL THINKING 나는, 긍정적 사고만으로는 부족하다"에서 긍정력을 기르자면 다음 질문을 지속적으로 반복하기를 권유하고 있다. • 나는 긍정적인 생각을 하는 사람인가? • 자신감과 자기 확신이 있는가? • 나의 생각은 건설적이며 생산적인가? • 어떤 상황을 평가할 때 밝은 면에 초점을 맞추는가? • 나는 승리와 성공이라는 관점에서 생각하는가? 긍정적인 사고방식을 가진 사람들은 • 스스로를 좋고, • 사랑스럽고, • 생산적이고, • 유능하며 삶의 좋은 것을 누릴 가치가 있다고 생각한다. 그들은 자기 안의 가치, 그리고 다른 사람들과 세상의 가치에 초점을 맞춘다. 그들은 일을 어떻게 성취할 수 있는가에 초점을 맞추고 그러한 일이 일어나도록 한다. 그들은 삶에 대해, '물을 주면 잔디는 초록색으로 바뀔 것' 이라는 믿음을 가지듯, '할 수 있어', '할거야' 라는 자세로 접근해야 한다[97] 고 권유한다.

각급 조직 리더의 유머 센스

최근 낙양의 지가를 올리고 있는 "펀(fun)경영리더십"의 저자며, 대한민국 CEO 경영대상을 수상한 한광일 박사는 그의 저술 내용 이상으로 '트랜드 리더 선정 명강사' 로 활약 중이다. 그의 저술 내용에서

96) 로잘린 글릭먼, OPTIMAL THINKING 나는 긍정적 사고만으로는 부족하다, 앞 표지 말, 김병철 역, 지샘, 2006.

97) 로잘린 글릭먼, 앞의 책, p 24.

'나의 유머 지수 측정하기' 를 재편, 수록한다. 우리는 흔히 유머러스하지 못하다는 말을 많이 한다. 다음 리더의 유머 실천 지수는 5단계 또는 7단계의 체크 지수를 설정, 자기진단을 해 보시면 어떤 결과가 나올까? 서로 허물없이 지내는 사이끼리나 또는 엄숙한 조직에서는 서로 다르게 나올 것이기는 하지만, 어떤 경우든 나를 진단하는 좋은 방법이 될 것이다.

〈표 7〉 리더의 유머 실천 지수

1.	나로 인해 타인이 즐거워하는 것은 정말 즐겁다.
2.	어려울 때일수록 웃을 수 있어야 한다.
3.	적어도 하루 4~5번은 웃자.
4.	최근의 유머 경향을 알아본다.
5.	분위기를 띄우기 위해 유머를 적극 활용한다.
6.	유머는 상대와 좋은 관계를 맺는다고 믿고 있다.
7.	같은 말도 재미있게 하면 더 큰 효과를 낸다.
8.	남의 실수에도 관대한 웃음으로 넘길 수 있다.
9.	작은 일에도 가능한 한 크게 웃자.
10.	상대방이 나를 웃기는 사람이라고 봐도 좋다.
11.	매스미디어나 남이 하는 말에서 유머러스한 것을 적어둔다.
12.	유머로 주위의 사람을 웃긴 적이 있다.
13.	유머를 5개 이상 말 수 있다.
14.	다른 사람과 이야기 하는 것이 즐겁다.
15.	나의 실수를 유머러스하게 공개할 수 있다.

※ 한광일, 펀(fun) 경영리더십, p 51, '나의 유머지수 측정하기' 에서 재편, 미래북, 2007.

실행을 가로막는 심리장벽 넘기

독일의 정신분석가로 베를린 자유대학교 심리상담연구소를 맡고 있는 한스 베르너 리퀘르트 소장은 사람의 의식적 행동에 대하여 심리학적으로 다음의 5단계의 과정을 거치게 된다고 말하고 있다. ① 동기 → ② 행동의도의 형성 → ③ 행동하기 전의 의지적 결심 → ④ 행동 실시 → ⑤ 행동과 결과에 대한 평가의 5단계의 과정이다. 그러므로 이 다섯 단계의 과정 중 ①~④ 단계, 즉 자신의 동기유발에서부터, 행동의도의 형성, 행동하기 전의 의지적 결심, 행동실시의 4개 과정 중 어느 하나라도 장애를 받게 되면 실행의 심리적 장벽이 발생하게 된다.

이들 단계는 사람의 의지 또는 감정 등과 직결된다. 그래서 드러커 교수가 언급한 결단력, 용기, 배짱 등의 'gut'과 자신감이 약한 사람의 경우 때로는 실행에 앞서

- 우유부단해지거나
- 의심하여 고민하거나
- 두려움에 빠지거나
- 무력감이나
- 강박관념에 싸여 아무것도 제대로 실행할 수 없는 행동장애를 겪게 되기도 한다. 또 할 일은 생각하지도 않은 채 미루거나, 할 일 대신 딴청부리듯 다른 일만 하는 간접적 행동장애를 지켜보게 되기도 한다.

이런 경우 여러 가지 대처 방법이 있을 것이다. 물론 행동장애가 심

한 경우에는 전문의 등과 상담해 보게 해야 할 것이나 자신감 없이 머뭇거리는 등 경미한 경우 우선은 가장 손쉬운 방법으로 자기관찰법을 실시해 보는 것도 효과적이다.

행동장애 극복을 위한 자기관찰법의 실시

빛깔이 안정적이고 고운 A4용지로 다음 양식의 일지를 마련한다.

- '의식'
- '행동'
- '평가'
- '목표'

위의 '의식', '행동', '평가', '목표'에 대해 자기 자신이 관찰한 내용을 매일 빠짐없이 기록하도록 하는 것이다. 자기관찰은 의식과 행동의 가장 중요한 요소이다. 또한 일지에 마련된 자기 목표의 실행도를 체크하도록 한다. 그 목표에 도달하기 위한 세세한 실행계획도 적도록 한다. 그러면 계획에 따른 실시행동은 다시금 주의 깊은 자기관찰로 이어져 실천이 쉽게 된다. 당사자 본인의 행동이 앞으로 전진하게 되는지, 또 무슨 일이 일어나는지를 스스로 살피면서 자신이 직접 글로 쓰면서 자신의 행동을 평가해 보도록 한다. 이런 방식으로 약간의 자신감을 갖지 못하는 행동장애를 극복하고 바람직한 목표를 향해 도전하는 과업을 실행할 수 있게 될 것이다.[98]

이와 같이 살펴볼 때 이는 달리 표현해서 우리들이 특정의 목적의 목표를 설정하고 그의 달성을 위한 과업을 실행하여 나가는 데는 그에 따른 상당한 결단력, 용기, 자신감, 지구력이 있어야 함을 의미한다. 바로 드러커 교수가 언급한 'gut' 이다.

'온톨로지' 로 지식의 체계화

나의 지식을 체계화하자. '구슬이 서 말이라도 꿰어야 보배' 라는 속담이 있다. 우리는 모두 정리되지 않은 엄청난 양의 지식을 갖고 있다. 그것을 체계적으로 정리하고 싶다는 생각을 해 볼 때가 있다. 어떤 것은 직장에서 알게 된 지식이고 또 어떤 것은 개인적으로 모은 지식이다. 개인적으로 흥미를 갖고 있는 분야에 대해서 어떻게 표현하며 또 그것을 효율적으로 정리하여 활용할 방법을 생각하는 일은 보람이 있다. 또 조직차원에서는 지적자산의 가치를 높이게 한다.

이러한 지식의 체계화가 온톨로지(Ontology)이다. 이는

- 형식지화 하는 데 적합한 지식
- 경험이나 체험의 성격을 띤 지식
- 아직 체계화가 이루어지지 않은 지식
- 광대하고 다양한 요소로 이루어진 지식

지식의 체계화를 통하여 이들의 활용방법을 찾고, 지원 프로그램을 연구하는 것이다. 최근 컴퓨터를 활용한 네트워크가 발달하면서 풍부

---

98) 한스 베르너 리퀘르트, 행동의 심리학, pp 21~43, 45~66, 148, 256, 유영미 역, 한스미디어. 2005.

한 지식의 표현(예로서 암묵지의 형식지화) 프로그램이나 사회에 효과적으로 성과를 제공할 수 있는 프로그램을 활용하는 성과와 가치를 인정받게 되었다.

이러한 연구의 접근 방법은 대략 3가지로 구분된다. 그 첫째는 '공학적 온톨로지'로 공학적 입장에서 형식차원, 모델차원의 개념을 체계적으로 기술하고, 그것을 이용할 방안을 연구하는 것인데 사람과 컴퓨터 양쪽 모두 이해할 수 있는 형식으로 기술하고 이용할 수 있는 방식을 탐구한다. 이 공학적 온톨로지를 기반으로 문제해결과 같은 사람의 지적가치창출행위를 대행하거나 조직 내에서 지식을 공유할 수 있는 기반을 제공하게 된다. 이의 비근한 예는 대학 연구소의 실습생들이 기업에 파견되어 '솔루션 비즈니스의 메뉴 체계구축'이라는 테마로 '공학적 온톨로지'에 도전하는 사례가 있다.

둘째는 '미디어 온톨로지'로 이는 홈페이지 구축 등의 수단을 써서 이제까지 충분하게 체계화되지 않았던 영역의 지식을 미디어 차원에서 자유롭게 표현하여 많은 사람들이 유용하게 쓸 수 있는 체계화된 지식으로 마무리하는 것이다. 대학 연구실의 사회경험이 있는 실습생들이 '산학연계 활성화를 위한 홈페이지 설치'에 도전하여 문헌, 선행연구, 인터뷰, 웹페이지 등을 조사 · 실시하고 그 결과물을 조작 가능한 형태로 체계화하는 것은 이의 좋은 예이다.

셋째로는 지적가치창출이 조직에 있어서 개인적으로 시발되는 경향이고 또한 상당히 사적인 흥미에 바탕을 두고 있는 것이라는 의미에서 '개인적 온톨로지'가 있다. 이는 사회적 유용성보다 자신의 흥미, 경험 또는 체험적 지식을 바탕으로 자유롭게 체계화하는 것으로 높은 가치창출을 위한 지식체계화의 1차 목적이 자기 자신의 향상 및 기록에 있다는 것을 전제로 한다. 최근 일어나고 있는 자서전 집필 등 개인적인 저작활동들은 이에 해당되는 것이다.

LG硏, 창의성을 죽이는 6가지 상사의 유형

기업의 경쟁력에 결정적인 힘이 되는 창의성을 저해하는 상사들은 어떤 유형일까?

LG경제연구원은 2007년 4월 22일 '이런 상사가 창의성을 죽인다'라는 보고서에서 "5년 만에 1억대가 넘게 팔린 애플의 아이팟이나, 13년 만에 1억대 이상 팔린 소니의 워크맨 등 세계적인 히트상품에는 남들이 생각지 못한 창조적인 발상으로 고객에게 높은 가치를 줬다는 공통점이 있다"며 "창의성은 기업의 경쟁력을 가늠하는 결정적인 힘"이라고 강조했다.

이어 조직의 창의성을 극대화하기 위해서는 구성원 개개인의 아이디어, 상상력, 호기심을 제대로 이끌어 내야 하는데, 여기에 영향을 미치는 핵심 요인이 경영진 등 관리자들의 리더십이라고 지적한 뒤 창의성을 저해하는 6가지 상사 유형을 제시했다.

▪ **유아독존형** : 부하들의 이야기를 들어주는 인내심이 부족하고 자기 생각을 강요하는 독선적인 성향이 강해 부하들의 입을 닫게 한다.

각 개인의 여러 다른 생각이나 아이디어들이 상호작용해 혁신적인 아이디어가 창출되려면 임직원과의 치열한 토론과 대화가 필요하지만, 유아독존형 상사는 독선적이고 부하들의 이야기를 들어주는 인내심이 없어 상하간의 긴밀한 대화나 토론이 이뤄지기 어렵게 만든다는 게 LG연구원의 설명이다.

:: **눈뜬 장님형** : 구성원들이 창의적인 아이디어를 제시해도 아이디어의 잠재가치를 제대로 활용, 성과물로 연결하는 능력이 없기 때문에 무용지물로 만들어버린다.

이들은 시장과 미래를 보는 안목이 없어 '그거 해서 성공하겠냐', '내 경험으로 보면 성공 못해', '쓸데 없는 데 시간 낭비하지 말라' 라는 식으로 반응, 아이디어의 싹을 자르기도 한다.

:: **일 중독형** : 부하의 감정이나 기분 등 내적인 심리상태를 배려하지 못하고 오직 일밖에 몰라 구성원들의 창의성을 죽인다.

이들은 지나치게 일 중심적으로 움직여 구성원들을 지치게 하고 피로도를 가중시켜 조직 구성원의 탈진 상태를 불러오기도 하며, 감성이 결핍된 언행을 일삼아 구성원들이 직장생활에서 느끼는 재미나 근무의욕을 없애면서 창의성을 저해한다.

:: **완벽주의형** : 작은 실수나 실패도 절대로 용납하지 않아 부하들의 생각과 행동이 실패 위험이 적은 보수적인 방향으로 흘러가게 하면서 새로운 것에 도전하고 시도하는 창의적인 발상과 행동을 위축시킨다.

:: **복사기형** : 남들이 하지 않는 새로운 것을 먼저 개척해나가는 선

도자적 실험정신이 부족해 내부에서 좋은 아이디어가 있어도 자신감이 없어 실행을 주저하다가 나중에 다른 기업들이 하는 것을 보고 나서야 따라한다.

이들은 불확실성을 감수할 수 있는 용기가 없어 구성원들이 기존의 사고와 다른 이색 · 이단적이고 파격적인 아이디어를 제시하더라도 '그런 사례가 있느냐', '그것이 성공할 수 있다는 증거를 가져와봐라'라는 식으로 반응한다.

:: **하루살이형** : 단기성과 지향적인 업무 수행패턴을 갖고 있다. 사업모델이나 전략, 미래준비 등 큰 것을 고민하기보다는 기존의 사업틀 속에서 당장의 이익과 비용 관리 등 단기성과 개선에 치중, 지시나 통제를 매우 세부적으로 하며 보고 등 잡무를 늘려 창의성을 저해한다.[99]

즐겁게, 즐거운 마음으로!

앞에서 융화의 SECI 모델 성공의 조건을 대략 살펴보았다. 그런데 이 성공 조건이 이루어지는 데는 구성원들이 매사에 즐거운 마음과 어떤 상황도 긍정하는 굳센 자세로 일하는 조직풍토가 조성되어야 한다. 어떤 일, 어떤 상황에서도 즐거움을 가져야 한다.

또한 이를 시행해 나가기 위해서는 생산성 높은 참신한 암묵지를

---

99) 연합뉴스, 중앙일보, 2007년 4월 21일.

획득 · 활용하여 신상품을 개발하거나 업무개선 등 생산성을 올리는 경우 또는 자신이 획득한 새로운 암묵지로 제안을 하는 그 구성원 또는 해당 그룹에 대해서는 이에 상응하는 타당한 보상이 실시되는 체계를 마련하는 것이 당연히 요망된다.

이 SECI 모델과 불가분의 관계가 있는 조직풍토를 다음 제3장에서 살펴보기로 한다.

Chapter 3

창조의 조직풍토와 변혁형 리더십

1. 조직풍토변혁 실천의 과제

이제는 조직풍토의 변혁이 활발하게 실천되어야 하는 과제에 직면한 단계이다. 제2장 노사융화의 SECI 모델에서도 논급했듯이 그간 강성노조의 영향으로 SECI 모델을 도입하지 못한 기업의 예가 많이 있을 것이다. 이와 같이 이 조직풍토와 제4장에서 다루게 되는 노사문화와는 서로 뗄래야 뗄 수 없는 표리의 관계에 있다. 그러므로 융화의 노사문화의 출발점이 되는 '무파업', '무분규' 선언이 7월 말까지 440건이나 되는 2007년은 노조에서 무파업, 무분규 선언이 있었던 기업일수록 조직풍토변혁의 과제에 직면하게 된 해가 되었다고 하게 된다.

무엇보다도 저 생산성 고임금의 압박을 조속히 해소시켜 나가기 위한 조직풍토변혁이 실현되어야 한다.

앞의 제2장에서 살펴본 노사융화의 SECI 모델을 활용, 조직의 효율성과 창의적 지적가치가 증대되는 데는 모든 구성원들이 모든 일에서 즐겁게 활동하는 우량한 조직풍토로 변혁해야 한다. 퇴출 1호였던 한국전기초자를 흑자 회사로 부활시킨 서두칠 사장과 같은 변혁형 리더의 혁신적인 리더십이 발휘되어야 한다. 먼저 조직풍토를 생각해 보기로 하자.

급속히 변하는 IT화로 IT · BT · NT 융화의 시대가 예상외로 빨리 오고 있다. 정경원 교수는 조선일보 시론에서 '디자인을 하면 번영하리라'[100]고 강조하고 있듯이 바야흐로 디자인 · 성능 · 품질 중 디자인이 앞서는 시대이다. 우리가 입는 옷이 컴퓨터로 디자인되며, 자동차도 컴퓨터로 디자인되면서 설계와 제작이 동시에 이루어진다. 핸드폰의 비약적 발전도 그렇고, 불원간 IT · BT · NT의 융화 시스템은 더욱 급속히 발전될 전망이다.

조직풍토란 생산성과 구성원 만족도의 상태

조직풍토는 그 조직의 업적 및 업적을 달성하기 위한 리더십을 토대로 하는 관리

상황과 구성원의 만족도를 말한다. 이 만족도는 구성원들에게 공유되어 있는 태도, 규범의 총체이다. 구체적으로는 행동기준, 가치관,

---

100) 정경원, '디자인을 하면 번영하리라', 조선일보, 2007, 11,27, 시론.

신념, 관행 등이 복합된다. 그러므로 업무환경 및 구성원의 동기와 직결되는데, 이는 측정이 가능한 것이다. [101]

조직풍토와 리더십 개혁 방안

이러한 융화 시스템을 보다 조속히 성취하는 길은 어디에 있을까? 제6장에서도 후술하는 동양의 고전 대학(大學)에 나오는 일일신우일신(日日新又日新)을 되새겨 급격히 변하는 글로벌 FTA 시대에 나날이 새롭게 또 나날이 새롭게 해야만 한다.

수많은 부품으로 조립되는 자동차로 말하면 이제 '성능이나 품질은 대체로 평준화되어 가고 있으므로 디자인이 가장 중요하다' 고도 한다. 그래도 디자인, 성능, 품질은 새롭게 또 새롭게 혁신하는 기술과 방법을 생산 일선에서 불리 · 불합리한 정보를 캐내서 개선 또 혁신해 내는 조직풍토와 노사문화를 재빨리 조성하는 일이 중요하다. 또한 창의성 높은 새로운 제품과 서비스를 창출해 내게 되어야 한다. 앞장에서 익힌 노사융화의 SECI 모델을 활용하면서 이를 성취해 나가게 하자.

제2장에서 논의되어 온 SECI의 지적가치창출의 실현을 위해서는 이 지적가치를 창출할 노사문화와 조직풍토가 조성되어야 한다. 즉, 융화의 효율성이 높고 또 창조력도 높은 조직풍토와 노사문화를 이끌

---

101) 우라베 구니요시 편, 앞의 책, pp 416~417, 하네이시 칸쥬 외 4인, 經營組織診斷の理論と技法, pp 14~15, 同友館(도쿄), 1995.

어 갈 변혁형 리더십이 필요하다. 조직풍토변혁이 일어나야 노사문화도 변혁될 것이다. 여기서 조직풍토가 동전의 앞면이라면 노사문화는 뒷면이라고 할 수 있다. 노사문화가 먼저 혁신되어야 조직풍토도 변혁될 것이다. 이런 표리의 관계에 있는 조직풍토와 노사문화의 혁신이 동시에 추진되어야 한다. 바로 후술되는 한국전기초자 조직풍토를 변혁시킨 서두칠 사장의 변혁형 리더십과 같은 리더십이다.

FTA 시대에 빛날 자아실현의 '낯설게 하기'

21세기 노마디즘의 오늘날은 조직 구성원들 간에는 각자 매우 다양한 가치관을 갖고 있다. 그런데 우리 인간의 욕구는 무한한 것이어서 노마디즘 시대의 인생이란 제한된 여건 하에서 자신의 욕구를 최대한으로 충족시키기 위하여 노력하는 과정의 연속이라고 해야 할 것이다. 또한 인간의 의식구조는 인생살이를 통해서 생성 · 발전(生成 · 發展) 된다고 할 수 있다. 그렇다면 인간의 의식구조는 자신의 끊임없는 욕구를 충족시켜 나가는 과정에서 생성 · 발전된다고 볼 수 있는 것이다.[102] 이렇게 볼 때 우리는 지금 매스로의 욕구의 5단계에서 그 최고의 단계인 자아실현을 성취해 나가는 과정에 도전해야만 하는 단계에 와 있는 것이다.

우리가 FTA 시대에 3~4만불을 달성, 선진화할 기술, 서비스 등의

---

102) 김대모, 공업화와 근로자의 의식구조, 한국의 공업화와 노사관계 중 게재 논문, pp 396~397, 1988, 정암사.

창의성은 기왕에 익숙한 것이 아니어야 한다. 익숙한 것은 끝내버리도록 하고, 그야말로 창의성 높은 '낯선 방법'을 연구 개발해 내야 부가가치가 증대한다.[103] 그러므로 리더일수록 구성원들이 자율적으로, 앞에서 제시된 자아실현의 목표인 창의성 발휘를 위한 올바른 명상법 등을 통한 자신의 상태,[104] 특히 생산성 높은 컴피턴시의 자기존재성을 스스로 인지 · 파악케 하는 힘을 기르도록 해야 한다.

FTA의 여건에서도 성과주의와는 거리가 먼, 획일적인 연공성을 다분히 내포하는 인사제도의 조직풍토를 혁신, 다양한 영역에서 다양한 경험을 했던 사람들이 모인 조직에서 높은 성과를 올려야 하는 FTA의 시대적 상황에 직면한 것이다.

이와 같이 FTA 시대에는 성과주의를 추구해야 하는 리더가 해야 할 일 중에서 기업 가치를 높이는 역할이 가장 중요한 임무로 되었다. 따라서 기업의 각급 리더는 고객 및 시장에 대해 조직이 나아가야 할 전략을 바로 세우고 실행하도록 만들어 가야 한다. 전략을 바로 세우는 것도 어렵지만 이를 실행하는 일은 더욱 어렵다. 그러므로 리더가 임무 수행을 위해 가장 중요한 과제는 각 개인들의 자발성을 높이는 조직풍토를 조성하는 역할이 되는 것이다.

---

103) 김정운, 노는 만큼 성공한다, pp 84~85, 21세기북스, 2006.

104) 김정운, 앞의 책, pp 241~242. 나루세 마사하루, 나를 변화시키는 3분 명상력, pp 265~267, 명성현 역, 예문.

2. 조직풍토란 무엇인가?

우리는 흔히 '한 집안의 예의범절, 기율 또는 풍습' 을 가풍(家風)이라고 하고, '그 학교의 특색으로 전해 내려오는 기풍' 을 교풍(校風)이라고 하며, 또 '가정이나 학교 등 한 단체나 사회의 사람들에게 공통된 기분과 풍습' 을 기풍(氣風)이라고 한다.

과연 조직풍토란 어떤 것이며 조직풍토변혁의 변혁형 리더십은 어떤 것인가?

조직풍토는 다양하게 설명된다. 일차적으로는 조직의 생산성이 높은가 낮은가로 평가된다. 따라서 조직구성원들이 자발적으로 일에 대해 어떤 동기(motivation)를 갖고 있는지의 여부는 조직풍토에 좌우된다. 또 '조직 구성원들에게 공유되어 있는 사회적 태도, 또는 규범의 총체로 행동 기준, 가치관, 신념, 관행, 태도, 분위기 등이 복합된 업무환경 속에서 생활 · 활동하는 사람들이 직접 · 간접적으로, 또는 개인적 · 집단적으로 지각하여 그들의 동기유발과 활동에 영향을 주는 진단 가능한 집단 내에서의 객관적 · 주관적인 행동 특성을 나타내 보이는 것' 이다.

헤리겔(D. Hellrigel)은 '조직풍토란 한 조직과 다른 조직을 구분할 수 있는 일련의 조직적 특성 내지는 속성을 의미한다' 고 했다. 핀크(S. L. Fink)는 '조직풍토란 어떠한 시스템에서 느낄 수 있는 분위기, 즉 조직의 전반적인 감성을 뜻한다' 고 한다.[105]

또 조직풍토는 레빈(Kurt Lewin)의 표현과 같이 조직에서 '인간의 행동은 개인의 심리학적 경험 등에 영향을 주는 환경 및 그 퍼스내리티와의 관수' 라는 설명은 적절하다고 본다. 그러므로 조직풍토는 조직구성원에 대한 경영관리자의 리더십에 의해 크게 영향을 받게 된다.[106]

FTA 시대의 경영환경에서 우리 경제를 꽃 피우게 할 각급 기업의 조직풍토는 지난 공업화 과정과는 다른 것이어야 한다. 그 요인은 여러 가지로 설명될 것이다. 다만 여기서는 21세기 FTA 시대의 노마디즘 환경에서 각급 조직 구성원들의 가치관이 다양한 것이기 때문에 그 필연성이 강해진다고 본다. 이런 까닭에 조직 및 구성원의 자율적 창조성을 조직의 발전, 성장의 기본으로 해야 할 것임은 재론의 여지도 없다. 창조적 조직풍토는 앞에서 논급한 바와 같이 경영관리자가 구성원에 대한 변혁리더십을 무엇보다 중요하게 보고 실천하는데 있다.

그런데 조직풍토의 일반적인 구성요소는 어떻게 되어 있는 것일까? 조직풍토의 구성요소를 살펴보자.

조직풍토에 대하여 귀사의 사원들에게 지금 하고 있는 일이 어떠하다고 느끼고 있습니까? 하는 설문으로 타진한다면 어떤 반응이 나올까? 물론 설문의 내용 및 취지나, 조직풍토 진단의 시각, 또는 설문구성내용 등에 따라 조직마다, 또는 팀마다, 각 개인마다 반응이 다를

---

105) 이수도, 조직행동론, pp 337~338, 형설출판사, 2002.

106) 우라베 구니요시 편저, 경영학사전, p 416, 중앙경제사(도쿄), 1980.

수도 있다.

조직풍토의 구성요소

그런데 노사융화의 조직풍토는 원래 자연적으로 생기는 것이 아니다. 조직을 구성하는 사람들의 모티베이션이 어떤 것인가에 좌우된다. 즉, ① 조직을 구성하는 멤버들이 얼마나 큰 융화력, 융화의식을 발휘하게 되는가 하는 요인과, ② 〈표 8〉의 조직풍토의 구성요소 중 6의 노조의 성격과 역할이 어떤 것인가 하는 요인에도 달려있다. 우리는 강성노조의 영향을 크게 받아 낮은 생산성, 고임금으로 국가경쟁력이 세계 최하위로 추락해 있음은 제1장에서 확인했다. 이를 극복하여 경쟁력을 크게 키우는 길이 바로 개별 기업의 조직풍토변혁이다. 경쟁력을 강화해야 하는 과제에 직면해서 그 과제의 해소책의 중요한 사항이 조직풍토의 변혁인 것이다.

〈표 8〉 조직풍토의 구성 요소[107)]

1.	관리자의 가치관
2.	리더십 스타일
3.	경제적 상황
4.	조직구조
5.	구성원의 특성
6.	노동조합
7.	조직의 규모
8.	작업의 종류

기아차보다 3배의 생산성을 올리고 있는 동희오토가 있다. 재론할 여지도 없이 조직을 구성하는 멤버들의 융화의식이 높고 노조가 일거리 늘리기에 앞장서고 있는 완성차 조립업체이다. 바로 조직풍토가 일거리 확보의식이 높아 여타의 노조와 다른 것이다.

업적이 양호한 조직풍토, 융화의 조직풍토의 전형인 동희오토이다.

업적이 부진한 조직, 업적이 부진하다면 그 원인은 어디에 있을 것인가? 그 원인은 구성원들의 의식이 리액티브하거나, 의욕이 오르지 않거나 그야말로 다양할 것이다.

변혁형 리더십의 구성요소

창조적 조직풍토에는 위에서 밝혀본 대로 구성원에 대한 경영관리자의 변혁리더십이 긴요하다. 특히 조직의 경쟁력 강화가 긴요한 FTA 시대인 오늘날 이 조직풍토의 구성요소 중 앞의 〈표 8〉 조직풍토의 구성요소의 2.에서 확인되듯이 리더십 스타일로써 변혁리더십이 필요하다. 각 개인의 아이디어인 신지식은 개인의 잠재력이 창출해 내게 되므로 창조성을 위한 자율적 조직풍토를 리드하는 경영관리자의 변혁리더십이 긴요함은 재론의 여지도 없다.

변혁리더십의 구성요소는 Bass, Conger & Kanungo, Tich & Devanna, Kouzes & Posner 등의 지론을 재정리, 요약하여 제시하

107) 이수도, 앞의 책, pp 339~400.

면 다음 <표 9>와 같다.

<표 9> 변혁형 리더십의 구성 요소

1.	새로운 비전의 창출 및 주창
2.	과정의 혁신
3.	새로운 비전에 대한 지원을 얻기 위한 팀 구축
4.	구성원의 자아실현 목표의 동기유발을 위해 보다 높은 차원의 신뢰와 열정을 보여줌
5.	방법의 모델화
6.	개별 배려 및 지적 자극
7.	구성원의 요구에 대한 민감성 및 용기 부여[108)]

조직풍토에 대한 진단 · 측정 및 교육

조직풍토의 실태를 진단 · 측정, 사전사후의 교육을 하도록 하는 방법은 다양할 것이며 또한 목적과 상황에 따라서도 달리하게 될 것은 물론이다.

이의 방법은 첫째, 제2장에서 기술된 지식경영의 요소를 대상으로 진단측정 및 교육을 사전사후로 실시함이 좋을 것이다. 이 요소들을 여기서 다시 살펴보자. ① 사람, ② 스킬, ③ 사랑, ④ 신뢰, ⑤ 에너지(氣), ⑥ 안심, ⑦ 정렬, ⑧ 열정, ⑨ 긴장 등 9가지이다. 이 요소들은 재

108) 조성종, 서비스 지향적 리더십과 인간관계, p 131 두남, 2002.

론할 여지도 없이 모두 리더 또는 멤버들과 불가분의 관계가 있는 것이다. 그러므로 상황에 따라 해당부문의 리더 또는 멤버들을 대상으로 3단, 5단 또는 7단의 설문조사를 하고 이를 집계 · 분석하여 그 결과의 내용에 따라 소요되는 교육을 실시하여 반응조사도 겸해서 사후조치를 취하게 해야 될 것이다.

둘째, 급여인사제도에 관한 것이다. 우리 기업계는 이미 20여 년 전부터 능력주의, 성과주의 인사급여제도를 도입하고 있다. 그런데 이의 성과는 개별 기업마다 다른 것이다. 그러므로 개별 기업 내부의 조직별, 구성원의 연령계층별로 능력 · 성과제도 운영의 실태 또는 연공성향[109]이 어떤가, 즉 승급제도를 진단 · 파악하여 목표관리 등의 제도의 재설정을 위한 사전사후의 교육을 실시하는 것도 중요한 것이다.

셋째, 능력 · 성과주의를 보다 효과적으로 실현하기 위해 ① 조직 내에서 하는 일이 억압적인가 아니면 즐겁게 자유로운가 하는 것이 주제가 된다. 리더와 구성원이 어떤 조직풍토에서 일하고 있는가를 진단하는 것이 중요할 것이다. 이를 위해서는 ㈎ 열정적 참여의 조직 활발형인가, ㈏ 냉소적 분열형의 조직 불활발형인가, ㈐ 억지춘향이형 조직 활발형인가, ㈑ 싫어 마지못해형의 조직 불활발형인가 등을 진단 측정한다. ② 각 개인의 속성을 진단해서 ㈎ 성장지향 노력형인가, ㈏ 성장지향 낙관형인가, ㈐ 무목적 노력형인가, ㈑ 무목적 낙관

---

109) 조윤형, 임금제도의 특성과 능력급 도입의 필수조건, 급여 관리 혁신전략, pp 54~69, 중앙경제사, 1998.

형인가 등을 '인자 득점 집계표'와 '척도 및 인자 득점 집계표' 등으로 진단 파악, 소요되는 교육을 실시하여 성과주의 경영전략이 더 좋은 방향을 잡아나가도록 유도한다.[110]

넷째, SECI 모델을 활용하는 조직풍토에서는 제안의 양과 질이 변혁되어야 한다. 좋은 예로 전술한 S사의 경우 양적 실적으로 보면 1993년에서 1998년 사이에 총 건수가 66,400건에서 690,700건으로 10배, 1인당 평균은 6.6배로, 총 시상금이 2·1억 원에서 35억 원으로 17배(1인당 평균 25,000원에서 271,000원으로 11배)로 증가하는데, 질적으로는 제안 1건당 시상금이 3,200원에서 5,100원으로 늘어났다.[111] 제안의 질이 높아진 조직풍토가 변혁된 것이라고 아니할 수가 없다.

다섯째, 어려운 과제이긴 하지만 최근 논의가 활발한 기업윤리에 관한 진단도 필요할 것이다. 기업 내부, 또는 기업 외부와 연결하여 실시해야 할 것이다. 대체로 기업은 6개 주요 요소와의 관계를 맺고 활동하게 된다. ① 대 주주관계, ② 대 구성원관계(노조 포함), ③ 고객(소비자)관계, ④ 부품 공급 등 공급자와의 관계, ⑤ 대 경쟁자와의 관계, ⑥ 대 정부 및 환경 문제와의 관계 등을 거론할 수 있다. 이들 6개의 주요 관계요소는 기업으로서는 없어서는 안 될 존재이면서도 트러블도 발생하여 기업윤리의 문제를 일으키게 된다. 따라서 이러한 문제,

---

110) 조윤형, 조직풍토의 진단법과 해석, 한국형 컴피턴시의 체계와 인재육성 전략, pp 141~184, 한국경총, 2004.

111) 김영인, 같은 자료, pp 67.

예로서 분식회계로 소액주주를 기만한다거나 또는 임금압박을 부품을 공급하는 기업에 전가하는 것, 또는 경쟁자를 기만한다거나 부당하게 압박하는 일, 정부 제정의 법제 등 환경문제를 포함한 관련법규를 어기는 일 등은 없도록 하는 사전사후의 교육도 반드시 실시되어야 할 일이다.

고임금 저생산성 극복할 조직풍토변혁 리더십

우리는 고임금 저생산성의 조직풍토를 변혁시켜 경쟁력을 증대시키지 않고서는 환율문제, 자원문제 등의 환경을 극복해야 하는 국제시장에서 생존이 불가능할 정도로 어렵다. 〈표 9〉에서 확인되는 변형형 리더십의 7개 요소를 조직의 각급 리더들이 실천하게 하기 위하여 조직풍토변혁을 이끌어나갈 리더십을 집중적으로 함양케 하자.

이외에 동양의 고전을 익히면서 리더십의 기반을 확충해 나가는 방안이 제6장에서 제시된다.

3. 1년여 만에 기사회생한 한국전기초자 선순환의 노사문화·조직풍토로 혁신한 노하우 – 서두칠 사장의 리더십 사례[112)]

HEG는 한국전기초자(Hankuk Electric Glass)의 이니셜이다. 이하

112) 서두칠 외, 우리는 기적이라 말하지 않는다, 2001년 5월 14일, 김영사, 이와 유사한 문헌이 2007년에도 [조직 리더십]으로 출간되고 있음.

HEG로 표시한다.

한국기업 최고의 단계적 · 실천적 노사문화 · 조직풍토 혁신의 노하우

"현재 경쟁력으로 볼 때 도저히 살아남을 수 없다." 세계적 경영컨설팅회사 부즈알렌 해밀턴은 1997년 6월 이렇게 진단했다. 총부채 4,700억 원, 부채비율 1,114%, 퇴출대상 1호의 기업이 회생된, 그 치열한 과정의 서두칠 사장의 변혁형 리더십.

HEG의 회사 개황

HEG는 1974년 5월에 한국유리와 일본의 아사히글라스가 합작으로 설립되어 초기에는 흑백 TV 전용 유리관만 생산했고 1988년 들어 컬러 TV 유리관 생산을 위한 제2, 3공장을 준공했다.

1997년에 77일간의 장기 파업을 겪었고 그 해 말 대우그룹으로 경영권이 이양되었다. 대우그룹에서 서두칠 사장이 전문경영인으로 파견되어 1988년부터 대대적인 경영혁신운동인 변혁형 리더십이 전개되었다. 대우가 그룹 차원의 어려움을 겪게 되자 1999년 말에 일본의 아사히글라스로 경영권을 이양, 2001년에 이르렀다.

사원은 2001년 2월 현재 임원 12명, 관리직 258명, 생산기술직 1,327명으로 생산에 직접 종사하는 사원의 비율이 높은 편이다. 협력업체 사원까지 포함할 경우, 4인 가족 기준으로 1만1천여 명이 HEG

가족이라 할 수 있다. 이는 HEG가 있는 구미시 전체 인구의 30분의 1에 해당한다.

부즈알렌 해밀턴의 '사망선고' 진단

HEG의 모기업이던 한국유리그룹이 세계적인 경영컨설팅 회사인 부즈알렌 해밀턴에 HEG를 진단케 한 결과 1997년 6월 이렇게 HEG를 진단했다. 총부채 4,700억원, 부채비율 1,114%, 퇴출대상 1호로 진단된 기업!

변혁형 리더십 ; 퇴출 1호 HEG에서 회생의 기적 일으키다!

그러나 '사망선고' 진단에서 소생한 성과를 소개하면 1999년 초 매출액이 1년 만에 2,377억원에서 4,842억원으로, 600억원의 적자에서 307억원의 꿈같은 흑자로, 2000년 차입금 제로 선언. 전체 상장사 평가기업 542개 기업 중 경영평가 1위!

자산매각이나 인원감축은 이러한 과정에서 하나도 없었다. 1년여 만에 일반의 기업에서는 10년에도 못다 이룰 혁신을 가능케 한 서두칠 사장의 리더십은 무엇인가? 그의 믿기 힘든 혁신 결과는 평가단이 고개를 갸웃거리게 했고, 업계의 대부 일본의 세야 아사히글라스 회장도 "미러클"을 연발하였다.

둥근 원탁만 놓인 열린 사장실, 서두칠 사장을 벤치마킹하는 노조 및 사원들의 펠로십, 먼지 하나 없는 작업장, 외국기술 선을 단절하고 최단기간에 세계 최고의 기술력을 갖춘 기술개발, 그리고 3년 내내 설과 추석도 없었던 사원들 자신들과의 싸움.

HEG 1600명을 혁신의 동반자로 이끈 힘은 무엇인가?

서 사장의 변혁형 리더십과 사원들의 멤버십. 그들이 일구어낸 한국기업사(史)의 일대 혁신은 무엇을 가르치고 있는가?

그야말로 위기의식의 산물이라고 할 것이다.

융화력 순발력의 조직풍토 · 노사문화 혁신 방향
-효율성 창조성의 동시다발적 7대 혁신의 변혁형 리더십

서두칠 사장은 부임하여 제로베이스에서 새 출발을 하기 위해 대대적인 구조조정을 선언하고 그 방향을 제시했다.

구조조정에 대한 반응부터 알아본다.

"내가 HEG에 부임하여 대대적인 구조조정을 단행하고 있다니까 주변에서 대뜸 '몇 명이나 잘랐소?' 하였습니다. 그러나 사원과 대화시간에 약속했듯이 제 경영혁신 계획에는 사원을 줄이는 구조조정, 자산의 일부를 매각하거나 생산기반시설을 축소하는 구조조정 계획은 애초부터 들어 있지 않았습니다."

서두칠 사장이 추진한 구조조정은 한마디로 제조효율성을 혁신적으로 끌어올려 창조력을 높이는 방식이다.

그 내용을 살펴보자.

첫째, 기계 · 설비 · 라인의 구조조정이다. 생산된 제품이 따로 반제품 창고로 가서 대기하거나 공정 한가운데 쌓여서 전체 작업 속도를 지체시키고, 이에 따른 가외의 물류비용부담까지 떠안게 돼 있는 구조를 획기적으로 바꾸는 것이다.

둘째, 제품의 구조조정이다. 중소형 TV 유리관만 생산하던 구조에서 벗어나, 생산 품목을 대형 TV 유리관이나 컴퓨터 모니터 유리관으로 바꿔나감으로써 부가가치를 높이고 고객의 다양한 요구에 부응할 수 있어야 한다는 것이다.

셋째, 금융의 구조조정이다. 단기 차입금을 점진적으로 장기 차입금으로 대체하고, 고금리 금융은 우선적으로 상환하여 금리 부담을 줄여, 경영수지를 혁신적으로 개선하는 것이다.

넷째, 노사관계 구조조정이다. 그동안 노조의 단골 슬로건이었던 '투쟁'과 '쟁취'의 깃발을 내리게 해야 한다. 노조의 역할이 회사로부터 무엇인가를 쟁취하는 데 있는 게 아니라, 회사 발전 방향에 따라 '무엇'을 하는 것이 회사의 경쟁력 강화에 도움이 되는지를 연구하고 토론하는 데 있도록 해야 한다. 회사 또한 열린 경영으로 모든 정보를 노조와 공유토록 함으로써 신노사문화를 만들어 나가야 하겠기 때문이다.

다섯째, 인력의 구조조정이다. 가동 중지 되어 있는 용해로에 불을 붙여 안정된 자리에서 일하게 하되, 전 공정(前工程)과 후 공정의 작업자를 효율적으로 전환 배치하게 하고, 사업지원 부문의 경우 필요에 따라 분사(分社) 등의 구조조정을 함으로써 구성원 전원에게 안정된 직장을 보장하는 의미의 구조조정이다.

여섯째, 기술의 구조조정이다. 외국 기술에 의존함으로써 값비싼 로열티를 지불하고 있는 구조를 과감하게 탈피하기 위하여 자립기술을 연구 확보하는 것이다.

일곱째, 사고방식의 구조조정이다. 구성원들의 마음속에 뿌리 깊게 자리 잡고 있는 '어렵다', '안 된다'는 타성이야말로 시급히 뜯어고쳐야 할 구조조정의 대상이었다. 과거의 부정적 사고를 떨쳐버리고 '할 수 있다'는 프로액티브한 능동적이고 적극적인 생각과 의지로 재무장해야 하는 것이다.

이와 같이 조직풍토 혁신의 방향은 섰다. 그러나 이 혁신 운동이 성공하리라고는 이 계획을 세운 경영책임자인 서두칠 사장 이외에는 아무도 확신하는 사람이 없었다. 아무리 회사의 제반체제를 제로베이스에서 재편한다지만, 세계적인 경영진단 회사에서 '생존 가능성 없음'이라는 판정을 받은 회사를 인원 감축이나 자산매각 등을 하나도 하지 않은 채 1년 여 만에 적자를 흑자로 전환시키고 3년차에는 무차입경영을 실현한다는 것은 꿈같은 얘기로 들렸다.

마음을 움직여야 열의를 불러일으킨다-감동경영

"마음(感)이 움직여야(動) 열의가 생깁니다. 이것이 감동(感動)입니다."

서두칠 사장이 사원과 고객에 대한 감동경영을 주장했던 이유가 바로 감동에 있었다. 이것은 부임 초기에 서 사장이 스스로에게 다짐했던 최고 화두 중 하나이다. 그가 공식 부임도 하기 전에 전 사원들을 대상으로 대화의 시간을 가졌던 것은 위기의식을 공유하려는 이유도 있었지만 사원들의 열의를 이끌어내려는 목적도 있었다.

사장 자신은 저만치 떨어진 곳에 올라앉은 채 "모든 간부들은 365일 연중무휴로 출근하라"거나 작업자들에게 "1시간 일하고 30분 쉬어서는 회사가 망한다. 2시간 일하고 10분만 쉬도록 하라"는 지침만 툭툭 내려 보낸다면, 사원들의 열의가 생기기는커녕 반감만 커졌을 것이다.

열의를 끌어내는 가장 강력한 무기는 솔선수범이었다. 이것은 또 사원들이 인식하고 있는 최고경영자에 대한 고정관념을 바꿔 놓을 수 있는 최고의 방법이었다. 솔선수범은 철저한 현장 중심이었다. 과거의 사장처럼 주로 서울에 머물면서 가끔 내려와 현장을 한번 둘러보고, 간부들과 식사나 하고 다시 서울로 떠나서는 절대 문제를 해결할 수 없었다.

서 사장은 부임 직후 1년 365일 근무를 뜻하는 상시주재(常時駐在)를 선언했다. 이는 자신이 일 한가운데 서서 중심을 잡겠다는 것을 의미했다. 특히 휴무 시간대나 공휴일, 일요일, 새벽 등 작업 열의가 해이해지기 쉬운 취약시간대에 어김없이 현장에 나타나 직접 점검 지도했다. 그렇게 함으로써 간부들에게 제자리를 지키게 하고, 사원들에게도 항상 현장에 사장이 함께 있다는 걸 보여주었다. 그래서 새벽부터 밤까지 계속되는 '사원과의 대화'로 지칠 대로 지친 상황이었지만 일요일에도 아침 7시면 반드시 회사에 나타나 두 시간에 걸쳐서 1, 2, 3 공장을 순회했다.

이 무렵 생산직 사원들 사이에서는 이런 우스갯소리가 나왔다.

"에이, 누가 우리 사장한테 과부나 하나 붙여줬으면 좋겠어."

혼자 내려와 자취생활을 하고 있으니 여자라도 생기면 거기에 정신이 팔려 날마다 현장에 나타나는 극성은 없어질 것이 아니냐는 것이었다.

그러나 경영책임자가 앞장서서, 항상 현장을 지키면서 '해낼 수 있다' 고 하는 데야 그를 믿고 따르지 않을 수 없었던 것이다. 더구나 내외적인 제반 여건이 사원들로 하여금 생각을 한길로 모으게 했다. 그것은 '이 길밖에 없지 않으냐' 는 것이었다.

가부장제 노사관계는 가라-임금 · 단체교섭, 협상 시간보다 중요한 건 믿음의 질

1998년 2월 16일. HEG 노사 대표가 협상 테이블에 마주앉았다. 대개 노사협상의 경우 노조는 요구사항을 일방적으로, 그리고 과도하게 들이미는 게 통례이다. 그러나 이날의 노사협상에서는 그런 상식을 뒤엎는 풍경이 벌어졌다. 회사에서 먼저 노조에게 다음의 협상안을 내밀었던 것이다.

1. 사측에서는 어떤 사원도 해고하지 않는다는 방침을 천명한 바 있다. 우리가 당신들의 고용을 책임진다는 애기다. 그렇다면 노조

에서도 생산성 향상을 약속해야 하지 않겠는가. 불꺼진 용해로도 곧 불을 붙일 것이다. 그러나 사람을 새로 뽑지는 않을 방침이다. 그래야 경쟁력이 생긴다. 현재처럼 1시간 일하고 30분 쉬는 체제로는 고객의 요구를 만족시킬 경쟁력을 확보하기 어렵다. 고객의 요구가 무엇인가? 값을 깎으라는 것 아닌가? 다른 부분을 다 그대로 둔 상태에서 깎아 팔기만 한다면 적자를 면치 못한다. 적자가 나면 사원들을 해고해야 한다. 그렇게 하지 않으려면 다소 고통이 뒤따르겠지만 2시간 일하고 10분 쉬는 체제로 가야 한다.

2. 임금은 현 수준에서 동결한다. 현재와 같은 상황에서는 성과급을 줄 수 없다. 돈도 없고 성과도 없는데 어떻게 성과급을 별도로 주겠는가?
3. 이미 간부들은 365일 전일근무체제로 들어가 있다. 생산직 사원들도 모든 휴가를 반납해야 한다. 그리고 장기근속 사원에 대한 해외 위로 여행도 중단하기로 한다.
4. 지금까지 우리 회사에서는 퇴직금 누진제를 시행해 오고 있었다. 이 누진제 방식은 부득이 폐지하지 않을 수 없다.
5. 모두가 혁신운동에 발 벗고 나서는 상황임을 고려할 때 노조 전임자 수도 종전의 7명에서 3명으로 줄여야 한다.

서두칠 사장은 노조 측에 "당신들이 나의 입장이라면 어떻게 할 것인지, 이보다 더 좋은 방안이 있으면 내놓아 보라"고 했다. 사 측이 마련한 이 안은 큰 수정 없이 거의 그대로 타결되었다. 물론 각개 안에 대해 노사 양측이 '충분한 대화'를 나눴다.

임금 낮으나 생산성 3배 높은 조직풍토, 임금 높으나 생산성 3분의 1로 낮은 조직풍토

임금수준은 낮은데 생산성은 3배나 높은 조직풍토가 있는 반면 임금수준이 높으면서도 생산성은 1/3로 떨어지는 예가 있다. 제4장에서도 살펴보게 되듯이 기아차와 동희오토의 사례이다.

실제로 기아자동차 자(子)회사인 동희오토가 모(母)회사인 기아차보다 3배가 넘는 생산성을 올리고 있는 조직풍토를 보이고 있다. 동희오토는 기아차가 35%, 자동차 부품업체 동희산업이 65%씩 출자(出資)해 만든 국내 하나뿐인 완성차 위탁생산 업체이다. 2004년부터 기아차의 배기량 1000cc급 소형차 '모닝'을 전량(全量) 만들어 납품하고 있다. 2007년엔 생산직 850명이 모닝 14만8000대를 만들었다. 1인당 174대꼴이다.

반면 기아차 화성공장은 8000명이 49만 4000대를 만들었다. 1인당 62대꼴이어서 동희오토의 3분의 1밖에 안 되는 생산성이다. 화성공장에선 품이 많이 드는 중·대형차를 만들기 때문에 1인당 생산 대수가 줄어드는 측면도 있기는 하다. 그러나 그것을 감안해도 동희오토의 생산성은 기아차의 두 배 수준이라는 것이 회사 측 평가이다.

노조의 실리주의 조직풍토, 동희오토의 높은 생산성의 주요인

기아차와 동희오토의 생산성 격차를 벌인 가장 큰 요인은 노조(勞組)와 조직풍토에 있다. 동희오토 노조는 지금까지 한 차례도 파업을 하지 않았다. 임금이 기아차의 60~70% 수준이지만 노조는 임금인상을 요구하는 파업을 벌이지 않는다. 대신 일감을 늘려 조합원들의 손에 들어오는 실질수입을 늘리는 '실리주의' 를 택하는 노조의 조직풍토가 형성되었다.

동희오토의 노조도 '악탈노조' 인 기아차의 노조와 같은 노조인데도 노조로서의 성격과 활동내용이 동희오토의 노조는 생산성이 3배나 높은 조직풍토의 노조인 것이다.

이러한 동희오토 노조의 실리주의 성격과 활동이 기아차의 3배나 높은 생산성을 올리는 주요인이 되고 있는 것이다.

〈표 8〉에서 확인할 수 있듯이 조직풍토의 8대 구성요소 중 관리자의 가치관 및 리더십 스타일과 함께 노동조합의 성격이 우리나라의 조직풍토를 크게 좌우한다고 본다. 이 가운데서도 융화의 노사문화와 조직풍토에 있어서는 노조의 성격은 무엇보다 중요하다.

특히 최근 변화를 보이고 있는 현대차의 노사문화가 어떻게 달라질 것인가? 우리나라 금속노조처럼 강성인 성격으로 활동하는 경우, 노사문화가 친 금속노조인가, 아니면 이와는 다른 방향으로 갈 것인가 하는 데 따라 현대차의 노사문화와 조직풍토가 좌우되게 될 것이다.

절대가치의 영역에 도전

〈표 10〉에서 확인되듯이 B사의 조립부문의 불량건수는 어떻게 감소되어 제로가 되었을까? B사의 조립부문 멤버는 30명으로 이중 정사원은 10명, 파트타이머 1명, 파견사원 19명이다.

〈표 10〉 B사 조립부문의 불량건수 추이

구 분	2001년	2002년	2003년	2004년
공정 내 부적합(건)	42	6	6	3
클레임(건)	0	0	0	0

자료; 이시카와 아스오, 앞의 책, p 96.

B사에서는 2001년부터 지식경영의 일환으로 ISO 9001을 취득하면서 클레임 건수가 제로를 기록하게 된다. 주요 노력은 다음과 같다.

① 높은 의식으로 공정에 임하기

② 납득이 가는 업무수행과 프로의식 갖기

③ 철저한 품질관리의 실시

④ 철저한 맨투맨 교육 실천

⑤ 고객으로부터의 신뢰 증진

FTA 시대에는 기업이나 조직은 경제 가치를 창출해낼 수 없다면 존속해 나갈 수가 없음은 물론이다.

기업론의 기본에는 :

• 기업의 존속가치는 무엇인가

• 무엇을 위해 존재하는가

• 어떤 모습으로 존재해야 하는가

• 타사와는 무엇이 다른가 하는 의문을 항상 갖기

• 어떤 이상의 상태를 목표로 일하는가

하는 존재론은 구성원 모두에게 매우 유익하다.

경제가치를 몸으로 체득하는 '신체지'의 본질은 과연 무엇인가? 이 본질을 몸으로 익히는 방법은 무엇인가?

사원들에게 이와 같은 존재론을 확인시킬 필요가 있다. 질 높은 대화와 실천행동을 통해 다음과 같은 다섯 가지 '신체지'를 스스로 획득케 하여 절대가치 영역에 도전해 나가도록 하는 것이 매우 중요하다.

① 근로 · 작업을 통해 대가가 얻어진다는 것

② 자사의 제품공급, 서비스를 통해 고객에게 기쁨을 준다는 것

③ 자사의 목표(mission)를 이해하는 것

④ 자신의 역할을 이해하는 것

⑤ 조직의 일원으로 또 사회의 일원으로 존재한다는 것'[113)]

이러한 기업론의 기본으로 나오는 절대가치 사항들을 조직 내의 각 멤버들이 스스로 자신의 것으로 체화(体化)해 나가도록 해야 된다.

---

113) 이사카와 야스오, 앞의 책, pp 95~100.

4. SECI 모델 활용, 조직풍토변혁

이와 더불어 제2장에서 논의되어 온 SECI 모델을 활용, 암묵지를 분류하여 조직풍토의 변혁을 실시할 수 있다.

앞에서도 논급되었듯이 개개인의 동기유발의 효과를 높이는 데는 관계되는 멤버들이 대상 업무활동을 위한 암묵지의 영역에 깊이 들어가지 않으면 아니 됨은 누구나 이해할 수 있다. 다시 말하면 여러 가지 은유적인 표현이나, 제스처 또는 비유적 표현을 다 활용함으로써 관계되는 멤버들을 자신의 암묵지 속으로 유인해서 끌어들여야 한다.

〈표 11〉 암묵지의 분류

암묵지의 분류	설명	예
과 정 지 (process)	언어로는 설명되지 않는 노하우, 스킬	공정, 제도
메타(meta)지	언어로는 설명되지 않는 멘털(mental)지	모럴, 신뢰관계
대 상 지	언어로는 설명되지 않는 대상, 지각 전의 대상과 지각이 필요하지 않은 자연에 내재된 원리	수학 등의 공식, 고유기술은 보편적 원리, 목표
실 천 지	언어로는 설명되지 않는 행동에 의해 얻어진 지식	지각 후의 지식, 경험지

출처 ; 이시카와 야스오, 창조지식경영, p 54, 애플트리태일즈, 조경덕 역, 2007.

그런데 〈표 11〉은 암묵지의 분류에서 확인된 대상지와 실천지(경험지) 및 메타지, 그리고 말로는 잘 설명이 되지 않는 논리적 분야의 스킬인 과정지 등은 창조력의 조직풍토와 변혁형 리더십에서 'SECI 모델의 암묵지를 활용, 조직풍토혁신' 에 유효하게 활용된다.

다시 말해서 〈표 11〉은 암묵지를 4가지로 분류했다. 여기서 '언어로는 잘 설명되지 않는 대상 즉 지각 이전의 대상과 지각이 필요하지 않은 자연에 내재된 보편적 원리' 를 의미하는 '대상지' 와 '언어로는 잘 설명되지는 않지만 행동에 의해 획득되는 '실천지' 와 '경험지' 를 체득하기를 계속 반복하여 실시하면 조직풍토혁신이 잘 된다.

처음에는 형식지에서 시작한다. 그 효과로 암묵지가 창출된다. 이 때의 암묵지는 대상지가 된다. 이 결과를 활용, 실천행동을 하면 실천지가 되는 것이다. 이 실천지로 형식지를 만들게 된다. 이와 같은 지식변환과정의 상향적인 사이클의 반복을 계속함에 따라 팀 또는 조직 내에서 모든 멤버들이 신지식을 공유하게 된다. 이러한 연속 과정에서 일어나게 되는 대상지에서 실천지로의 지식변환은, 사람들의 정서 분야인 '메타지' 와 이성과 논리의 분야인 '과정 프로세스지' 의 양쪽 분야에서 이루어지게 되는 것이다. 이러한 반복 과정의 실시에 따라 조직풍토가 변화 · 혁신된다.

이러한 방식은 매우 중요하므로 중도에 포기 또는 중단함이 없이 진행되어야만 조직풍토변혁이 일어나게 된다. 물론 현장 사정을 잘 아는 노조의 참여와 협조가 절대 필수적이다.

일련의 반복과정에서 일어나는 효과는 형식지로 기록된다. 진행되는 과정에 어느새

- 클레임 건수가 줄었다
- 불량이 줄고
- 매출이 올라
- 이익이 늘었다

는 결과가 나오게 된다.

진행 중에 SECI 프로세스에서 발생하게 될 수도 있는 여러 사안에 대한 후속 조치를 다 하면서 묵묵히 기다리는 지구력도 필요하다.

이러한 조직풍토변혁 및 지식변환 효과는 프로젝트 방식이나 사내 운동전개형의 어느 방식에서든 일어나게 되는 것이다. 어느 방식이든 조급한 생각은 버리고, 장기적으로 진행함이 유리하다.[114)]

구성원의 셀프리더십 육성의 중요성

이러한 효과 높은 과정을 지속적으로 실천하기 위해서는 구성원들의 '셀프리더십'을 길러나가야 한다.

조직풍토 혁신에 대한 H 컨설팅 P 대표의 제안

많은 리더들에게 있어서 조직 구성원 개개인과 커뮤니케이션을 하

114) 이사카와 야스오, 앞의 책, pp 119~120.

면서 업무를 하나하나씩 지도하며 구성원들의 행동변혁을 일으키는 일은 현실적으로 쉬운 일이 아니다. 그러므로 리더는 양호한 조직풍토를 조성하여 구성원들 개개인의 자발적 동기유발을 일으켜 좋은 성과를 스스로 높이도록 해야 한다.

기업의 가치를 향상시키는 가장 좋은 방법은 이와 같이 구성원들이 자발적으로 행동하는 조직풍토를 조성하여 구성원 개개인의 높은 동기를 유발시키는 것이다.

이에 관해 헤이그룹코리아 박기준 대표는 조직풍토란 첫째, 현장에서 일하는 것이 어떠하다고 느끼는 구성원들이 인식하는 의식과 둘째, 직무수행에 직접 영향을 미치는 업무 환경의 여러 측면을 의미한다고 한다.

여기서 창조적 조직풍토로 개혁하는 리더십의 6가지 요건이 나오는데

① 유연성(Flexibility)

② 책임 및 권한(Responsibility & Competency, Autonomy)

③ 목표수준(Standard)

④ 공정성(Reward)

⑤ 명확성(Clarity)

⑥ 조직몰입(Team Commitment)

의 6가지 차원에서 설명하고 있다.

〈표 12〉 창조적 조직풍토조성의 리더십 요건

유연성	• 조직구성원들이 조직 내에서 인지하고 있는 제약조건의 유무 • 업무수행을 가로막는 불필요한 규제, 절차, 정책, 관행들이 없는 정도(Bureaucracy minimized) • 새로운 아이디어가 쉽게 수용된다고 느끼는 정도(Innovation)
책임성 및 권한	• 조직구성원들의 책임에 부여된 권한이 많다고 느끼는 정도 • 상사로부터 모든 것을 체크 받지 않으면서 업무를 진행할 수 있는 정도(Autonomy) • 결과에 대해 책임을 져야 한다고 느끼는 정도(Risk taking)
목표수준	• 조직구성원들이 관리자가 성과를 향상시키고 최선을 다하는데 중심을 두고 있다고 생각하는 정도(Improvement) • 어렵지만 달성 가능한 도전적 목표가 조직과 구성원들을 위해 설정되어 있다고 믿는 정도 • 대충하는 것이 허락되지 않는 정도
공정성	• 성과를 기초로 그들이 어디에 위치하는지 아는 정도 • 조직구성원들이 훌륭한 성과에 대해서는 인정 및 보상을 받고 있다고 느끼는 정도 • 그 인정이 즉각적이고 성과의 수준에 따라 차별화 되어 있다고 느끼는 정도(Performance-Based Reward) • 인정과 칭찬이 위협과 비난보다 많은 정도(Recognition and Praise)
명확성	• 조직구성원들이 조직이 그들에게 기대하고 있는 것을 아는 정도 • 그 기대가 조직의 목표와 목적과 관련된 정도를 이해하는 것 • 조직의 비전과 그것을 달성한 명확한 계획을 알고 있는 정도(Mission and Direction)

명확성	• 조직이 명확한 구조, 직무에 대한 분명한 기대 및 역할, 효과적인 기능을 가지고 있는 정도 (Organization and Expectation)
조직몰입	• 구성원 모두가 동일한 목표를 향하고 있다는 믿음 • 조직에 속해 있음을 자랑스럽게 생각하는 것(Pride) • 필요하다면 더욱 혁신적으로 노력하게 되는 것(Dedication) • 조직구성원들이 동료를 좋아하고 신뢰하는 감정 (Congeniality) • 조직구성원들이 직무완수를 위해서 서로 돕는 정도 (Cooperation)

이러한 6가지 요건 중에서 조직풍토를 변혁하기 위해 제일 먼저 고려할 것은 '명확성' 이다. 조직구성원들은 자신이 무엇을 해야 조직에 기여할 수 있는지 명확히 알고 있어야만 조직풍토 변혁의 첫 번째 단추가 꿰어지는 것이다. 이렇게 되어야 다음으로 목표수준, 책임성, 공정성, 조직몰입의 순으로 조직풍토 변혁의 실천을 전개할 수 있게 된다.

그런데 담당 업무부터가 오늘과 내일이 다른 식이라면 이런 방법부터 고쳐 나가야 할 것은 자명하다.

물론 이런 과정에서는 유연성의 확보도 필요하다. 경영전략 실행에 있어서 조직풍토 변혁 요건의 6가지 요건들을 제대로 실천해 갈 수 있을 때 비로소 좋은 전략과 좋은 실행이 나올 수 있다.

많은 조직들이 나름대로 다양한 리더십을 육성하고 있지만 ;

• 조직 전략과의 연계성 미흡

• 불명확한 목적

• 불충분한 피드백

• 후속활동 미흡

등으로 인해 리더십 개발의 명확한 성과를 보여주지 못하고 있는 것이 사실이다.

창조력 높은 조직풍토 위한 리더십 육성

그런 까닭에 창조력 높은 조직풍토를 조정하는 리더 육성의 초점은 회사의 전략에 맞는 리더십 교육을 하여야 된다. 일례로 IBM의 리더십 개발과정을 보면, 1990년대와는 다른 새로운 인재상을 필요로 하는 2000년대의 변화된 요구에 맞게 매년 지속적인 리더십 개발과정을 진행하였다. 이러한 과정의 결과로 IBM은 기업 가치를 제고할 수 있다.

2006년 리더십 교육을 위한 설문조사 결과의 모범사례로는 ;

• 직원들이 최선을 다해 일을 할 수 있는 조직풍토를 조성하는 리더를 육성

• 리더십 개발을 조직의 최우선 과제로 인식

• 효과적으로 일할 수 있도록 개인과 리더십을 지원

• 중간관리자를 위한 외부 리더십 개발 프로그램 · 웹기반 자가 학습 등으로 정리할 수 있다.

반면 나쁜 사례로는 ;

- 모든 관리자에게 획일적으로 해병대 훈련 및 야간 행군 등 외부 활동 프로그램 실시
- 모든 관리자에게 서면 중심의 학습
- 실무자에게 실시하여야 할 직무체험
- 웹기반 자가 학습 등을 임원에게 실시한 예를 꼽을 수 있다.

그렇다면 조직풍토 변혁을 위한 리더십은 어떻게 조성될 수 있을까?

먼저 조직풍토 변혁을 위한 명확한 철학과 프레임워크 마련 및 이에 대한 이해가 필요하다. 일시적 또는 유행에 따른 것이 아니라 회사의 전략 전개에 맞는 리더십을 확인할 수 있는 틀이 제공되어야 한다. 그리고 이 프레임워크에 따라 현재 조직풍토에 대한 정확한 진단이 가능해야 한다.

자발적 · 자기 주도적 개발이어야 한다. 리더십 개발에 대한 리더의 강한 동기유발이 먼저 일어나야 한다. 변혁이 자기 주도적(Self-directed)으로 이루어지지 않으면 조직풍토의 혁신 · 개선은 있을 수 없고 결국 좋은 성과로 이어질 수 없음은 자명한 일이다.[115]

앞에서도 사례로 살펴본 한국전기초자 또는 동희오토를 거듭 생각해 보게 된다.

이러한 조직풍토를 조성하자면 구성원들의 셀프리더십 육성 대책

115) 박기준, 리더십, 이제는 조직풍토다, 경영계 2007년 3월호, pp 24~25, 한국경총.

도 포함되어야 한다.

5. '경영윤리' 실천의 과제

지금까지 논의해온 조직풍토의 변혁에는 경영윤리가 이루어져야 바람직한 조직풍토를 이루게 된다.

여기서는 '윤리경영'과 '경영윤리'의 용어를 혼용하기로 한다. 이 윤리경영은 앞에서 살펴본 바와 같은 SECI 모델의 활용이나 조직풍토의 혁신에도 깊은 관계가 될 정도로 불가분한 것이다.

우리 기업 경영계에서 기업윤리가 거론되기 시작한 것은 1980년대부터라고 할 수 있다. 그런데 20여년의 시간이 흐른 오늘날에도 윤리경영 실천의 문제가 제기된다.

2005년 한국기업경영학회 하계 세미나에서 윤리경영 실천의 문제점으로 제기된 내용을 제시하면 다음과 같다.

첫째, CEO가 행동준칙의 모범이 되고 그것을 부각시켜야 하는데 최고경영자는 예외라는 것

둘째, 단기적 손해는 미래를 위한 투자로 생각해야 하는데 단기적 성과로만 고려한다는 것

셋째, 행동준칙 위반 행위는 부끄러워하는 분위기여야 하는데 윤리의 기업문화가 불충분한 것

넷째, 윤리강령은 지키기로 합의한 내용이어야 하는데 합의가 없는

윤리강령을 선포, 계속 실천하는 노력이 없음

다섯째, 윤리 수준 향상이 경영목표가 되어야 하는데 경영계획에 윤리요소가 포함되어 있지 않음

여섯째, 못 팔아도 윤리를 굽히지 않았으면 상을 주어야 하는데 윤리를 굽혀서라도 팔아라 함[116)]

기업윤리, 조직풍토에 관련되는 여러 측면은 아래와 같이 다양하다.

① 대 주주관계

② 대 구성원(노조포함)관계

③ 대 소비자 · 고객관계

④ 대 공급자 및 협력회사관계

⑤ 대 경쟁자 관계

⑥ 대 정부, 지역사회 및 환경관계 등등 그야말로 다양하다.

그래서 경영윤리에 어긋나는 기업행동은 이러한 각 이해집단의 불신감, 반발, 저항, 협력으로부터의 이탈 등을 불러일으키기 쉽다. 이를 위해 지켜야할 경영윤리로서 중요한 것을 살펴보면 다음과 같다.

첫째, 강제적 능률향상을 위한 노동 강화를 피할 것

둘째, 인사에 정실을 배제하고 객관적 공정을 기할 것

셋째, 공사혼동의 금지

넷째, 인간성을 중시하여 개인의 존엄성을 손상시키지 말 것

---

116) 이종영, 우리나라 기업의 윤리경영의 문제점과 대응방안, p 30, 2005년 한국기업경영학회 하계정책세미나, 한국기업경영학회.

다섯째, 공해 등의 사회적 비용을 언제나 고려할 것

여섯째, 과대 선전으로 소비자를 속이지 말 것

일곱째, 품질의 부당한 표시나 몰아내기 식 판매 등의 불공정 거래를 하지 말 것

여덟째, 결산의 분식으로 이해관계자를 기만하지 말 것

아홉째, 사회복지에 공헌할 것[117)]

르노삼성차 사장, "한국 자가차 생산기지 매력 잃고 있다"

장마리 위르티제 르노삼성자동차 사장은 2007년 6월 27일 저녁, 경남 남해군 힐튼리조트에서 열린 'SM5 뉴 임프레션' 발표회에서 "한국 자동차산업의 위기가 심각한 수준"이라고 경고했다.

"한국 자동차 산업은 가격경쟁력에서조차 일본에 따라잡히기 시작했다."

장마리 위르티제 르노삼성자동차 사장은 27일 저녁 경남 남해군 힐튼리조트에서 열린 'SM5 뉴 임프레션' 발표회에서 가진 동아일보 석동빈 기자와의 인터뷰에서 '한국 자동차 산업의 위기가 심각한 수준'이라는 메시지를 던졌다.

그런데 한국 자동차업계의 노사 문제와 고임금, 저생산성 문제가 해결된다면 세계 자동차시장에서 큰 영향력을 미칠 수 있을 것으로

---

117) 우라베 구니요시, 경영학사전, p 158, 中央經濟社, 도쿄, 1980.

내다봤다. 특히 르노 삼성의 '현주소'에 대해서는 자신감을 보였다.

■ 한국 자동차 산업의 경쟁력을 어떻게 보십니까?

"지금까지는 크게 나쁘지 않았습니다. 그러나 고임금과 낮은 생산성, 환율 등으로 인해 급속히 경쟁력을 잃어가고 있어요."

위르티제 사장은 르노 삼성이 한국에 진출한 2000년 경에는 한국에서 자동차와 부품을 생산하는 것이 대부분 유리했지만 이제는 한국과 일본의 생산비가 거의 비슷해지고 있다고 진단했다.

"일본은 한국에 비해 임금이 높지만 그 이상으로 생산성이 뒷받침되고 있어 부품 단가는 비슷하기 때문입니다."

■ 어떤 문제가 가장 심각한가요?

"한국과 일본의 부품업체를 놓고 생산 회사를 저울질하는 경우가 점차 늘어나고 있습니다. 부품의 질도 일본이 높습니다."

실제로 르노 삼성은 최근 브레이크 캘리퍼의 납품업체를 한국에서 일본으로 바꾸었다. 일본 부품업체에서 만들어 오는 것이 더 싸고 품질도 좋기 때문이다. 캘리퍼는 관세와 물류 비용을 포함해도 일본에서 들여오는 것이 10% 이상 저렴한 것으로 알려졌다.

■ 한국 자동차 산업의 문제점은 무엇인가요?

"부품을 포함한 자동차의 전반적인 생산비용이 일본 수준에 접근하고 있는 상황에서 임금은 계속 올라가고 있지만 생산성은 크게 개선되지 않는 것이 가장 큰 문제입니다.”

임금 역시 한국이 아직까지는 일본에 비해 낮지만 머지않아 비슷해질 것이라는 전망도 내놨다.

“일본의 임금은 거의 정체상태인 데 반해 한국은 평균 6%가 오르고 있습니다. 그러나 생산성은 제자리걸음을 하고 있어 4, 5년 뒤면 전반적으로 한국의 생산비가 일본과 비슷해질 것으로 보입니다.”

:: 자동차 생산기지로서 한국의 미래는 어떻게 보십니까?

“이건희 삼성그룹 회장의 ‘샌드위치론’을 자동차 산업에도 적용할 수 있습니다. 앞으로 기술력이 필요한 부품은 일본에서 저가(低價) 노동력이 필요한 부품은 중국에서 사다 쓰는 샌드위치 상황이 될 수도 있다는 것이죠.”

르노의 저가 차종인 ‘로간’의 개발을 주도한 그는 “한국에서는 로간 같은 저가 차종을 생산할 이유가 없다”며 “중국, 동남아시아, 동유럽 등 한국과는 비교할 수도 없는 저임금 근로자들이 일하는 공장에서 만들어야 가격경쟁력을 갖출 수 있다”고 덧붙였다.

이는 한국이 더는 저렴한 자동차 생산기지로서의 장점은 없다는 뜻이기도 하다. 실제로 현대자동차와 GM대우자동차 등도 수익이 많이 남지 않는 저가 차종은 중국과 인도 등으로 생산지를 옮기거나 이전을 추진 중이다.

■ 르노 삼성차의 미래는 어떻게 보십니까?

"자동차 생산지로서 한국의 매력은 과거보다 떨어지고 있지만 르노 삼성은 안정적인 노사관계에다 조립품질이 르노-닛산그룹의 어떤 공장보다도 높은 수준의 경쟁력을 갖추고 있습니다. 르노 삼성은 국내 자동차업체 중 유일하게 노조가 없는 회사이기도 합니다."

실제로 르노 그룹은 한국 투자에 적극적이다. 2008년과 2009년 전체 투자금액 중 20%를 한국에 쏟아 부어 중형차 이상의 차종을 생산하는 핵심기지로 활용하고 차종도 지금까지 닛산의 브랜드에서 르노 브랜드로 점차 옮겨갈 계획이다.

위르티제 사장은 "한국 자동차의 품질이 좋아지고 있는 데다 근로자들의 수준도 높아 노사관계와 고임금, 저생산성 같은 문제만 해결된다면 세계 자동차시장에서 큰 힘을 발휘할 저력이 아직은 남아 있다"고 말을 맺었다.[118]

"최고가 아니면 살아남지 못한다"

〈하이브리드 카와 렉서스 제작 조직풍토의 사례〉

쉼 없이 도는 '도요타의 심장' 다하라 공장

2007년 6월 28일 오후 일본 아이치(愛知)현 다하라(田原)시 외곽의 도요타 다하라 공장.

118) 석동빈 동아일보, 2007년 6월 30일.

세계 최강 도요타 자동차의 모든 노하우가 집약돼 있는 '베일의 공장' 이다. '도요타 경쟁력' 의 양대 원천인 '렉서스' 와 '하이브리드' 의 결합이 이뤄지는 곳이기도 하다. 렉서스 브랜드 중 최상 등급인 LS시리즈 생산공장이 외부에 공개된 것은 이날이 처음이다. 도요타가 세계에 자랑하는 최첨단 친환경형 하이브리드 엔진을 렉서스의 최상 등급인 LS에 탑재한, 도요타의 표현에 따르면 '환상의 차' 인 'LS600h' 도 한 달 전부터 이곳에서 만들어지고 있다.

그러나 "명색이 도요타의 최첨단 공장인데, 종업원이라 해야 얼마나 될까"했던 예상은 처음부터 깨지고 말았다.

"하메코미 요시(끼움 상태 양호), 보루토노 시메코미 요시(볼트 조임 상태 양호)."

종업원 950명이 2교대로 숨가쁘게 돌아가며 하루 670대의 렉서스를 만들어 내는 조립 공정. 20대 중반의 젊은 종업원들이 차체 앞부분의 헤드라이트 램프를 끼워 맞춘 뒤 옆에서 보고, 엎드려 보고, 만져보며 큰 소리를 지른다. 각 종업원의 뒤에는 서류철을 손에 쥐고 '기능수련사보' 란 글자가 새겨진 모자를 쓴 2인조가 서있다. 기능공들의 움직임 하나하나를 꼼꼼히 살펴보고 있는 것이다.

조립이 끝나고 최종 출하 직전에 이뤄지는 품질관리 공정. 세계 최첨단의 로봇이 1초에 1300장의 사진을 찍어 차체의 이음새 부분, 외장을 전면 분석하고 있었다. 또 배출가스 검사를 1초 안에 완료했다.

이것으로 끝나는 게 아니었다. 결국은 사람이었다. 4000여 개 항목을 200여 명이 동원돼 검사한다. 무라마쓰 모토야스(村松基安) 품질관리 부장은 "최종 품질관리는 도요타의 일반 공정보다 사람 수로는 두 배, 항목 수로는 1.5배"라며 "여기서 만드는 '무결함 렉서스'가 도요타를 세계 최고로 만든다"고 말했다.

디지털 기능으로 안 되는 엔진, 금형검사 결국은 사람, 성능 최종 점검은 장인담당

이뿐 아니다. 바로 옆 엔진 공정. 최종 점검은 한 40대 후반 숙련공의 '귀'에 달려 있었다. 엔진을 최대로 출력시킨 뒤 귀에 꽂은 리시버를 통해 엔진소리를 듣고 제대로 만들어졌는가를 판단하는 것이다. 정상 여부 판단에 걸리는 시간은 불과 10초 남짓. 금형의 마무리 상태를 확인하고 18개 색채의 빛을 번갈아 비추며 차체의 흠을 최종 확인하고 있는 것도 장인들이었다. 이와세 다카히로(岩瀨隆廣) 공장장은 "장인에 의한 최종 점검은 렉서스 공장에서만 채택하고 있다"며 "디지털 기능으로는 안 되는 것을 인간의 감성과 장인기술을 통해 더욱 정교화 한다"고 말했다.

도요타의 렉서스 공장을 지탱하는 원동력은 결국 '사람'이었다. 도요타는 LS를 생산하기 시작한 2006년 9월부터 이 공장에 장인 제도를 도입했다. 10개 공정에 장인 1명씩을 두고 그 밑에 기능사보 40명, 1급 기능사 300명, 2급 기능사 600명, 3급 기능사 1800명 식으로 배치했다. 신입사원에게는 한 손에 골프 공을 두 개 쥐고 방향 바꿔 돌리기를 시키는 등 감각 향상을 위한 교육도 이뤄진다. 또 한 번 장인으로 선정되면 계속 이어지는 게 아니라 4개월에 한 번씩 전원 재인증을 받아야 한다. 여기서 탈락되면 3급 기능사로 전락할 수도 있다. 물론 누구도 불만이 없다.

도요타는 아직 최고가 아니다

가와키타 다쓰야(河北達也) 엔진제조부장은 "최고가 되지 않으면 세계에서 살아남을 수 없다는 치열함이 있다"며 "장인 타이틀은 하나의 꿈"이라고 말했다. 렉서스의 이같은 치열함은 도요타를 영업이익 2조 엔, 순이익 1조 5500억 엔의 세계 최고 자동차 회사로 키우는 밑거름이 됐다. 그러나 도요타는 여전히 만족하지 않는다. 지난달 신차발표회장에서 와타나베 가쓰아키(渡邊捷昭) 도요타 사장은 이렇게 말했다. "도요타는 아직 최고가 아니다. 여전히 발전 단계에 있다."[119]

119) 김현기, 쉼 없이 도는 '도요타의 심장'… , 중앙일보, 2007년 6월 29일.

Chapter 4

FTA 시대 노사융화의 문화

1. 노사문화의 일반적 특성

제3장 창조의 조직풍토와 변혁형 리더십에서도 논급되었지만 일반적으로 노사관계 · 노사문화와 조직풍토는 표리의 관계가 된다. 특히 우리나라와 같이 강성노조의 영향력이 큰 경우는 조직풍토가 노사관계의 직접적인 영향을 받았던 것이 저간의 실정이었다.

일반적으로 노사관계(industrial relations, labor-management relations)란 기본적으로는 기업의 경영자와 근로자 또는 경영자와 노동조합과의 상호관계를 의미한다. 그러나 노사관계에 정부가 법규로 규제하는 상황에서는 기업과 노동조합에 관련되는 정부와의 3자간의 상호관계로 넓어진다. 협의의 노사관계제도에는 노동조합, 단체교섭제도, 중재제도(arbitration), 기업 내 고충처리제도 및 노사협의제도[120] 등이 구미 선진국의 일반적 노사관계 법제가 관계된다. 우리나라에는 일본과 같이 근로기준법이 따로 설정돼 있고 노동조합 및 노동쟁의조정법과 노사협의법이 설정돼 있으며 노사정원회도 설치되어 있다. 이러한 노사관계에서 앞서 논한 후자인 경영자와 근로자와의 관계는 레이버 매니지먼트 리레이션즈, 전자인 경영자와 노동조합과의 관계를 인더스트리얼 리레이션즈라고도 한다. 전자인 경영자와 근로자 관계는 개별적 노사관계인데 후자인 경영자와 노동조합의 관계는 집단적 노사관계이다.

한국의 노사관계 발전 방향

여기서는 노사문화와 노사관계의 용어가 같은 것으로 보아 혼용한다.

우리나라의 경우 근로자 수나 기업체 수가 양적으로는 개별적 노사관계가 집단적 노사관계보다 훨씬 더 많지만 임금수준 등의 근로조건은 강성 노조가 지배하는 집단적 노사관계의 영향이 개별적 관계에 즉각 반영되는 경우가 많다. 결국 고임금 압박의 강성노조와의 관계가 지속되는 상황에서이다.

상기한 두 가지 노사관계에서 어떤 관계이든 '가부장권' 을 근거로 하는 '가부장적 노사관계' 나 '사용자의 권위주의와 온정주의' [121]로 흐르지 말게 하는 것이 중요하다.

---

120) 우라베구니요시 편저, 경영학사전, p 634, 中央經濟社, 1980, 도쿄.

121) 신유근, 한국의 경영, pp 627~658, 박영사, 1992.

그래서 21세기 FTA 시대의 오늘날에는 쌔턴시스템의 '노사파트너십' 을 추구하거나 또는 파산 위기의 한국전기초자를 재건한 서두칠 사장의 변혁형 리더십처럼 '가부장적 노사관계' 는 물리쳐야 한다.

노사융화의 SECI 모델 활용 가능한 노사융화의 문화

우리 노사관계는 1987년 민주화 이후 신생 · 강성노조가 다수 출현, 활동하게 되었다. 그런데 강성노조일수록 노사 간의 파워가 노조 쪽으로 기울어져 생산성이 떨어지는 반면 임금은 지나치게 올라가게 되었다. 결국은 〈그림 1〉 우리나라 국가경쟁력 및 노사관계생산성순위 추이에서 확인되듯이 우리의 생산성과 경쟁력이 세계 최하위로 떨어졌다. 이러한 악조건에서 특히 ① 외국인들의 투자 기피, ② 산업공동화 심화, ③ 비정규직문제 등 일자리 문제, ④ 기성인 및 대졸 실업 문제 등이 연속 제기되어 왔다.

그런데 2007년에 들어서는 7월 말까지 노조들에서 '항구적 무파업' 등을 440여 노조에서나 선언하였고 또 우여곡절 끝에 현대차도 9월 초 무파업으로 임단협을 합의함에 따라, 생산 현장의 생생한 정보를 노사 간에 기탄없이 교환할 수 있는 분위기가 이루어지게 되었다고 본다. 이러한 노사 간이 직접 참여하여 살아있는 정보가 교환되어야 가능한 창조력 높은 생산성을 증대케 할 노사융화의 SECI 모델을 활용하는 노사융화의 문화를 거론하게 된 것이다. 후술하는 부채 4,700억으로 퇴출 1호로 꼽히던 한국전기초자가 혁신 1년 7개월 만에

307억의 흑자를 기록한 것처럼 우리 모두 이 융화의 SECI 모델을 활용해내자.

거듭 강조하지만 제2장에서 후술하는, 창조력을 일으키는 SECI의 프로세스를 우리 모두 노사융화의 정신으로 활용케 해야한다.

FTA 시대를 살아야 하는 해빙(解氷), 융화의 노사문화가 이룩되기 시작하고 있다. 이러한 한편 그렇지 못한, 동토에서 해빙을 준비하는 노사문화가 공존하는 실정이다. 그의 현상을 살펴보기로 한다. 그리고 외국 우량 기업 노사문화인 도요타, GM쌔턴, BMW의 노사관계도 개략 살펴보기로 한다.

2. 해빙, 융화(融和)되는 노사문화

노사생산성은 낮은 고임금의 노사문화와, 대표되는 높은 생산성의 사례

현재로서는 극히 일부의 우량 기업을 논외로 하고서는, 지난 90년대부터 10여 년간 우리나라는 생산성보다 높은 임금수준이 지속되고 있다. 열악한 노사문화와 조직풍토가 이어져 오는 상황이 지속되는 것이다. 제1장에서도 확인되었듯이 노사관계생산성이 세계 55개국 중에서 가장 낮은 수준이다.

그런데 일부의 높은 생산성을 올리는 노사문화와 조직풍토의 기업도 있다. 동희오토는 기아자동차의 60~70% 수준의 낮은 임금으로 기아차보다 3배의 생산성을 올리고 있다.

또한 노사문화와 조직풍토의 변혁으로 퇴출대상 1호의 한국전기초자가 3년 만에 흑자를 내게 된 기록도 남기고 있다. 그렇기는 하나 아직은 높은 생산성을 올리지 못하는 노사문화와 조직풍토의 기업들이 많다. 그래서 이미 확인되었듯이 세계 55개국 중에서 맨 밑바닥을 기록하는 노사관계생산성이 지속된다.

그러나 기대와 희망을 크게 갖도록 하자. 높은 생산성을 내는 기록과 또한 기사회생해서 흑자를 내는 사례를 먼저 살펴보고 2007년 영구무파업을 선언한 예를 알아보자.

기아차보다 3배 생산성의 동희오토, 임금은 60~70%

그런데 기아차의 자(子) 회사인 동희오토 등이 높은 생산성의 노사문화 · 조직풍토에 해당한다. 그러나 기아차 화성공장과 같은 예는 높은 생산성은 의식하지 않고 있는 경우이다. 동희오토는 기아차가 35%, 자동차 부품업체 동희산업이 65%씩 출자해 만든 국내 유일의 완성차 위탁생산업체이다. 임금은 기아차의 60~70%인 동희오토의 1인당 차 생산성이 174대로 높은 기록을 보이면서도 노조는 '파업을 벌이는 대신 일감을 늘려 근로자 손에 들어오는 실수입을 늘리는 실리주의'를 택하는 노사문화의 조직풍토이다. 이에 비하여 기아차는 1인당 62대의 생산성에 머무르는 낮은 기록을 보이는 조직풍토의 노사문화가 되고 있다. 기아차와 노조는 혁신되어야 한다.

노조가 바뀌지 않는 한 기아차가 사는 길은 제2, 제3의 동희오토를 만드는 길 뿐이다.[122]

노사문화 조직풍토 변혁의 리더십 <사례>

1997년 6월 총부채 4,700억 원, 부채비율 1,114%로 세계적 컨설팅 회사인 부즈알렌 해밀턴마저 퇴출대상 1호로 선언한 한국전기초자의 조직풍토를 서두칠 사장의 변혁형 리더십으로 흑자 회사로 변혁시켰다. 1999년 초 매출액이 1년 7개월 만에 2,377억원에서 4,842억원으로, 600억원의 적자에서 307억원의 흑자로 변했다.

퇴출대상 1호인 한국전기초자에 부임한 서두칠 사장이 부임 초 구조조정으로 내세운 것은 다음의 7가지 사항이다.

1. 기계 설비 라인의 구조조정
2. 제품의 구조조정
3. 금융의 구조조정
4. 노사관계의 구조조정
5. 인력의 구조조정
6. 기술의 구조조정
7. 사고방식의 구조조정

이에 이어서 서 사장은 1998년 노사대표협상테이블에서 다음 6개 사

122) 사설, 1인당 車생산 기아차 62대, 동희오토 174대, 조선일보, 2007년 5월 22일.

항의 합의를 보았다.

첫째, 어떤 상황에서도 해고하지 않는다.

둘째, 1시간 일하고 30분 쉬는 것을 2시간 일하고 10분 쉬기로 바꾼다.

셋째, 임금은 현 수준에서 동결한다.

넷째, 간부는 365일 전일 근무제, 생산직 사원은 휴가를 반납한다.

다섯째, 퇴직금 누진제는 폐지한다.

여섯째, 노조 전임자수를 7명에서 3명으로 줄인다는 것이 모두 노사협상에서 합의되었다(제3장 참조).

단체협약내용 혁신으로 조직풍토 변혁

이는 바로 노조와 단체협약을 혁신하여 노사문화와 조직풍토를 변혁적으로 바꾸어 혁신한 사례인 것이다. 일자리를 보장한다는 등의 조건은 여타의 노조측의 불리한 사항을 노조에서 받아들였던 것이다.

이와 같이 조직풍토를 혁신시켜 나가는 데는 각급 조직을 이끄는 리더의 리더십이 혁신적으로 변혁되어야 한다.

∷ **강성노조의 과거 과격한 관행에서 벗어나기** : 또한 노조도 전임자수를 줄임과 함께 노조의 성격이 변해야 한다. 한 예로 "노조 간부들은 '완장' 이나 '빨간 조끼' 로 폼을 잡으면서 '회사에 대항해서 투쟁해야 한다"는 저항의식에서 벗어나 조직풍토 개선요원으로 회사원인 조합원들에게 서비스하는 입장으로 변해야 한다.

'선 조업 후 타협' 방식의 '충분한 대화', '365일 현장의 대화', '조직 인사관리의 라인화', '사원들의 자율성 제고' 대책을 세워 나가는 데 앞장서자.

'산업현장의 변화-440여 노조 노사화합 선언'
융화의 노사문화정신의 발로-'春鬪(춘투) 사라진 봄'
잇따른 노조의 임금 동결, · '무파업 선언'

2007년은 그야말로 해동(解凍)이 시작되는 기록이 나타난 해이다. 조선업인 대우조선해양, 식품제조의 케이알디, 비엠엑스(전기제품제조), 지엔텍, STX엔파크, "노사 모두 살려면 앞으로 영원히 파업은 없다"고 선언한 SKC, 그리고 순익 1,300억의 회사인 한국바스프(강성의 노조가 3년 전에는 9일 간의 파업을 일으켰음) 여수공장에서 중국의 위협과 충격을 받은 노조가 "우리가 변해야 회사가 산다며 임금을 동결한 것"이다. 또한 특기할 사항은 강성 중의 강성인 코오롱 노조. 이 코오롱 노조가 '항구적 무파업'을 선언했으며, 역시 강성노조였던 쌍용차 노조가 임금교섭에서 올해는 파업 없이 진행키로 했다. 또한 포스코의 하역 및 운송 등의 5개사가 노사분쟁은 도시경제를 위축시킨다며 포철 5개 부문 한 가족 합동의 단합대회를 갖는 등 7월 말 현재 440여개의 노조들이 융화의식의 '항구적 무파업' 등의 '노사화합 선언' 했으며, 우여곡절 끝에 9월 초 현대차와 노조가 무파업으로 임단협을 끝냈다. 이에 따라 10여 년 지속되고 있는 고임금 저생산성으로 인한 경쟁력 저하의 압박 극복을 위한 노력에 노조들이 적극 참여하게 될 것으로 예상된다.

[이코노 카페]

형제기업 현대중공업과 현대차, 너무 다른 노사문화의 결과

"현대중공업이 외환위기 전인 1996년 제8, 9독(dock) 건설 이후 11년 만에 대규모 증설 투자와 이에 필요한 인력 확보에 나서기로 했다. 이번에 새로 짓는 제10독은 화물을 최대 100만 t급까지 실을 수 있는 초대형 선박과 프로젝트 한 건당 1조 원이 넘는 고부가가치 해양플랜트를 함께 만들 수 있는 다목적 독이다. 제10독에는 또 인양능력이 1600t에 이르는 세계 최대의 골리앗크레인도 설치된다."

이어 올해 하반기(7~12월) 공채 때는 500여 명의 인재 확보에도 나선다.

현대차, 울산에 '제10독' 짓는다(동아일보 2007년 8월 10일)고 알려진데 이어, 현대차는 증설에 맞춰 대규모 인력 충원(동아일보 2007년 8월 11일)하는 것으로 알려졌다.

현대중공업은 이같은 대규모 투자 계획을 사실상 확정하고, 조만간 이사회 결의를 거쳐 정식으로 발표할 예정이다.

현대중공업의 이번 투자 결정은 국내 경쟁 조선업체들이 중국 등 해외 투자로 선회하고 있는 것과 달리 국내에서 해법을 찾았다는 점에서 시사하는 바가 크다.

세계 1위 조선업체의 국내 잔류 투자 결정은 고용 창출, 기술 유출 방지 등 경제적 효과 못지않게 국민의 '자존심'을 지켜줬다는 점에서 충분히 박수 받을 일이라고 생각한다.

회사가 잘 돼야 나도 잘 된다

'직업병' 인지는 모르겠지만 이처럼 승승장구하는 현대중공업의 모습을 보면서 국내 1위 자동차 업체이면서 매년 노사분규로 홍역을 앓는 현대자동차를 떠올린다. 두 회사를 함께 출입하는 현장 기자로서 '한 배에서 나온 형제 회사 간에 같은 점, 다른 점이 무엇인지' 비교하게 된다.

현대중공업과 현대자동차는 놀라운 추진력, 세련되지는 않았지만 경영진의 근면 성실함 등 '문화적 DNA'는 크게 다를 바 없다. 그런데도 두 회사를 갈라놓은 최대 요인은 '노동조합'에서 비롯됐다는 것이 개인적 판단이다. 올해 임금협상에서 13년 연속 무(無)파업 진기록을 세운 현대중공업 노조와 사사건건 회사와 대립각을 세우며 '제로 섬' 게임을 벌이는 현대차 노조와의 차이에서 비롯되었다고 볼 수 있다.

현대중공업 울산조선소 입구에는 대문짝 만한 현판이 걸려 있다. '우리가 잘되는 것이 나라가 잘되는 길이며 나라가 잘되는 것이 우리가 잘될 수 있는 길이다'고 하는 것이다.

세계 1위 업체의 비결은 이처럼 '회사가 잘돼야 나도 잘 된다'는 실리적 노사관계에서 찾아야 할 것이다.[123)]

이러한 현대중공업의 발전은 온정주의 관리를 떠나 노사파트너십을 보이고 있는 후술하는 쌔턴사의 관리체계를 연상하게 된다. 물론 선박 등을 주로 건조하는 현대중공업과 자동차 메이커인 쌔턴사 및 현대차는 비즈니스의 내용이 다르다. 그런데 쌔턴 시스템에서는 노조를 인정하여 '노동조합도 경영층과 함께 경영에 참여케 함으로써 큰 성과를 낸다' 고 하고 있다. 쌔턴사의 경영방식 10계명을 먼저 음미해 보자.

쌔턴 경영방식의 10계명

1) 작업장에서 계획과 수행 및 통제를 동시에 하도록 하라.
2) 기획 · 엔지니어링 팀은 모든 권한을 쥐고 있는 곳이 아니라 지원부서이다.
3) 단순 · 반복 작업은 다능화의 직무순환으로 극복하라.
4) 작업수행 필요시간도 중요하지만 개개인의 능력과 특성에 따라 시간을 조절하도록 하여 고품질을 확보하도록 한다.
5) 모든 팀원을 고기능보유자로 직무수행을 하도록 한다.
6) 가능한 최대한의 기능훈련, 인간관계훈련을 제공한다.
7) 작업규정은 가능한 한 단순하게 한다.
8) 개별성과급제가 아니라 집단 성과급제를 실시한다.

---

123) 김창원, [이코노 카페] 형제기업, 너무 다른 노사문화의 결과, 동아일보, 2007년 8월 13일.

9) 기계 자체보다는 기술을 최대한 활용할 수 있는 인간-기술-시스템을 통합한다.

10) 노동조합도 경영층과 함께 경영에 참여함으로써 더 큰 성과를 낸다.

(이 쌔턴의 10계명에 대칭되는 과학적 관리기법의 10계명은 〈표 14〉 참조)

코오롱 노사 '항구적 무파업' 선언

강성 중 강성이었던 코오롱 노조. 이 코오롱 노사가 2007년 4월 12일 '항구적인 무(無)파업'을 선언했다. 동국제강, 에쓰오일 등의 전례가 있기는 하지만 대규모 제조업체 노조가 앞으로 영원히 파업이 없다고 선언하는 일은 극히 드문 일이다.

코오롱 배영호 사장과 김홍열 노조위원장은 이날 경북 구미시 코오롱공장 운동장에서 열린 창립 50주년 기념 체육대회를 마치고, 함께 무대에 올라 "노사 상호 간에 굳건한 신뢰와 협력으로 항구적인 무분규 사업장을 만들겠다"고 선언했다.

코오롱 노조는 2004년 64일간 장기 파업을 벌였던 대표적인 강성노조. 그러나 2006년 7월 새 지도부 출범 이후 민주노총을 탈퇴한 데 이어, 2007년 3월에는 임금동결을 회사에 먼저 제안하며 변신을 시도하고 있다.

포스코 및 외주 파트너 150여 사 '노사화합 선포식'

포스코 '노사화합' 선포식. 포스코에서 제공한 바에 따르면 포스코의 출자사와 외주 파트너업체, 운송 · 하역업체 등 150여개 업체 노사 대표가 2007년 3월 23일 포항 축구전용구장에서 열린 '노사화합 선포식'에서 손을 맞잡고 노사상생을 다짐했다. 포스코는 지난해 건설 노조의 불법점거 파업으로 큰 홍역을 치렀었다.

민주노총 소속 시큐리티코리아 노조도

2007년 4월 3일 오전, 인천국제공항 특수경비대 운동장에서 작지만 의미 있는 행사가 열렸다. 공항의 경비 · 보안 업무를 지원하는 시큐리티코리아 간부들과 노조원 100여 명이 돼지머리를 올려놓고 '안전기원제'를 함께 올린 뒤, "노사는 모든 일에 서로 화합 · 노력한다"는 결의문을 낭독했다. 이는 올 들어 221개 업체에서 열린 노사화합행사 중 유일하게 민주노총 소속 노조가 있는 회사에서 열린 것이다.

쌍용차 노조, '올해…파업 없이 진행'

2007년 4월 5일, 경기도 고양시 킨텍스(KINTEX) 서울모터쇼 현장에서도 보기 드문 장면이 연출됐다. 지난해 노조원들이 공장에서 먹고 자면서 사생결단식 파업을 벌였던 쌍용자동차의 최형탁 사장과 정일권 노조위원장이 함께 참석해 고용안정을 전제로 "올해 임금교섭을 파업 없이 진행하겠다"는 입장을 밝혔다.

이처럼 대통령 선거가 있는 해라서 올해 노사관계가 불안할 것이라는 당초 예상은 지금까지 보기 좋게 빗나가고 있다. 노조가 자발적으로 임금동결을 제안하는 사례가 잇따르고 극심한 파업을 겪었던 노사가 공개적으로 화합을 선언하고 있는 것이다.

섣부른 파업, 국민들로부터 완전 외면

이와 같은 노동계의 과거와 다른 기류는 극심한 분규를 경험했던 대기업들이 선도하고 있다. 코오롱과 GS칼텍스, LG필립스 LCD, 한국바스프 여수공장 등 대기업 노사는 최근 잇따라 임금동결에 합의했다. 그것도 모두 노조가 먼저 제안해서 성사된 일이다. GS칼텍스 노조는 2004년 20일간 파업을 벌이며 회장을 망신 주는 퍼포먼스까지 벌였으나, 올해에는 임금동결을 먼저 제안했다.

대형 사업장 노조가 파업을 자제하려는 움직임도 역력하다. 최근 파업 직전까지 가는 위기를 맞았던 서울메트로와 서울시 시내버스, 우리은행 노조는 모두 막판 극적인 타결을 선택했다. 서울시 시내버스 류근중 노조위원장은 "섣불리 파업했다가는 국민들로부터 완전히 외면당한다는 위기감을 노동계가 느끼고 있다"고 말했다.

파업 및 근로손실일수 큰 감소

이러한 결과, 파업과 근로손실일수가 큰 폭으로 줄었다. 2007년 들어 지난 4월 9일까지 발생한 파업은 13건. 2006년 같은 기간(20건)에 비해 35% 줄었다. 파업으로 인한 근로손실일수는 작년의 절반 이하로 떨어졌다. 노무현 정부 출범 이후 최저 수준이다. 반면 임금협상은 예년보다 훨씬 빠르게 진행되고, 인상률은 하향 · 안정되고 있다. 2007년 3월 말 현재, 근로자 100인 이상 6562개 업체 중 516개 사가 임금협상을 마무리해 7.9%의 타결률을 기록했다. 이는 작년(4.2%)보다 2배에 가까운 수치이다.

합리적 노동운동노선에 민주노총 가세

이런 변화는 '사회 개혁적 노동조합주의' 를 내걸고 합리적 노동운동을 선도해온 한국노총 이용득 위원장의 노선에 민주노총이 가세한데 따른 결과라는 분석이 많다. 걸핏하면 '총파업' 깃발을 내걸던 민주노총은 이석행 위원장 체제가 출범한 이후 강경투쟁 일변도에서 조금씩 벗어나고 있다. 한 · 미 FTA협상을 반대한다는 명분만으로 여러 차례 정치파업을 벌이던 작년과 달리, 올해는 협상이 타결됐음에도 '총파업' 의 깃발을 올리지 않았다.

하지만 노동계의 이런 분위기가 언제까지 계속될지는 6~7월 본격화되는 임금 · 단체협상을 겪어봐야 안다는 분석도 있다. 한국노총과 민주노총 모두 올해를 산업별교섭 정착의 원년으로 삼겠다고 벼르고 있기 때문이다. 산별교섭으로 전환하면 전국 단위의 산별노조가 협상을 진행하고, 다시 세부 협상을 개별 사업장에서 반복하기 때문에 노사 충돌이 빈번해질 가능성이 있다. 그때쯤이면 한국 노동운동이 한 단계 업그레이드할 것인지, 아니면 여전히 투쟁만을 고집하는 과거의 노동계로 되돌아갈지 결판이 날 것으로 보인다.[124]

확산되는 노사융화 · 화합의 춘풍

이밖에도 노사융화 · 화합의 춘풍(春風)은 사업장 단위 또는 지역 단위를 가리지 않고 순발력 높게 급속도로 확산되고 있다. 2007년 5월 현재 조선업인 대우조선해양, 식품 제조의 케이알디, 비엠엑스(전기제품 제조), 지엔텍, STX엔파크 등 300여개의 기업들이 융화의식의 '노사화합 선언' 을 통해 경영위기 극복을 위한 노력에 적극 참여하고 있다.[125]

3. 동토의 해빙 준비하는 노사문화

원가절감 노력은 안하고…이러다 수입차가 더 싸질라!

원가절감의 노력이 결실되어 제품의 값을 내리기 위해 온갖 노력을 다하는 '마른 수건도 짠다' 는 옛말이 있다. 이런 뜻으로 일본에서는 '가이센(改善)' 을 활용한다. 도요타의 예로는 '가이센' 과 세계적으로 알려진 'JIT(져스트 인 타임)' 등이 복합된 효과로 TPS(도요타생산방식)이 또한 세계적으로 활용된다. 이러한 도요타에서는 제4장의 SECI 프로세

---

124) 조중식, 春鬪 사라진 봄…, 조선일보, 2007년 4월 13일.

125) 이동응, 화합의 바람, 경쟁력 강화의 초석, 경영계, 2007년 5월 호, pp 8~9.

스에서 후술하듯이 사원 1인이 연평균 10건에 가까운 제안을 하며 이 중 대부분이 어느 모로든 회사에 채택되어 활용된다는 것이다. 모든 사원이 참여하는 생산원가의 절감의 노력이다.

외제차 가격은 내리고 또 내리는데 국산차는 올리고 또 올리고…, 수입차는 3000만원대 도입이 잇따르는데…, 국산차는 신 모델 나오면 가격이 올라간다.

가격이 비싼 수입차는 값을 내리고, 상대적으로 저렴했던 국산차는 가격을 올리는 '가격 반전(反轉)' 현상이 벌어지고 있다.

최근 수입차 업체들은 시장 확대를 노리고 값을 내리거나 중저가 모델을 잇달아 도입 중이다. 반면 국산차는 부분 변경 모델을 내놓고도 100만~200만원씩 값을 올리고 있다. 국산차는 고급 · 대형화에 주력하고, 수입차는 중저가 차로 판매차종을 확대하면서 양쪽 진영이 가격으로 맞붙는 경우가 늘고 있다.

프리미엄급 수입차, 3000만원대 차량 속속 투입 : BMW · 아우디가 최근 3000만원대 모델 도입을 결정했다. 메르세데스벤츠가 2007년 4월 3690만원짜리 중소형 해치백 '마이B'를 내놓은 데 따른 것이다.

BMW코리아 김효준 사장은 2007년 7월 8일 "중소형 해치백(뒷문이 위로 열리는 차)인 1시리즈를 국내에 투입해 시장을 확대하는 방안을 검토 중"이라며 "가격대는 윗급 모델인 3시리즈와 가격차를 감안해 3000만원대로 책정될 것"이라고 밝혔다. 1시리즈는 유럽에서 일반 해치백

보다 한 급 높은 '프리미엄 해치백' 으로 팔린다.

아우디도 2008년에 중소형 세단 A4의 아래 모델인 해치백 A3를 국내에 도입키로 결정했다. 아우디코리아 트레버 힐 사장은 "국내 판매가격은 3000만원대 후반이 될 것"이라고 밝혔다.

또 폴크스바겐코리아도 "2008년에 신형 SUV 티구안(Tiguan)을 3000만원대 후반에 선보일 계획"이라고 밝혔다. 폴크스바겐이 자랑하는 2리터 TDI 디젤엔진을 장착, 성능 · 경제성이 뛰어나다는 설명이다. 출시 이후 국산 SUV 시장도 일부 잠식할 것으로 예상된다.

사브도 2007년 10월, 중형 스포츠세단 9-3 신모델을 내놓고, 큰 폭의 가격인하를 단행한다. 사브 관계자는 2007년 7월 8일 "최고출력 210마력에 각종 안전장치 · 모니터까지 설치된 풀옵션 모델이지만, 기존의 동급보다 1000만원 가량 싼 3600만원대로 책정할 방침"이라고 밝혔다.

지프는 지난달 중소형 SUV 컴패스를 2990만원에 출시했다. 국내 싼타페 최고급형보다 싸다.

최근 BMW가 5시리즈 신모델의 값을 최대 1900만원 내린 데 이어, 아우디도 Q7 등 일부 차종에 한해 최고 650만원을 깎아주고 있다. 등록 · 취득세 지원에 6개월 무료주유권, DMB 네비게이션까지 10% 정도 깎아 파는 수입차도 늘고 있다.

:: 국산차 '신모델 = 가격인상' 이 공식 : 국산차는 여전히 신모델이 나올 때마다 가격을 올려 받는 게 공식처럼 돼 있다. 자체적인 원가절

감 노력을 통해 가격인상 요인을 흡수하는 대신, 이를 판매가격에 고스란히 전가, 반영하기 때문이다.

르노 삼성은 지난 6월 2일 SM5 부분변경 모델을 내놓으면서 구형보다 최고 200만원 값을 올렸다. 엔진이 바뀌긴 했지만 인상폭이 지나치다는 불만이 나오고 있다. 또 현대자동차는 최근 기존 싼타페 2.2보다 배기량이 작은 싼타페 2.0 모델을 내놓으면서 출고가격을 30만원이나 올려 소비자들의 비난을 샀다. 2.0은 특소세가 5%, 2.2는 10%가 붙기 때문에 가격이 크게 떨어져야 정상이지만, 세금 경감분을 자동차회사가 고스란히 가져간 것이다.

또 12일 출시 예정인 현대차의 유럽형 해치백 'i30'은 동급인 아반떼보다 100만원 정도 인상될 예정이다. 디젤 풀옵션은 2000만원을 넘어설 것으로 보인다.

배기량 · 파워가 더 높은 혼다의 시빅 1.8(2690만원)과의 가격차가 500만~600만원으로 좁혀진 것. 또 현대의 대형 SUV 베라크루즈는 최고급모델에 옵션을 모두 추가하면 차 값이 5033만원에 달한다.

산업연구원의 조철 연구위원은 "수입차의 브랜드 프리미엄을 감안할 때, 수입차와 국산차의 가격차가 20~30% 이내로 줄어들면 수입차를 선택하는 계층이 크게 늘어날 것"이라고 밝혔다.[126]

---

126) 최원석, 이러다가 수입차가 더 싸질라!, 조선일보, 2007년 7월 9일.

금속노련 '반 FTA 정치파업' 진행

사실은 FTA가 한 · 미 양국 국회의 인준을 받아 실시되면 우리의 자동차 산업이 유리하게 된다. 또한 이에 따라서 이 분야에 종사하는 사람들이 먼저 혜택을 보게 된다. 이러한 상황을 금속노련에서도 충분히 알고 있을 터인데도 금속노련이 정치파업을 하였다.

금속노련의 '반 FTA 정치파업' 진행에서 현대차 노조원들은 정치파업 반대의 행동을 분명하게 나타냈다. 산별체제에 대한 불만도 나타난 결과가 된 것이라고도 하게 된다.

그러나 이와 같은 정치파업의 파행적인 진행에 이은 현대차 12.7% 인상, 기아차 기본급 8.9% 인상 · 생계비 부족분 200% 요구하는 노사분쟁이 접속되고 있어서 주목된다.

이러한 민주노총 산하 금속노련의 활동에 관하여 한국노총 이용득 위원장은 "한국 노동운동 완전히 실패했다"고 다음과 같이 혹독하게 비판했다.

"한국 노동운동 완전히 실패했다"

2007년 7월 3일 한국노동연구원 주최로 서울 영등포구 여의도동 CCMM 빌딩에서 열린 조찬 강연회에서 이용득 한국노총 위원장이 한국의 노동운동 방식을 강하게 비판했다.

"한국 사회의 노동운동은 완전히 실패했다."

"한국의 노동운동 진영이 서구에서 50년, 60년 전 겪었던 싸움을 지금 벌이면서 스스로 잘한다고 착각하고 있다."

민주노총과 함께 한국 노동계의 양대 축을 이루고 있는 한국노총의 이용득 위원장이 2007년 7월 3일 한국의 노동계를 향해 거침없는 비판을 쏟아냈다.

이 위원장은 이날 서울 여의도 CCMM 빌딩에서 한국노동연구원 주최로 열린 '사람중심 경영 조찬강연회'에서 "한국 노동운동은 대중성을 상실해 세계 최저 수준의 노조 조직률로 전락했다"고 지적했다.

노조 조직률 10%선에서 '전투적 조합주의'

그는 대중성 상실과 함께 한국 노동운동이 실패한 근거로 노조의 '착각'을 꼽았다.

이 위원장은 "우리만 '전투적 조합주의'에 빠져 열심히 싸우다 보니 우리 노동운동이 '교범'이고 가장 잘하고 있다는 착각에 빠져 있다"고 말했다.

이어 그는 "다른 나라나 우리나라나 노조 조직률이 10%를 나타낸 적은 없다"며 "노동운동을 실패로 규정짓고 변해야 하는 당위성이 여기에 있다"고 덧붙였다.

한국의 노조 조직률(노조 가입 대상 노동자 대비 실제 노조 가입자 비율)은 2005년 말 기준으로 사상 최저인 10.3%이다.

이 위원장은 또 "20년 전 국민소득은 3000~4000달러였다. 올림픽이나 월드컵 하나 열지 못했던 20년 전 노동운동 기조가 지금까지 하나도 변하지 않았다”면서 “다른 목소리를 내면 변절자가 된다”고 말했다. 이같은 발언은 기업 친화적 태도를 보인다는 이유로 자신을 비판해 온 민주노총 지도부 등을 겨냥한 것으로 풀이된다.

FTA 최대 수혜자가 反 FTA 파업

이 위원장은 최근 한·미 자유무역협정(FTA) 철회를 요구하며 진행됐던 민주노총 산하 금속노조의 파업에 대해서도 “총파업에 들어갔지만 현장에서는 3000명도 참여하지 않는 것이 현실”이라고 쓴 소리를 했다.

그는 “FTA의 최대 수혜자가 왜 투쟁을 하나, 투쟁을 해야 하는데 쟁점이 없어 그런 것”이라고 비판하기도 했다.

이어 이 위원장은 한국 노동운동이 1987년 민주화운동 때 노동운동을 주도했던 ‘전투적 조합주의’에 머물고 있다고 진단했다.

‘투쟁’은 대화의 협상력을 높이기 위한 수단이 돼야 하지만 전투적 조합주의는 ‘전투’에만 초점을 맞춰 아예 합의에 이르지 못하도록 한다는 지적이다.

이 위원장은 또 “민주노총은 대의원 대회에서 정부와 협상은 아예 못하도록 한다”며 “투쟁거리가 없으면 뭐든지 만들어낸다”고 비판했다.

그는 외국인들의 눈에 비친 한국의 노동운동에 대해서도 우려를 표시했다.

중앙, 지방 및 기업별로 맞는 노동운동

이 위원장은 "현장 노동자가 동참하지 않는데도 외신은 한국이 총파업한다고 크게 보도했다"며 "2007년 6월 일본 방문 때 (외국 투자가에게) 한국 노동운동이 변하고 있으니 우려를 씻어 달라고 부탁했지만 그들은 외신에 난 것만 본다"고 우려했다.

이날 그가 강조한 새로운 노동운동 방향은 '사회개혁적 조합주의'였다.

그는 "이 방식은 대화와 협상을 기본으로 하고 기업과 사회에 필요한 노동운동"이라고 설명했다. 중앙 단위에서는 이 사회에 필요한 노동운동, 지역에서는 그 지역에 필요한 노동운동, 기업에서는 그 기업에 맞는 노동운동을 하자는 뜻이라고 덧붙였다.

그는 "노동계가 외자 유치도 하고 소년소녀가장도 챙기고 지역사회 발전 방향을 모색해야 한다"며 "노동운동이 사회운동으로 역할을 바꿔야 한다"고 말했다.[127]

노조 신뢰도 꼴찌

또 다른 한편 조선일보 2007년 9월 21일의 [만물상]에서 문갑식 논설위원은 '노조 신뢰도 꼴찌' 라고 평가했다. 그 내용을 음미해 보자.

'메리 해리스 존스는 철공소 노동자 남편과 네 자녀를 황열병(黃熱病)

127) 이은우 · 한상준, "한국노동운동 완전히 실패했다" 동아일보, 2007년 7월 4일.

으로 잃은 박복한 여인이었지만 위대한 노동운동가였다. 73세 때인 1910년 청소년노동법 제정을 요구하며 필라델피아에서 뉴욕까지 시위를 벌였다. 80대엔 탄광노조를 조직하다 감옥에 갇혔다. 미국 노동자들은 그녀를 '어머니 존스' 라 부른다. 평생을 남을 위해 살았을 뿐 아니라 노동운동을 하며 한 푼도 대가를 받지 않았기 때문이다.

"20년 동안 변한 것은 노동운동이지 내가 아니다." 1987년 현대중공업 전신인 현대엔진의 노조위원장을 지냈던 권용목 씨가 지난해 '새로운 노동운동' 을 내세우며 한 말이다. 민주노총 초대 사무총장이었던 그는 새 노동운동의 목표로 기업 살리기, 주체사상에서 벗어나기, 사회 발전시키기를 내세웠다. 그는 이 세 가지 목표가 몰락한 소련과 동구권 국가들을 3년 동안 돌아본 뒤 얻은 해답이라고 했다.

한국노동연구원이 시민 2000명에게 노사관계에 대한 인식을 물어 1989년 조사와 비교한 결과를 내놓았다. '노조가 경제 성장에 기여한다' 가 53%에서 16%, '사회 불평등 해소에 긍정적 역할을 한다' 가 69%에서 40%로 줄었다. 올해 신설한 질문 '어느 기관을 가장 신뢰하느냐' 에서 노조는 5.4%로 꼴찌였다. 시민단체가 41%, 언론 15.2%, 종교단체 12.2%, 정부 11.9%, 기업 7.2%였다.

노동연구원이 비교 시점으로 삼은 1989년의 노조 조직률은 25%였다. 현대그룹과 대우그룹 노조연합체인 현총련과 대노협의 기세가 등등하던 시대였다. '노사분규로 수출목표 690억 달러 달성이 무산됐다' 는 뉴스가 그해 10대 뉴스 6위였다. 그렇게 힘셌던 노조들의 오늘은 어떨까? 동아시아연구원이 지난 7월 실시한 25개 기관의 영향력과 신뢰도 조사에서 한국노총과 민주노총은 최하위권인 21위와 22위로 나타났다.

노조의 추락은 자업자득이다. 막강한 힘을 취직 장사로 청년 실업자 등치는 데나, 파업 안 하는 대가로 기업에게서 돈 뜯는 데 썼다. 노사관계 안정시킨다며 정부로부터 한 해 20억원 이상 돈을 받으면서, 평택 미군기지 이전에 끼어들어 죽봉(竹棒)을 휘둘렀다. 작년 말 노조 조직률은 10.8%까지 곤두박질쳤다. 이번 조사에서 시민들은 노조에 '투쟁보다 고용 안정에 힘쓰라' 고 했다. 이런 경고를 계속 거스를 때 10년, 20년 뒤 노조 모습이 어떨지는 뻔하다' 는 것이다.

현대 · 기아차, 쌍용차 및 도요타 본받기

이미 기아차 노조는 2007년 6월 27일 임금협상을 위한 쟁의행위 찬반투표 등을 포함해서 회사에 450억 원의 매출손실을 입히고 있다.[128)]

이러한 기아차 노조나 현대차 노조도 지난 2007년 4월 5일 파업 없이 임금교섭을 끝내겠다고 한 쌍용차 노조를 본받아야 할 것이다.

또한 임금교섭은 오래 전부터 회사에 일임해 온 도요타는 2003년 4월, 노사는 불협화음 없이 임금을 동결했다. 그 대신 흑자의 대가로

---

128) 최원석, 기아車 'FTA 파업' 끝나자 '임금파업', 조선일보, 2007년 7월 3일.

전 직원이 직급에 관계없이 7만 엔(당시 약 77만 원)의 일괄 상여금을 받았다. 한국 경제 주간지에 도요타의 임금동결 기사를 보도한 "도요타"의 필자에게 사람들은 '성과급 7만 엔이 정말 맞느냐'는 질문을 하곤 했다. 한국 현대자동차의 경우, 성과급이 수백만 원이 넘는 데 현대자동차보다도 이익이 많은 도요타가 겨우 77만 엔일 수 있느냐는 질문이다. 도요타 관계자는 "이익이 많이 나도 항상 위기라며 '마다마다(아직도)'를 외치는 경영층 때문에 근로자들이 다른 불만을 얘기할 분위기가 아니다"고 말했다.[129)]

도요타의 이익의 상당부분은 위기관리, 즉 연구개발에 투입되었을 것이며 이의 대표적 성과가 세계 최초의 하이브리드 카의 개발 및 미국 시장에서는 물론 세계 제1의 자동차를 생산하게 된 것이다.

이러한 도요타를 현대차와 기아차는 본받도록 해 나가야 할 것이다.

금속노련 정치파업, 현대차 노조원 60% 이상 불참, 산별체제 문제점 노출

이와 아울러 현대자동차 울산 현장 노조원들이 금속노련의 한 · 미 FTA를 반대하는 정치적 파업을 반대한다고 들고 나서서 적지 않은 사회적 관심이 일어나고 있다.

실제로 2007년 6월 28, 29일의 FTA 반대 파업에서는 현대차 노조

---

129) 김태진 · 조두섭 · 전우석, TOYOTA, pp 62~63, 위즈덤하우스, 2004.

집행부의 일방통행이 안 먹혔고, 노조원들로부터는 '집에 가는 것도 노조 허가 받아야 되나' 하는 빈정거림이 나오는가 하면 노조집행부에서는 '금방 집회 끝나요, 잠시만 협조해 줘요'[130] 하는 호소가 나오는 등, 산별노조체제의 문제점이 노출되기도 했다.

정치파업은 결국은 산별노조의 부작용만 드러내고 말았다. 금속노조가 출범한 뒤 첫 사업으로 벌인 이번 파업은 산별노조가 안고 있는 한계를 그대로 드러냈다. 황용연 한국경영자총협회 기획의전팀장은 "노조의 정치세력화를 위해 정치파업이 잦아질 것이라는 경영계와 학계의 우려가 이렇게 빨리 현실화될 줄은 몰랐다"고 말했다.

그런데 금속노조의 총파업 지침이 내려간 뒤 직접 고객을 상대하는 현대차 정비본부가 파업을 거부한 것은 여론을 무시한 쟁의행위에 조합원들이 염증을 느끼고 있다는 방증이다.

김정한 한국노동연구원 연구위원은 "이번 금속노조의 파업은 산별노조의 부작용을 한꺼번에 보여준 것"이라고 평가했다.[131]

금속노조 6월 말 총파업 지침에 현대차 노조 못한다

현대자동차 노조가 6월 말로 예정돼 있는 금속노조의 총파업에 참여하지 않기로 했다. 현대차 노조가 상급단체인 금속노조의 총파업

130) 이기원 · 김상진 · 김기찬, 현대차 노조 집행부 '일방통행' 안 먹혔다, 중앙일보, 2007년 6월 30일.

131) 이기원 · 김상진 · 김기찬, 현대차 노조 집행부 '일방통행' 안 먹혔다, 중앙일보, 2007년 6월 30일.

지침을 거부하기는 지난달 말 한·미 자유무역협정(FTA) 저지 총파업 5일간 일정 중 3일간 불참한 데 이어 이번이 두 번째다. 이로써 금속노조는 현대, 기아차 등 완성차 4개사의 참여로 '산별노조 재출범 원년'으로 삼은 올해 계획한 두 차례 파업에 모두 주력부대에 의해 브레이크가 걸려 세력이 크게 위축될 전망이다. 현대차노조는 금속노조 전체 조합원의 30%를 차지한다.

현대차노조는 2007년 6월 5일 "현대차 노사 간 임단협에 힘을 집중하기 위해 금속노조 차원의 이달 말 총파업 일정을 따르지 않을 방침"이라며 "조만간 대의원대회 등 의결기구를 통해 이를 확정키로 했다"고 말했다.[132]

현대차 조합원들 "노조서 막지 않으면 정상조업 하고 싶어"

파업 찬반 유인물의 대결

금속노조 현대차지부가 파업을 하루 앞둔 2007년 6월 27일 파업 철회를 호소하는 전 노조 간부의 유인물(왼쪽)과 파업 동참을 요구하는 유인물이 동시에 공장 내에 뿌려져 대조를 이루고 있다.

현대자동차의 생산라인은 이번에도 멈춰설까?

금속노조 현대차지부가 28일 오후 1시부터 파업에 돌입하겠다고 선언한 이후 회사 측은 정상 조업을 하겠다고 밝혀 생산라인 정지 여

---

132) 이기원, 금속노련 '6월 말 파업지침'에 … , 중앙일보, 2007년 7월 6일.

부에 관심이 집중되고 있다.

컨베이어시스템으로 가동되는 자동차산업의 특성상 30% 이상의 조합원만 파업해도 사실상 정상 가동이 불가능하다. 하지만 이번에는 현장 조합원들 사이에 반(反)파업 분위기가 팽배해 있어 결과를 쉽게 예측할 수 없다는 분석이 지배적이다.

:: **회사 "정상 가동"** : 현대차는 27일 윤여철 사장 주재로 열린 임원 회의에서 현대차지부가 파업을 벌이겠다고 밝힌 28일 오후 1시부터 4시간 동안, 29일 오전 10시부터 6시간 동안 생산라인을 정상 가동하겠다는 방침을 재확인했다.

26일에는 울산공장 9개 사업본부장이 "우리 삶의 터전인 현대차를 진심으로 위한다면 명분 없는 정치파업을 떨쳐 버리고 28, 29일 회사의 정상 조업에 참여해 달라"는 호소문을 발표했다.

회사 측이 노조의 파업 시간대에 정상 조업 방침을 밝힌 것은 매우 이례적이다. 회사 관계자는 "일부 조합원이 파업에 참여해도 대의원 등 조합 간부들의 방해만 없다면 전 공장에서 정상 조업이 가능할 것"이라고 내다봤다.

:: **노조 "생산라인 강제 정지"** : 현대차지부는 27일 오후 1시 열린 긴급 운영위에서 28, 29일 파업 돌입 방침을 재확인하는 한편 기물 파손 등 폭력은 자제하기로 결의했다.

현대차지부는 파업 참여율을 높이기 위해 대의원과 소위원 등으로 '생산라인 가동 저지 순회조'를 구성해 정상 조업이 이뤄지는 부서에

출동해 생산라인을 강제로 정지시킨다는 방침을 세웠다. 그러나 집행부는 현장의 반파업 분위기에 대해서는 상당한 부담을 느끼고 있었다. 한 간부는 "솔직히 특정 부서에서 대부분의 조합원이 정상 조업을 하겠다고 버티면 어쩔 수 없는 게 아니냐"고 털어놨다.

:: 파업 찬반 격론 : 4공장 소형트럭부 조합원 박모 씨는 27일 "이번 파업에 불참 의사를 밝힌 조합원이 절반 이상"이라며 "대의원만 막지 않는다면 정상조업을 하고 싶다"고 말했다.

2공장 조합원 강모 씨도 "벌써부터 '집에서 쉬겠다' 거나 '볼일을 보겠다' 는 조합원이 많아 이번 파업은 금속노조가 의도한 정치파업이 아닌 조기 퇴근에 불과하다"고 말했다.

반면 '생각 있는 조합원' 이라고 밝힌 조합원은 "자동차 시장이 개방되면 미국의 거대 판매 자본이 시장을 완전히 장악할지 모른다"며 파업에 찬성하는 글을 올리기도 했다.[133)]

현대차 노조원 "라인 중단 없을 것"

지도부 방침에 반기… 금속노조 총파업 무너져

민주노총 산하 금속노조의 '한 · 미 자유무역협정(FTA) 저지 총파업' 과 관련해 현대자동차 노조 지도부가 28, 29일 파업동참의사를 밝혔으나, 회사측과 노조원들이 25일 생산라인을 가동해 작업에 참여할

---

133) 정재락 · 윤희각, 현대차 조합원들 "노조서 막지 않으면 정상조업 하고 싶어", 동아일보 2007년 6월 28일.

뜻을 밝혔다. 이에 따라 현장에서 파업 참가를 독촉하는 노조간부들과 "명분 없는 정치파업 불참"을 주장해 온 현장 조합원들 사이에 '노(勞)-노(勞)' 충돌이 우려된다.

현대차 울산공장의 한 관계자는 "지난 20년간 매번 파업 때마다 노조 측의 강요나 위협에 의해 컨베이어 자동차 조립라인이 멈춰섰다"며 "이번에는 라인이 멈춰 생산이 중단되는 일이 없도록 모든 조치와 노력을 다하겠다"고 말했다.

회사 측은 이를 위해 26일 울산공장 윤여철 사장과 산하 각 부문 공장장 공동 명의로 "생산라인을 반드시 지켜내자"는 촉구 성명서를 발표하고, "현장의 전 근로자들이 불법 파업에 맞서 우리의 생산현장을 끝까지 사수하는 데 적극 동참해 달라"고 호소할 계획이다. 회사 측의 이같은 방침은 현장 조합원들이 노조 지도부의 파업방침에 적극적으로 저항할 것이라는 기대에 따른 것이다.

한편 최대 산별노조인 금속노조는 25일 현대자동차 지부가 불참한 가운데 '한 · 미 자유무역협정 비준 반대'를 명분으로 한 지역별 순회파업에 돌입했다. 금속노조는 당초 이날 전북 · 충청지역 41개 사업장에서 1만 4000여 명이 파업에 참가할 것이라고 주장했으나 실제로 참가한 곳은 캄코 등 17개 사업장에 그쳤다고 노동부는 밝혔다. 이런 추세라면 26~27일 수도권 · 영남권 부분 파업은 물론 28~29일 전국 파업에 참여할 사업장도 크게 축소될 것으로 예상된다. 이에 따라 금속노조의 총파업은 실패로 끝날 가능성이 높아졌다.

이상수 노동부 장관은 이날 한 라디오 인터뷰에서 "이번 파업에는 중간이나 사전에 공권력을 발동해 불법을 좌시하지 말자는 기류가 정부 내에 팽배해 있다"며 공권력 투입 가능성을 시사했다.[134)]

현대차 노조원들, 파업 거부 운동

금속노조 방침에 반발해 대자보 · 서명 돌입 노조 창립 이래 초유의 일… 지도부선 당황

현대자동차 노조 조합원들이 2007년 6월 25~29일로 예정된 금속노조의 일방적인 한 · 미 FTA를 반대하는 정치파업 강행 방침에 반발, '파업철회' 서명운명을 벌이는 등 본격적인 파업 거부 운동에 나섰다.

1987년 창립 이후 단 한 해를 제외하고 매년 파업을 벌여온 현대차 노조에서 현장 조합원들이 파업 거부 운동에 돌입한 것은 초유(初有)의 일이다. 이번 파업이 조합원들의 찬반투표도 거치지 않은 불법 파업인데다 현장 조합원들의 권익과는 동떨어진 정치파업이어서 참여하지 않겠다는 것이다.

현대차 울산공장 1공장 의장 1부 조 · 반장들은 이날 오전 총파업 반대서명운동에 돌입했다. "반원 가운데 이번 정치파업에 찬성하는 사람은 눈을 씻고 봐도 없는데, 노동조합이 파업하자고 주장하고 있으

---

134) 조중식 · 김학찬, 현대차 노조원 "라인 중단 없…", 조선일보 2007년 6월 26일.

니 뭐가 되겠는가"라고 서명운동의 이유를 밝혔다.

점심시간에는 의장 2부 이모 대의원이 3공장 식당 옆 게시판에 '총파업 철회'를 촉구하는 대자보를 내걸고, "조합원들의 권익과 직결되는 임·단협에 매진해야 할 시점에 금속노조의 정치파업에 들러리를 서려 한다"고 비난했다. 이 대자보는 오래 걸려있지 못하고 노조 현장조직원들에 의해 찢겨져 나갔다.

소재사업부 김모 대의원도 "금속노조 지도부의 정파주의에 농락당해 또 다시 정치파업으로 내몰리고 있다"고 비난하는 내용의 유인물을 울산공장 조합원들에게 배포했다.

이러한 파업 거부 움직임이 확산되자 조합원들의 지지가 쏟아졌다. 노조 홈페이지에는 "조합원의 뜻을 대변하는 진정 용기 있는 대의원"이라거나 "모든 인맥을 동원해 지지하겠다"는 등의 글이 잇따랐다. 한 대의원은 "과거에는 상상도 하기 어려웠던 움직임"이라며 "명분과 실리가 없는 불법 정치파업을 찬반투표도 거치지 않고 강행하려는 금속노조 지도부에 대한 조합원들의 반감이 통제할 수 없을 만큼 크다는 방증"이라고 풀이했다.

이같은 움직임에 대해 노조 지도부는 위기감에 휩싸였다. 1공장의 노조 현장조직은 이날 즉각 총파업 반대 서명자 색출에 나섰다. 또 긴급대책회의를 갖고 "서명자의 조합원 제명 및 보직해임을 요구하겠다"며 경고하는 등 사태 확산 저지에 나섰다.[135]

현대차 노조 현장 조직 'FTA 반대 파업' 정면 반발

집행부 비판 유인물 돌려 현대차노조(금속노조 현대차지부)의 한·미 자유무역협정(FTA) 반대 파업에 20일 노조 내 현장조직이 파업 반대 유인물을 돌리는 등 조직적으로 반발하고 있다. 그동안에도 파업 반대 인쇄물, 대자보가 나돌았으나 조합원들의 개별 행동에 그친 수준이었다.

현대차노조의 현장 조직 중 하나인 '현장연대'의 남양연구소(경기도) 소속 회원들이 모인 남양현장연대는 이날 자신의 사업장에 파업 반대 유인물을 배포했다. 현장연대는 노조 내 파벌 중 최대 규모로 알려져 있으며, 남양현장연대의 반발은 다른 지역의 현장연대 회원들에게로도 번질 가능성이 있다. 남양현장연대는 이날 배포한 인쇄물에서 "조합원 찬반투표 없는 총파업 강행! 누굴 위한 것인가"라며 노조집행부를 비판했다.

남양현장연대는 "이미 공지까지 했던 찬반투표 일정을 파기하고 총파업을 강행하겠다는 것은 조합원의 민주적 의사를 철저히 외면한 처사이고 정치파업에 대한 부정적 시각만 부추긴다"며 "조합원의 의사결정을 저버리는 이번 총파업에 심히 우려를 표한다"고 말했다.[136)]

---

135) 김학찬, 현대차 노조원들, 파업 거부 운동, 조선일보, 2007년 6월 16일.

136) 이기원, 현대차 노조 현장조직 'FTA 반대파업"… 중앙일보, 2007년 6월 21일.

금속노조 7월 18일부터 부분 파업

도내 로템 등 32개 지회…전 사업장 실행 여부 미지수

국내 최대 산별노조인 전국금속노동조합이 18일부터 파업에 돌입한다. 경남지역은 경남금속 등 32개 지회가 여기에 포함된다.

2007년 7월 17일 금속노조에 따르면 금속노조는 사용자협의회와의 산별 중앙교섭이 진전을 보이지 않음에 따라 18~20일 17개 지부 185개 지회에서 부분 파업에 들어간다.

금속노조가 내린 지침에 따르면 중앙교섭에 참여한 사업장은 2시간, 교섭 불참 사업장은 4시간, 기아차지부 등 노조 지도부를 고소·고발한 사업장에서는 6시간씩 부분 파업을 벌인다. 이에 따라 경남에서는 경남금속 등 20개 사업장은 2시간, 두산·로템 등 12개 사업장은 4시간 파업에 들어간다. 또한 노조 지도부를 고발한 볼보와 로템 등은 6시간 파업을 벌여 사측을 압박할 방침이다. 금속노조는 19일 사용자협의회와 교섭을 가질 예정이며 추가 교섭에서도 절충점이 도출되지 않으면 23일부터는 찬반투표에 참여한 모든 사업장에서 6시간씩 파업을 벌일 계획이다.

하지만 이는 본조의 지침일 뿐 도내 전 사업장이 이를 따를지는 미지수이다. 금속노조 경남지부 관계자는 "이번 파업은 임단협에 따른 것으로, 도내 사업장 중에서는 아직까지 상견례를 하지 않은 곳도 있기 때문에 사업장 전체가 파업을 참가할지는 미지수"라며 "모든 사업장은 파업 참여 여부를 떠나 7월 말 타결을 목표로 교섭과 투쟁을 같

이 해 나갈 것"이라고 말했다.

한편, 금속노조는 지난 6월 말부터 7월 11일까지 산별교섭 쟁취 총파업 찬반 투표를 벌여 조합원 63.3%의 찬성을 얻어 파업을 가결했다. 찬반 투표에는 전체 조합원(14만 3000여명) 중 금속노조 파업 일정에 따르지 않겠다고 밝힌 현대자동차지부와 쌍용자동차지부 조합원 등을 제외한 7만 7370명이 참여, 5만 5025명(찬성률 63.3%)이 찬성했다.[137)]

현대차 노조는 불참이긴 하나

그러나 금속노조 산하의 최대 사업장인 현대자동차지부는 이번 파업에 불참, 전체 파업 강도는 그리 높지 않을 전망이다. 현대차에서도 노사 간 협상이 진통을 겪고 있어, 금속노조 파업이 장기화될 경우 현대차지부도 합류할 가능성이 있다.

산별체계의 '이중교섭'의 부담 경감케

금속노조는 산별교섭의 성사를 위해 현대차 등 완성차 4사가 교섭에 참여해야한다고 주장하고 있다. 그러나 금속노조 조합원의 60% 가량을 차지하고 있는 완성차 4사는 산별 단위의 중앙교섭을 마치더라도 다시 사업장별로 세부 교섭을 벌려야 하므로 이 '이중교섭'에 따

---

132) 강진우, 금속노조 7월 18일부터 부분파업, 경남도민일보, 2007년 7월 18일.

르는 낭비와 비효율을 이유로 산별교섭에 참여하지 않고 있다.[138]

경총 "정부 미온대처가 노동계 불법 키워"

한국경영자총협회는 2007년 7월 17일 "노동계의 불법행위가 근절되지 않고 오히려 확산되고 있는 것은 정부의 미온적인 대처 때문"이라며 정부를 강도 높게 비판했다.

경총은 이날 '최근 노사 현안에 대한 경총의 입장'이라는 성명을 통해 "올해 하반기(7~12월) 들어 이랜드 노조의 매장 점거, 연세의료원 노조의 로비 점거 및 진료 방해 등 노동계의 불법파업과 불법행위가 심각한 수준으로 확산되고 있다"며 이같이 주장했다.

이와 함께 "정부가 불법파업에 대해 미온적인 태도를 이어가면 사회 전반에 걸쳐 위법 · 불법행위들이 걷잡을 수 없이 확산될 것"이라며 "결국 온당치 못한 행위들이 정당한 것으로 오인돼 국가 기강이 급속히 해이해질 것으로 우려된다"고 경고했다.

또 정부가 노동계의 불법적인 요구를 수용하도록 사 측을 압박하는 것은 '불법도 밀어붙이면 합법이 된다'는 노동계의 '힘의 논리'를 정당화해 노사 문제를 더욱 악화시킬 뿐이라고 지적했다.

경총이 이처럼 정부를 강도 높게 비판하고 나선 것은 노사 문제에서 중재자 역할을 해야 할 정부가 지나치게 노동계 주장에 편향돼 있

138) 조중식, 금속노조, 오늘부터 부분파업, 조선일보, 2007년 7월 18일.

다고 우려하기 때문이다.

경총 관계자는 "정부가 이랜드 노조 파업 등과 관련해 노조의 불법은 방관하면서 일방적으로 사 측에 압박을 가해 임시 봉합적으로 사태를 해결하려 한다"며 "기업들의 불만이 폭발 일보직전인 상황"이라고 했다.

이와 관련해 경총은 이날 최근 불법파업에 대한 정부의 미온적 대처 사례를 정리한 참고자료를 성명과 함께 내놓았다.

경총은 특히 한·미 자유무역협정(FTA)을 반대하는 시민단체 회원들이 롯데마트의 미국산(産) 쇠고기 판매점에 소 배설물을 투척하고도 사법 처리되지 않은 사례를 지적하며 "사회 전반의 법 경시 풍조가 매우 걱정스러운 지경"이라고 비판했다.[139]

현대차 2006년 파업여파로 러 시장 1위서 5위로 추락

현대자동차 시장 점유율 순위가 지난해 파업 여파로 유럽 2대 시장인 러시아에서 계속 추락하고 있는 것으로 나타났다.

2007년 6월 26일 유럽상공인협회 러시아지부 통계에 따르면 점유율 1위를 기록해 왔던 현대차는 지난해 말 2위로 밀린 데 이어 지난달에는 5위로 떨어졌다.

---

139) 배극인, 경총 "정부 미온 대처가 노동계 …", 동아일보, 2007년 7월 18일.

파업에 따른 공급부족이 원인

러시아 전문가들은 "현대차의 추락은 파업에 따른 공급 부족 탓"이라며 "파업은 글로벌 경쟁에서 점유율을 갉아먹는 독약 같은 효과를 내고 있다"고 분석했다.

:: **성장세 시장에 찬물 부은 노사분규** : 현대차는 2004년부터 2005년까지 러시아 시장에서 연속 1위를 차지했다. 그러나 2007년 1분기(1~3월) 점유율이 4위로 내려갔다가 5월에는 5위로 내려 앉았다.

'만성적 파업, 만성적 공급부족'

자동차시장 조사 전문가인 표트르 미시흐 씨는 "폭발적으로 성장하는 러시아 시장에서 현대차가 선두권 밖으로 밀려난 것은 파업에 따른 만성적인 공급 부족 때문"이라고 지적했다.

2007년 1월부터 5월까지 러시아의 수입 자동차 판매는 지난해 같은 기간보다 74% 늘었다. 포드와 GM 등 미국 자동차회사들은 재고 상품을 러시아 시장에 쏟아 부으며 물량 공세를 폈고 일본의 도요타와 닛산 자동차도 공급 물량을 최고 1.5배 이상 늘렸다.

다른 자동차회사들이 풍부한 물량과 다양한 제품으로 시장을 공략할 때 현대차 모스크바 판매본부는 한국 본사에다 "완성차든 부품이든 물량을 늘려 달라"고 아우성쳤지만 소용이 없었다.

러시아 극동 최대 물류회사로 꼽히는 페스코사의 발레리 말로바츠키 사장은 "현대자동차 파업 여파로 시베리아 횡단철도로 운송되던 현대차가 올 상반기는 평소의 10%로 줄기도 했다"고 말했다.

현대차 공급 물량의 절반을 대는 타간로크 조립공장도 파업 여파에서 벗어나지 못했다. 이 공장은 파업 사태 이후 한국에서 엔진 변속기 등 핵심 부품을 제때 공급받지 못해 올해 상반기에도 일부 생산 라인이 멈췄다.

순위 회복 난망 : 올가 드미트리예브나 러시아 수입차판매협회 분석팀장은 "파업으로 한 번 선두를 뺏긴 현대차는 앞으로 2년 안에 상위권으로 복귀할 가능성이 희박하다"고 내다봤다. 그는 2005년까지 베스트셀러 자동차였던 현대 엑센트가 올해 단일 차종 판매에서 9위로 밀려난 것을 지적하며 "글로벌 경쟁이 격화된 시장에서 단 한 번의 파업도 치명타가 된다는 점을 보여줬다"고 분석했다.

현대차 공급 부족에 대한 시장의 반응도 점점 싸늘해지고 있다. 러시아 3대 도시의 하나인 예카테린부르크에서 수입차를 판매하는 마가데예프 불라트 씨는 "현대차가 도착하기를 기다리다 지쳐 조금 더 비싼 일본차를 선택하는 고객이 크게 늘었다"고 말했다.[140)]

140) 정위용, 동아일보, 2007년 6월 26일.

산별노조 부작용, 노-노 마찰, 위기의 노조

'집에 가는 것도 노조 허가 받아야 되나'

'금방 집회 끝나요, 잠시만 협조해 줘요'

"현대자동차 노조의 전통이 깨졌습니다. 집행부가 일단 결정하면 일사불란하게 움직였는데…. 못해먹겠어요."

현대차 노조의 한·미 자유무역협정(FTA) 저지 파업 이틀째인 6월 29일 현장에서 만난 노조 간부는 고개를 저으며 이렇게 말했다. 현대차 노조의 '일방통행식' 리더십이 이젠 먹히지 않고 있다는 증거이다. 조합원들의 파업불참도 6월 28일 65%에 이어 29일도 63.4%(회사 측 집계)에 달했다.

현대차 노조는 6월 29일 오전 10시부터 6시간 부분파업에 들어가면서 노조 간부들을 투입, 울산의 1~5공장과 전주, 아산공장 조립 라인을 강제로 모두 멈춰세웠다. 노조 측의 통제가 어려운 울산공장의 엔진, 소재공장 일부와 전국에 흩어진 정비. 판매본부는 정상 업무가 진행됐다. 그러나 노조 간부들이 퇴근을 막고 생산 현장 잔류도 못하게 몰아내면서 벌인 집회에는 낮 근무조 1만 3800여 명 중 3000여 명만 모였고 8700여 명은 생산 라인을 지켰다. 나머지 2100여 명은 조기 귀가한 것으로 추정됐다. 울산공장 생산 라인과 출입문 곳곳에서는 노조 간부들과 노조원 간의 고성, 몸싸움이 속출했다.

노조 간부들이 이탈을 막기 위해 9개 사업장별로 노조원들을 인솔해 집회장으로 모이도록 했으나 많은 조합원이 노조 간부들이 지키지 않는 다른 정문으로 빠져 나갔고, 일부 조합원은 담장을 넘어 달아나는 모습이 목격되기도 했다.

곳곳서 노-노 마찰 : "집에 가는 것도 노조 허가 받아야 되나."(노조원)

"금방 (집회가) 끝나요. 잠시만 협조 좀 해주세요."(노조 간부)

6월 29일 오전 10시 15분, 현대차 울산공장 정문에서는 파업으로 일을 할 수 없게 돼 귀가하려는 노조원과 잠시 뒤 있을 파업 집회 참가를 유도하기 위해 출입문을 봉쇄한 노조 간부 간에 실랑이가 벌어졌다. 정문 출입이 어렵게 된 조합원들이 삼삼오오 집회장인 정문 앞 광장을 거쳐 뒤쪽 1공장 쪽으로 빠져나오자 노조 간부들이 호루라기를 불며 또 막아섰다.

같은 날 10시 59분 1공장 베르나 승용차 조립 라인 타이어 장착 공정.

"으샤, 으샤 와~." 붉은 머리띠를 맨 노조 측 50여 명과 사원복을 입은 관리자, 노조원 50여 명이 긴급 라인 정지 버튼을 서로 장악하려고 스크럼을 짠 채 일진일퇴를 거듭하고 있었다.

위기 맞은 노조 집행부 리더십 : 10여 년째 노조 활동을 해온 현대차 노조의 한 간부는 "이번 파업을 계기로 노조원들의 뜻을 무시한 정치파업은 더 이상 통하지 않는다는 사실을 확인했다"며 고개를 저었다.

이달 중순까지도 노조 측은 "집행부가 결정하면 노조원은 따라오게 되어 있다"는 입장이었다. 하지만 노조 내 조직인 정비위원회가 6월

22일 집행부에 정면 배치되는 '노조 간부만의 파업' 을 결정하면서 집행부가 흔들리기 시작했다. 6월 24일 긴급 소집된 집행부 회의에서 3일간의 부분파업 철회 결정이 나왔고, 28~29일 파업 현장에선 노조원이 노조 간부 면전에서 "내가 언제 파업하자고 했나"라며 동참을 거부하는 사태까지 벌어졌다.

산별노조 부작용만 드러내 : 금속노조가 출범한 뒤 첫 사업으로 벌인 이번 파업은 산별노조가 안고 있는 한계를 그대로 드러냈다. 황용연 한국경영자총협회 기획의전팀장은 "노조의 정치세력화를 위해 정치파업이 잦아질 것이라는 경영계와 학계의 우려가 이렇게 빨리 현실화될 줄은 몰랐다"고 말했다.

금속노조의 총파업 지침이 내려간 뒤 직접 고객을 상대하는 현대차 정비본부가 파업을 거부한 것은 여론을 무시한 쟁의행위에 조합원들이 염증을 느끼고 있다는 방증이다.

김정한 한국노동연구원 연구위원은 "이번 금속노조의 파업은 산별노조의 부작용을 한꺼번에 보여준 것"이라고 평가했다.[141]

기아차 노조 잔꾀 파업

기아차는 노조가 FTA를 반대하는 정치파업이 끝나자마자 다시 임금파업을 강행하고 있다. 2007년 7월 3일 영업 손실을 무릅쓰고 강행

141) 이기원 · 김상진 · 김기찬, 현대차 노조 집행부 '일방통행' 안먹혔다, 중앙일보, 2007년 6월 30일.

하는 파업이다. 이번 파업에서 노조는 정규 근무시간에만 파업하고 수당이 많은 시간에 잔업을 계속해 '잔꾀 파업' 이라는 빈축을 사고 있다.

이날 경기도 소하리, 화성, 광주 공장 등 3개 사업장에서 주·야간 조가 정규 근무시간에서 4시간씩(오전 10시 30분~오후 3시 30분, 오후 10시 30분~다음날 오전 3시 30분. 점심과 야식 1시간을 제외) 조립라인을 세웠다.

대신 주야 각각 두 시간씩 잔업을 했다. 잔업은 통상 시급의 1.5배를 받고, 야간 조는 잔업 시급에다 50%를 더 받는 것이다. 이날 파업에는 전체 조합원 2만 8000여 명 중 90% 이상이 참가했다.

기아차 노조의 임금협상 요구사항은 •기본급 12만 8805원(8.9%) 인상 •생계비 부족분으로 통상임금 200% 지급 •사내 모듈공장 유치 등이다. 이중 '생계비 부족분' 은 기존 성과급을 단어만 바꾼 것으로, 지난해 회사가 적자를 낸 것을 의식해 만든 말이다. 현대, 기아차 노조는 최근 5년 연속 파업을 했지만 흑자를 낸 대가로 매년 200~400%의 성과급(격려금 포함)을 받아왔다.

이같은 변칙 파업에 사내외에서도 우려와 비판의 목소리가 나왔다. 기아차 관계자는 "보통 부분파업은 오전 또는 오후만 하는데 이번 파업은 근무시간엔 쉬었다가 잔업시간만 일하는 식이라 불량률이 높아질 수 있어 우려된다"고 말했다.

대한상의 김기태 노사인력팀장은 "정규 시간에는 파업하고 잔업을 하는 것은 파업을 하면서도 임금은 챙기겠다는, 속이 보이는 파업행태"라고 지적했다. 그는 또 "적자를 낸 회사에서 성과급이란 용어를 바꿔 '생계비 부족분'을 달라고 하는 것은 성과에 관계 없이 돈을 많이 받겠다는 요구"라고 덧붙였다.

이에 대해 소하리 노조 정흥호 정책 1실장은 "정규 시간에 파업을 해야 참여 인원이 많기 때문에 정규 시간에 파업을 했고, 회사의 생산 대수 부족분을 채우기 위해 잔업을 한 것"이라고 말했다.

한편 기아차 노조는 노사가 본 교섭을 하는 7월 4, 5일은 파업을 철회하고, 본 교섭 협상 결과에 따라 7월 6일 예정된 파업 여부를 결정할 방침이다. 앞서 기아차 노조는 지난 6월 27일 쟁의행위 찬반 투표에서 94.1%가 투표에 참여해 57.5%가 파업에 찬성했다.

기아차는 올 1분기 매출액 3조 8506억원, 영업 손실 737억원을 기록했다.

기아노조의 임금파업, 경영회복 노력에 치명 타격

기아차 노조가 다시 강행하고 있는 임금파업의 강행은 기아차의 경영회복 노력에 치명적 타격을 입힐 것으로 관망된다. 그러한 반면 상술했듯이 쌍용차는 파업 없이 2007년 임금교섭을 끝냈으며 GM 대우는 파업 없이 임금협상을 진행 중이다. 르노 삼성에는 노조가 없다.[142)]

---

142) 최원석, 기아차, 파업 강행, 조선일보, 2007년 7월 4일.

너무하는 자동차사 임금파업

기아차 노조, 4분기 연속 적자에도 성과급 요구

국내 자동차 노조의 올해 임금파업이 예년의 도(度)를 훨씬 넘어서고 있다. 기아차 노조는 회사가 4분기 연속 영업 적자인데도 성과급을 요구하고 있고, GM 대우는 회사 출범 이후 한 번도 파업에 참여하지 않았던 부평공장까지 부분파업에 돌입했다. 노사 협상 준비단계인 현대차 노사 역시 협상 난항을 겪을 가능성이 크다는 관측이어서 올여름 자동차업계의 임단협 협상은 무더위 이상으로 뜨거워질 전망이다.

〈표 13〉 자동차 제조업체별 생산성 추이

자료 : 하버리포트

	2002	2003	2004	2005	2006
기 아 차	34.7	37.6	36.5	38.5	37.5
현 대 차	32.4	32.3	33.1	32.0	30.3
G M	24.4	23.6	23.1	22.4	22.2
도 요 타	21.8	20.7	19.5	21.3	22.1
혼 다	22.3	20.7	20.6	21.4	21.1

※HPV(Hours Per Vehicle · 대당 투입공수) = 차량 한 대를 만드는 데 들어가는 시간. 생산성을 나타내는 주요지표

※조선일보 2007년 7월 19일, A6면

■ 중장기 경영계획까지 관여, 양측 충돌

기아차 노조는 임금뿐 아니라 회사 중장기전략까지 노조에 유리한

쪽으로 바꿀 것을 요구하고 있다. 노조는 12만8805원(기본급 8.9%) 인상, 성과급 200% 지급 요구에 그치지 않고, 노조원들의 장기(長期)고용을 보장하라고 요구하고 있는 것이다. 노조가 제시한 고용안정에 관한 교섭안건 14개 중 13개가 사실상 회사의 중장기 경영전략에 대한 수정을 요구하는 부분이어서 사측을 난감하게 만들고 있다. 사측은 "노조가 부진 탈출에 전력을 쏟고 있는 회사의 발목을 잡고 있다"고 비난하고 있다. 안건의 주 내용은 •국내 공장에 신차를 조기 투입할 것 •신차 외주제작을 하지 말 것 •국내 생산물량이 해외공장으로 넘어갈 경우, 국내공장 부족분을 사측이 책임지고 보충할 것 •하이브리드카에 대한 국내 생산일정을 제시할 것 등이다.

이에 대해 사측은 노조가 생산성은 경쟁업체보다 크게 낮으면서, 고용보장을 이유로 사측의 중장기 회생전략을 무력화시키고 있다는 지적이다. 기아차 노조는 선진국 자동차노조가 대부분 수용하고 있는 '전환배치'를 거부하고 있다. 전환배치란 잘 팔리는 차종의 조립라인에 추가인력이 필요할 경우 다른 라인의 작업자가 투입되는 것을 말한다. 기아차는 전환배치가 불가능해 경쟁사보다 연간 2800억 원의 추가비용이 들어간다고 밝히고 있다.

기아차의 생산담당 고위 임원은 "기아차 올해 국내공장 편성효율은 58%로 도요타의 93%와 비교해 크게 낮은 수준"이라고 밝혔다. 편성효율이 60%라는 것은 조립라인에 배치된 인원의 40%가 사실상 잉여인력이라는 뜻이다. 이에 대해 기아차는 회사가 제시한 경쟁력 향상

방안만 실천해도 연간 9700억원을 아낄 수 있다고 설명했다.

GM대우도 파업 시작, 난항 예고

한국투자증권 서성문 연구위원은 "망해 가던 미국 '빅 3(GM·포드·크라이슬러)'도 노조의 협력으로 생산성이 높아졌고, 독일 폴크스바겐 노조는 고용안전을 얻는 대신 임금상승 없는 근로시간 연장에 합의했다"며 "기아차 파업이 당장 중단되지 않으면 내수·해외 판매 감소는 물론 기아차의 브랜드가치까지 치명적인 손상을 입게 될 것"이라고 밝혔다.

GM대우도 지난 7월 16일부터 핵심사업장인 부평공장이 회사출범 이후 첫 부분파업에 들어가는 등 예년보다 파업강도가 높아진 상황이다. 노조측은 기본급 12만 8805원 인상과 2006년 영업이익에 따른 통상임금의 400% 성과급을 요구하고 있다. 그러나 노조측은 이외에도 생산물량이 해외로 이전되지 않을 것이라는 내용의 중장기 국내공장 발전계획을 요구하고 있어 협상 진전에 어려움을 겪고 있다.[143]

'약탈 노조'론의 등장, 조속 해소 기대

조선일보 2007년 7월 20일자의 사설에서 '2000억 적자 회사에 성과급 달라는 "약탈 노조"'라는, "약탈 노조"론이 뜻있는 사람들의 깊

143) 최원석, 너무 하는 자동차 임금파업, 조선일보, 2007년 7월 19일.

은 관심과 관망을 깊게 한다.

사실 제4장의 2. 해빙, 융화되는 노사문화의 첫머리에서 기아차보다 3배의 생산성을 올리고 있는 동희오토가 임금은 기아의 60~70% 받는다는 놀라운 사실은 이미 논급되었다. 이렇듯 자회사인 동희오토의 생산성보다 1/3의 생산성을 보이는 기아차는 차량 한 대 만드는 데 걸리는 시간이 37.5시간으로 GM(22.2시간), 도요타(22.1시간)보다 10시간 이상이 많이 걸리는 낮은 생산성이다.

자회사인 동희오토와 같이 생산성 증대의 노력이 무엇보다 앞서야 할 것이다. 그런데 앞에서 제시했듯이 '너무하는 자동차 임금파업' 등 여론의 비난을 사고 있다. 특히 기아차 노조 파업으로 인한 손실이 지난 17년 간에 매출손실액수가 4조 7962억원을 기록하고 있다. "기아차가 2006년 2분기부터 4분기 동안 내리 총 2312억원의 영업 손실을 또 기록했으면서도 앞에서 본대로 통상급의 200%를 성과급을 내놓으라는 등의 조건으로 파업을 하고 있는 기아차 노조 같은 노조를 기업을 약탈하는 '약탈 노조' 라고 부르는 것이다"고 기아차 노조를 비난하는 논평을 조선일보는 사설로 싣고 있다.[144)]

기아 · 현대차 생산성 제일 낙후

〈표 13〉의 자동차 제조업체별로 자동차 1대당 투입공수를 기준으로

144) 사설, 2000억 赤子 회사…, 조선일보, 2007년 7월 20일.

2006년도의 생산성을 보면 기아차 37.5, 현대차 30.3, GM 22.2, 도요타 22.1, 혼다 21.1로 기아차나 현대차는 GM, 도요타, 혼다의 생산성의 절반(기아) 또는 70%(현대) 수준일뿐이다.

특히 기아차는 생산성이 가장 낙후되었는데도 이런 생산성을 올릴 대책을 강구하기보다 '약탈 노조' 로 여론의 압력을 받는다. 기아차 노조는 하루속히 '약탈 노조' 론에서 벗어나기를 기대하며 현대차도 울산시민은 물론 일반 국민의 여망에 부응하기를 바란다. 생산성을 높이는 것이 판매시장을 넓히는 바른 길임은 누구나 다 아는 일이다.

이렇듯 우리 기아차, 현대차의 생산성이 낙후되었는데도, 앞에서 본대로 타사의 노조들은 300여 노조가 잇달아 '무파업', '무분규' 선언을 하고 있고, 앞에서 논급된 것 같이 기아차 노조는 '약탈노조' 의 별명이 붙은 상태에서 파업을 한다. 현대차 노조는 사내 노조원들로부터 '무분규' 의 요구를 들으면서도 중노위에 노동쟁의조정신청을 낸 것이다. 조선일보는 2007년 8월 28일 사설로 '현대차노조, 1년에 파업을 세 번이나 벌이겠다니' 하는 논제로 노사분규 자제를 권유하고 있다.

현대차노조, 1년에 파업을 세 번이나 벌이겠다니

'현대자동차노조가 2007년 8월 27일 올해 임금 및 단체 협상 결렬을 선언하고 중앙노동위원회에 노동쟁의 조정 신청을 냈다. 노조는 이달 말 전체 조합원을 상대로 쟁의행위 돌입 여부를 묻는 찬반 투표를 실시할 예정이다. 노조는 당기 순익의 30%를 성과급으로 지급하고 라인별 생산 차종(車種), 생산물량은 노사합의로 정하자는 황당한 요구를 내놓고 있다. 현장 조직 홈페이지에 '올해는 분규(紛糾) 없이 넘기자'는 조합원들의 글이 잇따라 올라오고 있지만 노조 지도부는 아랑곳 없이 파업을 위한 수순을 밟고 있는 것이다. 기아자동차에선 정규직 근로자들의 파업이 끝나자마자 비정규직 근로자들의 파업이 시작돼 화성공장의 가동이 5일째 중단됐다.

현대 · 기아차의 파업은 연례(年例) 행사나 다름없으니 새삼 놀랄 일도 아니다. 현대차노조는 1987년 설립 이후 1994년 한 해만 빼놓고 20년째 파업을 벌이고 있다. 올해도 벌써 1월, 6월 두 번 파업을 했다. 그로 인해 지금까지 모두 100만대가 넘는 생산 차질을 빚었고 매출 손실도 10조원이 넘는다. 이런 부담을 안고도 현대 · 기아차가 아직 버티고 있는 것은 국내 자동차시장의 70%를 지배하는 사실상의 독점기업이기 때문이다. 노조 파업으로 손실(損失)이 나더라도 이를 소비자와 하도급업체에 떠넘길 수 있는 덕분이다.

그러나 그런 좋은 시절도 앞으로 얼마 남지 않았다. 무엇보다 세계 자동차시장이 그리 호락호락하지 않다. 현대 · 기아차는 올 상반기 중국시장 판매 대수가 작년 같은 기간보다 15~17%씩 줄었다. 시장점유율도 중국 진출 이후 처음으로 10위권 밖으로 밀려났다. 해외 시장 전체적으로 빨간등이 켜진 지 오래다.

한 · 미 자유무협협정(FTA) 등으로 앞으로는 국내 시장을 지키는 것도 점점 힘겨워질 것이다. 벌써부터 수입 자동차 가격이 크게 내리며 급속히 시장을 파고드는 조짐이 나타나고 있다. 1950년대까지 세계 2위의 자동차 생산국이었던 영국의 롤스로이스 · 벤틀리 · 재규어 · 랜드로버 등 쟁쟁한 업체들이 노사분규로 무너진 것이 남의 일일 수만은 없다. 현대차노조는 지금의 호사(豪奢)가 마지막 만찬이 될 수도 있다는 것을 알아야 한다.[145]

그런데 이러한 여론과 함께 현대차 공장에서 이제 '파업은 지겹다'는 현장의 목소리가 통하기 시작했다. 현대차 무파업의 소식이 시민들과 온 국민의 박수를 받게 되었다.

"파업 지겨워"… 현장 목소리 통했다

'현대차 무파업 임단협 타결' 역사적 선례 만들어

노조집행부 과감한 결단, 시민 노력도 한몫

현대자동차 노사가 9월 4일 파업 없이 임금 및 단체협상을 타결 짓는 '역사적 선례' 를 만들었다. 지난 20년간 '협상 → 결렬 → 파업 → 타결' 을 되풀이하며 이어온 '선(先) 파업, 후(後) 타결' 의 고질적인 악순환의 고리를 끊은 것이다.

1987년 출범 이후 1994년 단 한 해를 빼고 20년간 매년 파업을 되풀이해 온 현대차 노조의 이같은 변신은 어떻게 가능했을까?

---

145) 사설, '현대차노조, 1년에 파업을 세 번…', 조선일보 2007년 8월 28일.

변화는 "이젠 파업이 지겹다"는 조합원 내부의 반란에서부터 시작됐다. 조합원들은 2007년 6월 '한 · 미자유무역협정 체결 반대 정치파업' 에 반발해 파업 반대 운동을 벌였고, 노조는 결국 일부 파업일정을 철회하는 사상 초유의 결정을 할 수밖에 없었다.

손잡은 현대차 노사… : 9월 4일 오후, 현대자동차 울산공장에서 열린 12차 교섭에서 노사가 10년 만에 무분규 임단협에 잠정 합의한 것이다.

이번 임단협에서도 조합원들은 최근 수년 사이 파업 찬성률보다 10% 가량 낮은 63%로 파업안을 통과시켜 노조 지도부를 긴장시켰다. 또 "올해만큼은 파업하지 말자"는 의견을 다양한 방법으로 표출시켰고, 이는 결국 '무파업 타결' 의 원동력이 됐다.

무파업의 기본요인

이의 기본 요인에 관해서 노조 관계자는 "올해로 조합원 평균 나이가 40대가 됐고, 평균 근속연수 또한 15년을 넘기면서 소모적 강경투쟁보다는 안정을 바라는 현장 목소리가 무시하지 못할 수준에 달했다"고 인정했다.

여기에 국민적 비난 여론과 '현대차 불매운동' 압력이 노사 모두를 압박했다. 과거 안타깝게 가슴 졸이며 바라만 보던 울산 시민들도 나섰다. 울산의 음식점들이 "파업하지 않으면 음식값을 10% 깎아주겠다"거나, 개인택시 기사들이 "현대차 구매운동을 벌일테니 제발 파업을 말아달라"고 촉구하고 호소했다.

노조 집행부의 노력도 평가할 만하다. 노조 장규호 공보부장은 "이번 임단협에서만큼은 '무파업 타결'이 노조의 일관된 의지였다"고 말했다. 노조는 파업을 결의하고도 파업 돌입을 유보한 채 협상에 다시 나서는 파격적이고 과감한 결단을 보여줬다.

현대차 노조는 과연 본질적으로 변한 것일까? 아직은 미지수이다. 우선 2007년 12월 치르는 노조 지부장 선거가 고비이다. 강경투쟁의 선명성을 내세우는 현장조직들이 또 다시 득세하면 올해의 무파업 선례는 일회성 이벤트가 될 수밖에 없다는 분석이다.[146)]

현대차 무파업 '비싼 대가'

신차 생산량도 … 해외투자도 … 노조와 '합의해야

현대자동차가 10년 만에 처음으로 파업 없이 임단협을 잠정 타결했다. 하지만 협상 타결을 위해 회사 측은 '경영권 침해 소지가 있어 도저히 수용할 수 없다'던 노조의 지나친 요구까지 일부 수용해야하는 대가를 치렀다.

전문가들은 현대차의 지나친 양보가 회사 발전의 발목을 잡는 데다, 다른 노사 협상에 나쁜 선례가 될 수 있다고 우려했다.

■ 회사 측 양보 거듭 : 노사는 노사공동위원회를 통해 심의 · 의결

146) 김학찬, "파업 지겨워", 현장 목소리 통했다, 조선일보, 2007년 9월 5일.

할 사항으로 신차 생산 공장 및 생산물량, 해외 공장 신·증설, 국내 공장 생산차종을 해외 공장에서 같이 생산하거나 완전히 넘기는 계획 확정 시, 해외 공장에서 생산한 제품을 다른 외국으로 수출할 때로 정했다.

이 가운데 '국내 공장 차종 해외 공장 생산' 관련 조항은 노조가 요구한 '국내 공장 물량 부족 시 해외 공장 물량을 국내로 환원한다'는 조항을 회사 측이 그나마 순화시킨 것이라고 한다.

또 노조 측이 요구했던 '해외 공장 생산품의 국내 역수입 시 노조와 합의' 조항은 회사 측의 거부로 기존 단체협약 합의대로 '역수입하지 않는 것을 원칙으로 한다'는 조항을 유지하기로 했다.

회사 측은 '차종 생산을 다른 공장으로 옮길 때 90일 전에 노조에 통보한다'는 조항을 '계획 확정 후 노조에 통보'로 바꾸는 등 기존 경영권 침해 조항을 완화하는 안을 4개 만들었으나 제대로 협상도 못한 채 포기했다.

이번에 합의된 조항들에 모두 '조합원의 고용에 영향을 미치는 사항에 한한다'는 단서가 붙어있긴 한다. 이를 두고 노조 측 관계자는 "일감 부족으로 임금이 줄어들거나 구조조정이 우려될 때, 업무 강도가 바뀌고 조합원 재배치·재교육 문제가 야기되는 경우에 노조가 개입하는 것은 당연한 것"이라며 "이를 경영권 개입이라고 왜곡해서는 안 된다"고 주장했다.

울산대 장길상(경영학부) 교수는 "회사 경영권 행사의 본질이 자본과 근로자의 재배치이기 때문에 '고용에 영향을 미치는 사항'이란 단서는 그야말로 코에 걸면 코걸이 식인데 이를 경영권 개입이 아니라고 우기는 것은 억지"라고 말했다.

■ **경험에서 교훈 못 얻나** : 현대차는 신차종 생산과 관련해 기존의 단체협약에 있는 비슷한 조항(경영상의 이유로 인력 전환배치 · 재훈련 시 노사공동위원회에서 심의 · 의결한다) 때문에 이미 혹독한 홍역을 치렀다.

아반떼 HD의 경우 2006년 4월 부산 모터쇼에 선보이고도 잉여인력 조정 문제로 2개월 여간 노사갈등 끝에 7월에야 본격 생산에 들어갔다. 2003년 말 출시된 투싼도 비슷한 문제가 걸려 노사 간 협의를 하느라 10개월을 허비, 막대한 피해를 보았다.

회사는 협상 초기 이를 사례로 들며 "신차종 개발과 해외 공장 투자는 경영권에 해당하는 중요 사안으로 시장 상황에 따라 발 빠르게 대응해야 하는데 노조와 합의하느라 시기를 놓친 경험을 노조도 알지 않느냐"며 '절대' 받아들일 수 없다고 강조했었다.

회사 측은 이번 합의에 대해 "기존 단체협약에도 비슷한 조항이 있었기 때문에 큰 양보는 아니다"고 주장했다.[147]

SKC 노사 항구적 무분규 선언

SKC 노사가 항구적 무분규를 선언했다.

---

147) 이기원, 현대차 무파업 '비싼 대가' 중앙일보, 2007년 9월 5일.

SKC는 7일 노사가 지난 1일 폴란드 광학용 필름공장 착공식에 함께 참석해 제2의 창업 정신으로 항구적 무분규에 합의했으며 최근 다른 조합원들의 동의를 얻었다고 설명했다.

폴란드 공장 착공식에는 최신원 회장과 박장석 사장 등 최고경영진과 천안, 수원, 울산 등 3개 사업장의 노조위원장이 함께 했다.

임관빈 노조위원장은 "노사는 그동안 어려운 문제가 있을 때마다 대립보다는 대화를 통해 해결책을 마련했다"며 "20년 무분규가 이번 항구적 무분규 선언을 낳았다"고 말했다.

SKC 노사는 비디오테이프 사업과 리튬이온전지(LiPB) 사업을 분사와 지난해에는 휴대폰 제조사업을 중단 등 대대적인 구조과정에서도 서로 대화를 포기하지 않고 고통을 분담하면서 합의에 성공했다.

회사 관계자는 "회사는 경영성과 과실을 구성원과 나누기 위해 올초 처음으로 400%의 인센티브를 지급했다"며 "선진 노사관계의 기틀이 신노사문화를 완성했다"고 밝혔다.[148]

현대차는 '정치파업'… 도요타는 '미래차 기념회'
2007년 6월 28일… 너무나 다른 한 · 일 자동차산업의 하루
현대차 4시간동안 '스톱', 생산차질로 297억 손해

2007년 6월 28일 오전 11시 30분 현대자동차 울산공장 1공장. '베

148) 박민철, SKC 노사… , 문화일보, 2007년 6월 8일.

르나' 생산라인의 기계음과 뒤섞여 투쟁가요가 쩌렁쩌렁 울려 퍼지기 시작했다. 파란 조끼와 붉은 머리띠를 맨 현장 대의원과 소위원들이 공장을 누볐다. 오후 1시부터 강행키로 한 '한·미 자유무역협정(FTA) 저지 총파업' 참가를 독려하기 위해서다. 노조원들 얼굴이 긴장됐다.

낮 12시가 되자 컨베이어 라인이 일제히 멈췄고 조합원들이 집회장에 모였다. 마이크를 잡은 이상욱 지부장은 "자본과 언론의 현대차노조 죽이기에 맞서 힘차게 투쟁하자"고 목청을 높였다. 박수가 이어졌다. 노조원들은 낮 12시 50분쯤부터 대의원 통제하에 공장을 빠져나갔다. 회사측 50여 명의 관리직과 조·반장들이 정상 조업을 시도했지만 라인 가동 메인 스위치를 막아선 대의원들을 뚫지 못했다. 노조는 이날 울산공장 1~5공장 생산라인을 모두 멈춰 세우는 데 성공했다.

• 28일 오후 1시 현대자동차 울산공장 1공장에서 노조원들이 파업 결의 집회를 연 뒤 구호를 외치고 있다. 현대차 노조는 이날 4시간 동안 파업을 벌였으며, 29일에도 6시간 동안 파업을 벌일 계획이다.

그러나 회사측은 "반쪽 파업에 그쳤다"고 주장했다. "노조원 8000명 이상이 파업에 불참하고 공장에 남아 일하거나 대기했다"는 것이다. 소재와 시트, 생산기술센터 등 지원부서가 거의 정상 근무했고, 아산과 전주공장도 1시간 가량 가동됐다. 울산 출고사무소와 울산 서비스센터 등 판매·정비 부문도 거의 정상 근무했다. 이날 4시간 파업으로 현대차는 차량 2094대 297억원의 생산 차질을 빚었다. 회사는 이상욱 지부장 등 노조 간부 23명을 업무방해 혐의로 경찰에 고소

했다.

노조는 29일에도 6시간 파업을 벌인다. 울산공장 윤여철 사장은 "소중한 우리 일터가 왜 해마다 정치 파업의 희생양이 돼야 하는지 모르겠다"고 안타까움을 토로했다.

이날 금속노조가 전국서 벌인 파업에는 전체 노조원(14만 3000여명)의 27.1%인 3만 9498명이 참가했다고 노동부는 밝혔다.

외신기자 등 공장에 초청, 세계에 도요타 기술 과시

"어서 오십시오!" 정오 무렵 아이치(愛知) 현 도요타 다하라(田原)공장 직원 10여명이 공장 입구에서 큰소리로 인사했다. 버스에서 내린 44개사 보도진 53명도 함께 인사했다. 미국, 유럽은 물론 중국 인민일보 등 외신기자 21명도 포함됐다.

• 28일 일본 혼슈 중부 아이치현에 있는 도요타자동차 다하라(田原)공장의 렉서스 생산라인에서 직원들이 차량을 점검하고 있다. 도요타자동차는 1954년 이후 한 번도 파업이 발생하지 않았다.

도요타의 최고 브랜드인 렉서스를 만드는 이곳은 최고 숙련공 950명이 집결된 곳이다. 이 중에서 다시 엄선한 '기능사(技能師)' 10명의 사진이 공장 입구에 걸려 있었다. 이와세 다카히로 공장장(상무)은 "렉서스는 설비 기술에 인간 기술이 융합된 결과"라고 말했다.

성능 테스트 현장과 엔진 공장 방문을 마친 오후 2시, '렉서스 기능숙(塾)' 이란 50여평 공간에서 근로자들이 매일 연마하는 '감성(感性)' 훈련을 보여줬다. 미묘한 색 차이를 구분하는 시각 훈련, 엔진 소리로 성능을 판단하는 청각 훈련, 강판의 요철을 감지하는 촉각 훈련 등. 렉서스의 품질은 근로자의 숙련된 감성이 결정한다는 것이다.

오후 2시 30분에 찾아간 조립공장에선 작업 매뉴얼이 공개됐다. '밸브를 붙일 때 왼손 엄지 · 검지 · 중지로 붙인 뒤, 오른손 엄지로 누르고, 다시 왼손 엄지 · 검지로 다진다'는 극히 미세한 내용이었다. "렉서스 조립에 필요한 2만 6250종류의 세부 작업에 철저한 매뉴얼이 있다"고 공장 책임자는 설명했다.

도요타는 하이브리드 기술이 적용된 '렉서스 LS600' 생산을 기념해 이날 행사를 열었다. 현장 근로자들의 기술력을 세계에 과시하는 자리였다. 이가와 쇼지 생산기술본부장(전무)은 "자동차 만들기는 인간 만들기"라고 말했다. 도요타는 지난 1분기 자동차를 가장 많이 팔아 미국 GM을 누르고 세계 정상에 섰다.[149)]

4. 도요타 · BMW · 쌔턴의 노사문화

JIT의 본산 도요타의 노사문화 · 조직풍토
위기의식과 무한경쟁 정신의 성공 DNA

도요타의 사례는 본 난 이외의 제2 · 3장 등에서도 논의됨으로 여기

149) 김학찬 · 선우정 · 김용우, 현대차는 '정치파업'…도요타는…, 조선일보, 2007년 6월 29일.

서는 그밖의 우리에게 참고가 될 내용을 간략하게 살펴보도록 한다.

'시련과 위기의식 및 무한개선 정신을 성공 DNA'로 한 도요타, '재테크 등 위험한 투자는 기피하고 적극적인 기술개발에 힘쓰며 JIT(Just In Time)으로 널리 알려진 도요타', 'TPS(도요타 생산 시스템)의 주요 개념이 된 직무보다 사람, 노조는 회사경영의 조언자'라고 하는 도요타이다. 이것이 도요타 정신이다.

우리나라는 '노사 갈등과 계층 간 분열의 덫에 걸려' 1인당 국민소득 1만 달러를 넘은지 10년이 넘어도 2만 불을 넘지 못하고 멕시코 브라질보다 뒤쳐져서 주춤거리는 실정이다.

한국, 일자삼배의 정성과 정신으로

이러한 상태에서, 도요타와 비교해 우리의 경쟁력은 어디서 찾아야 할까?

일자삼배(一字三拜)의 정성을 기울이는 정신의 발휘이다. 이는 고려 고종 때 팔만대장경을 만든 정신이다. 1,000여 명의 인력이 12년에 걸쳐서 무려 5,200만 자의 글자를 목판에 새기면서 단 한 자의 오자도 없었다는 것이 최근 컴퓨터 작업을 통해 밝혀졌다는 것이다. 고려에서 팔만대장경을 만들 때 글자를 한자 한자 새기는 사람들이 일보삼배 하듯이 한자를 새기고 무릎을 꿇고 3번 절하는 정성을 다했다는 일자삼배의 정신이다. 도요타의 품질경쟁력 및 최근의 하이브리드 카 개발과 함께 세계 제1의 자동차 왕국이 된 것도 이 도요타 정신,

'TOYOTA WAY' 인 것이다.[150] 도요타를 벤치마킹 하자.

도요타 자동차에 관해서는 앞에서도 논급되기 때문에 여기서는 되도록 간단히 항상 위기의식을 강조하는 도요타 시스템을 설명하기로 한다.

직기제조에서 자동차 메이커로 변신한 도요타자동차는 경이로운 기업이다. 일본 회사로서 세계 자동차 생산랭킹 1위에 올라섰고 더 좋은 차를 내놓는 것을 지향하고 있다. 자동차 생산시스템에 있어서는 세계 최강을 점하고 있으면서도 아직도 끝없는 가이젠(改善)을 추구하고 있다. 창업자 가족이 3대째 사장(CEO)을 했고 지금도 막강한 영향력을 행사하고 있다. 미국의 경영시스템을 거부하고 일본식 문화의 전통과 조화를 이룬 경영을 고집하고 있다. 그래서 지난 10년간 불황 때도 인원삭감을 하지 않고 종신고용을 끝까지 지켰다. 도요타는 위기의식과 무한경쟁(無限競爭)정신을 성공 DNA로 하고 있다. 1년에 1조 엔(약 11조 원)이 넘는 이익을 내면서도 노조는 임금을 동결했다. 더구나 지난 50년간 노사분규가 없는 회사이기도 하다.

자동차의 강자 도요타는 어떤 회사일까? 도요타는 그 탄생부터 특이하다. 제1차 세계대전 후 GM, 포드 등 외국 자동차들이 일본시장을 휩쓸 때도 도요타는 일본 중부 나고야 부근의 시골(현재 도요타 시)에서 태어났다. 당시 막강하던 재벌계 회사들도 자동차산업에 뛰어들기를

---

150) 김태진, TOYOTA(조두섭 · 전우석), 추천사 및 서문, 위즈덤하우스, 2004.

주저할 때 도요타자동차의 창업주 도요타 기이치로는 "순수 일본인의 두뇌와 기술로 자동차를 만들겠다"는 기치를 내걸고 꿈과 도전을 시작했다. 선대가 창업한 도요타 직기(織機)의 뒷받침은 있었으나 자동차 산업은 자금수요와 기술면에서 매우 벅찬 일이었다. 그래서 주위와 회사 내부에서 반대가 심했다. 그래도 도요타 기이치로 회장은 정열과 강한 의지로 목표를 향해 전진했다.

6·25 전쟁특수와 '레드 퍼즈'

도요타의 발전 과정은 악전고투의 연속이었다. 제2차 세계대전 후에는 경영난으로 문을 닫을뻔 했다. 그런데 1950년 한반도의 6·25 전쟁으로 전쟁특수가 일어났다.

한국에 전쟁이 일어나자 일본에서는 군수물자를 공급하였다. 이를테면 철조망과 못 같은 것으로부터 자동차 등에 이르기까지 다양했다. 이를 위한 군수공장 가동을 위해 맥아더 사령부는 반공적 태도를 강화하여 공산당 중앙위원의 공직추방, 아카하타(アカハタ)의 정간, 보도기관의 적색추방, '전노련(全勞連)'의 해산 등과 함께 전기, 석탄, 철강, 화학 등의 산업부문 및 국철, 우정, 전통, 농림 등의 관공서에서도 '레드'를 축출하여 총 13,200명의 '레드 퍼즈'를 단행했다. [신판 노동용어사전, pp 782~783, 일간 노동통신사(도쿄), 1987년.]

여기에 도요타도 포함됐을 것임-필자. 이러한 한국전선을 향한 군수물자 생산이 없었다면 도요타는 더 힘들었을 것이다.

이때 도요타는 은행에 긴급지원을 받기 위해 구조조정과 대량 감원을 하게 되었는데 이런 연유로 격렬한 노사분규를 겪었고 창업주가 책임을 지고 물러나게 되었다. 도요타는 이때의 악몽을 귀한 자산으로 삼았다.

- 경쟁력이 있어야 회사가 살 수 있다는 것
- 노사대립은 노사가 함께 망하는 길이라는 것
- 항상 위기의식을 가져야 한다는 것을 깊이 새기게 된 것이다.

그 뒤부터 도요타에는 노사분규가 없어졌다. 그 대신 회사에서 고용안정을 보장했다. 누구나 원만하면 정년인 60세까지 일할 수 있다. 그러나 작업강도가 높고 경쟁도 치열하다. 오늘날 세계 초일류 기업이 된 도요타를 만든 오쿠다 히로시 회장은 경영자의 의무는 고용보장이라며 회사 사정이 어렵다고 종업원을 쉽게 내보내는 경영자는 경영자가 아니란 말을 남겼다.

도요타 가(家)는 경영권의 상징

도요타 가(家)는 그룹 경영권의 상징이며 단합의 상징이다. 4대째 내려오는 이 가문은 영향력을 행사하는데 있어 장남 승계를 원칙으로 하되 사정에 따라서는 가족 중 가장 적임인 사람이 그 자리를 맡게 한다. 지금도 전문경영인이 맡고 있는 데 몇 년 뒤에는 지금 경영 수업 중인 도요타 4대(현 전무)가 사장을 승계할 것이라는 예상이 돌고 있다.[151)]

"독일 경제부활은 BMW공장서 시작됐다"

타임誌 '라이프치히 공장' 성공사례 분석
고객 맞춤형 시스템 개발, 최대 6개모델 동시 생산
임금 인상 없이 노동시간 연장… 독일 전체로 확산

독일 경제부활혁명은 옛 동독 땅에서 시작됐다. 2년 전까지 라이프치히는 통독(統獨) 후 치솟은 실업률과 불황에 허덕였지만, 이젠 독일 고급 승용차 BMW의 자랑이자 독일경제부활의 상징이 됐다. 노사대타협을 통해 '고객맞춤형자동차양산'이란 생산혁신을 이룬 게 비결이다. BMW 라이프치히 공장의 성공 사례를 미 시사주간 타임 유럽판 최신호(8월5일자)가 조명했다.

BMW 라이프치히 공장의 혁명 <노사 대타협>

■ 생산 혁명

맞춤형 대량 생산 실현

- 한 생산라인서 최대 6가지 서로 다른 모델을 동시 생산
- 공정 바뀌거나 새 공정 추가돼도 라인 전체가 멈추는 일 없음
- 부품생산 협력업체가 공장 내 입주 · 부품 생산 즉시 생산라인에 공급됨(물류비 제로)

---

151) 김태진 외 2인, 도요타, 추천사, 최우석, 현장감이 생생한 도요타 종합 연구서, 위즈덤하우스, pp 6~7, 2004.

■ 노사 혁명

노사대타협 통한 노동의 유연성 확보

- 노조측 ; 임금인상 없는 노동시간연장(주 35 → 38시간)에 합의
  토요일 근무 특별 수당 폐지
  노동자 5000여명의 절반을 비정규직화
  2~3교대 근무제 대신 300개의 각기 다른 근무조 편성
- 사 측 ; 신설 공장을 해외 아닌 국내에 지어달라는 노조의 요구 수용

생산라인 한 곳에서 각양각색의 차량이 동시에 만들어지는 BMW의 독일 라이프치히 공장. 이 '맞춤형 양산 체제' 는 임금 인상 없이 더 일하고 비정규직도 마다 않겠다는 노조의 양보를 통해 실현됐다.

맞춤형 자동차를 대량 생산하다

BMW 라이프치히 공장 생산라인에서 똑같은 차를 찾기 힘들다. 앞차와 뒷차의 모델이 다를 뿐 아니라 시트 소재, 차량 색깔도 제각각이다. 문짝 3개짜리 회색 BMW 1시리즈 바로 뒤에서 문짝 4개짜리 은색 BMW 3시리즈가 동시에 생산된다. 이 공장에선 최대 6개의 모델을 동시에 만든다.

주요부품을 만드는 협력업체들이 공장 안에 입주한 덕분에 가능해진 일이다. 운전석과 시트를 만드는 프랑스 포레시아사(社)도 그중 하

나이다. 부품생산과 자동차 조립이 동시에 이뤄져 부품이 만들어지면 즉시 생산 라인에 투입된다. 재고 걱정, 운송비 걱정이 없다. 고객이 특별 주문한 맞춤형 시트·선루프·스포일러(공기저항 감소 위해 붙이는 날개)는 작업 20분 전에만 알려주면 척척 조립된다.

독일 BMW는 변덕쟁이 고객들의 해방구가 됐다. 자동차 구입 계약 뒤 세부내장사양을 놓고 마음이 변해도 괜찮다. 주문한 차가 실제 생산라인에 오르기 6일 전까지 '변심은 얼마든 환영'이다.

혁신의 밑거름 노사 대타협

후술하듯이 BMW 경영진은 새 공장을 인건비와 땅값이 싼 체코에 지으려 했다. 노조는 반발했다. 국내에 세워야 한다고 주장했다. 그 대가로 파격적인 타협안을 내밀었다.

다른 BMW 공장들에 비해 주당 3시간을 더 일하고(35~38시간), 토요일에 일해도 평일과 똑같은 보수를 받겠다고 했다. 5000여 명의 노동자 중 절반은 비정규직으로 뽑으라고도 했다. 전통적인 2~3교대 근무제를 버리고 조업상황에 따라 유연하게 근무조를 편성키로 했다. 맞춤형 생산을 위한 필수적 요소이기 때문이다. 사측은 이쯤 되면 굳이 체코로 갈 이유가 없다고 판단했다.

라이프치히 발 혁신·부활이 독일 전체로

라이프치히 공장 설립 전인 2004년 BMW의 생산량은 120만 8700

대였다. 이듬해 132만 8000대로 9.87% 늘더니 2006년엔 137만 4000대가 됐다. 매출은 2004년 607억달러에서 작년 672억달러로 10.61% 늘었다. 2006년 세전(稅前) 이익은 56억달러. 전년보다 25.46% 늘었다.

라이프치히 효과는 독일 전체로 확산됐다. 임금인상 없는 노동시간 연장은 최근 2년 사이 독일 경제의 전반적 현상이 됐고, 전체 비정규직 노동자는 60만명으로 10년 전의 3배가 됐다. 덕분에 2005년 0.9%였던 GDP 성장률은 작년 2.8%로 올라 '유럽의 경제 엔진' 이란 명성을 되찾았고, 같은 기간 실업률은 9.4%에서 8.8%로 떨어졌다.

타임의 평가는 이렇다. "새롭고 유연해진 독일이 일어섰다. BMW는 부활하는 독일 경제의 상징이다." 부활은 라이프치히에서 시작됐다.[152)]

해고 없는 기업 BMW의 비밀, 노조 양보로 일자리 확보, 임금 동결

BMW 노조, 공장 체코에 건설 반대, 주 38시간제 반납

노조의 파격적인 협상안 제시를 통해 건설된 BMW 라이프치히 공장의 모토는 '숨 쉬는 공장' 이다. 건물 바닥의 페인트부터 공장 조경까지 친환경 설계를 적용해 근로자들의 작업 환경을 배려했다.

---

152) 이용수, "獨 경제부활은 BMW공장서 시작됐다", 조선일보, 2007년 7월 28일.

《독일 뮌헨 시의 올림피아파크 앞에는 네 개의 실린더 모양을 한 거대한 건물이 눈길을 끕니다. 애칭이 '4실린더'인 이 건물은 BMW의 본사인데 자동차의 4기통 엔진을 본떠 만든 것입니다. 2006년 12월 13일 BMW 공장 내부를 살펴보기 위해 '4실린더'의 바로 뒤편 도장 공장에 들어섰을 때 당혹스럽게 한 것은 사람을 찾을 수 없고 컴퓨터와 로봇만 바삐 돌아가는 풍경이었습니다. 안내를 맡았던 이 공장 근무 안드레아스 헤메를 씨는 "도장에 사용하는 페인트가 인체에 해로워 1990년부터 사람 대신 로봇이 작업의 대부분을 맡게 됐다"고 설명했습니다. 그렇다면 페인트 공들은 다 어디로 간 것일까?》

"당시 도장 일을 하던 900명은 단 한 명도 해고되지 않고 1~ 2년간 교육을 새로 받은 뒤에 품질검사와 정밀 마무리 작업, 자동화 시스템 통제 등의 업무로 옮겨갔습니다. 정밀 마무리 공정이 신설되고 품질 검사가 강화돼 결과적으로 제품 질도 높아졌죠."

페르 앙커존 인사노무담당 부장은 "BMW에서 감원과 해고는 없다"고 말했다.

노조 양보로 얻어낸 일자리

GM, 포드, 도요타 등 세계적인 자동차기업들이 생산비 절감을 위해 해외로 떠나는 것과 비교하면 BMW의 행보는 유별나다. BMW의 해외 생산량도 늘기는 했지만 다른 기업과는 달리 국내 생산도 큰 폭으로 증가했다.

이 회사의 국내 생산량은 1996년 57만 대에서 2005년 85만 대로 늘어 국내 생산 증가율이 세계 15대 자동차 업체 중 최고인 49.1%를 기록했다.

여기에다 50년 연속 흑자와 20년 무파업을 이어가고 있다. 그 배경에는 일자리의 안정과 노사화합이 있다. 앙커존 인사노무담당 부장과 슈테판 슈미트 종업원평의회 의장(노조위원장)은 BMW 노사관계의 대원칙에 대해 한 목소리로 답했다.

사실상 기업별 노조, 노조나 산별노조연맹 등 회사이익에 우선할 수 없음

"노사의 최우선 과제는 회사의 이익이다. 노조나 산별노조연맹 등 그 어떤 것도 회사의 이익에 우선할 수는 없어요."

BMW의 노사는 특별한 주제가 없어도 주 1회 얼굴을 맞대고 회사의 중요 현안에 대한 정보를 공유한다. 2006년 12월 13일의 정기회의에서 화제는 2005년부터 생산이 시작된 라이프치히 공장 얘기로 시작됐다.

종업원평의회 의장 비서인 페터 로란트 씨가 "2005년까지 하루 570대를 생산하던 라이프치히 공장의 하루 생산량이 지난달 650대를 돌파했다"고 말했다.

보고를 듣던 한스 게오르크 시미엘(노동법 담당) 부장은 감회 어린 목소리로 "그때는 참 많이 싸웠는데…"라며 공장 터를 놓고 노사가 다투던 2001년을 회고했다.

당초 경영진의 계획은 BMW3시리즈를 생산할 신설 공장을 이미 앞에서 기술한대로 체코에 세운다는 것이었다. 독일에 비해 체코의 인건비나 땅값이 저렴하기 때문이었다. 그러나 노조는 독일 내에 세워야 한다고 맞섰다.

신설 공장 급여 수준 기존 공장 평균보다 15% 낮게 주당 3시간 초과근무 수당 안 받고, 주당 생산시간 60~140시간까지 탄력적

그 대신 노조는 파격적인 타협안을 제시했다. 주당 3시간 초과 근무(주 38시간 근무)를 해도 초과근무수당을 받지 않기로 했고 주당 생산시간을 60시간에서 140시간까지 탄력적으로 조절하는 데 동의했다. 이는 독일 내 BMW 공장 가운데 가장 유연한 근로시간 모델이었다.

신설 공장의 급여 수준도 뮌헨 공장 등의 평균 급여보다 약 15% 낮게 정했다. 어렵게 라이프치히에 유치된 공장은 2006년 6월 10만 대 생산을 넘어섰고 고용인원은 5500명이다.

위기가 만들어 낸 유연성의 전통

미래를 위해 현재의 단기적 희생을 감수하는 BMW 노조의 선택은 오랜 전통을 갖고 있다. BMW 역사상 최대 위기로 꼽히는 1959년 겨울 그 전통은 시작됐다.

당시 BMW사는 신제품 전략 실패로 도산 위기를 맞아 벤츠에 매각될 처지에 놓였다.

주주총회 날인 그해 12월 9일. 대주주인 헤르베르트 콴트와 노조대표인 쿠르트 골다가 어두운 표정으로 마주 앉았다.

골다 대표는 "노조원들이 희생하겠다. 신규 자금을 투입하면 BMW는 살아날 수 있다"며 임금동결 등을 선언했다. 이에 감동한 콴트는 개인 재산을 모두 털어 회사를 살리기로 했다.

슈미트 의장은 "결국 근로자들이 회사 매각을 막은 셈"이라며 "그때부터 노사가 회사의 이익을 가장 우선으로 생각하고 서로 희생하는 전통을 다졌다"고 말했다.

이런 전통은 BMW의 독특한 근로 유연성으로 이어졌다.

이 회사는 1986년부터 탄력적 근로시간 제도를 도입해 토요일 근무를 재개했다. 작업 상황에 따라 3주에 한 번은 근로자가 근무 요일을 선택할 수 있도록 했다.

이 제도를 시작하면서 공장 가동시간은 주 80시간에서 99시간으로 높아졌고 생산성이 24% 이상 향상됐다.

1996년에는 근무시간 계좌 제도가 마련됐다. 바쁠 때는 별도의 수당 없이 초과근무를 하고, 이렇게 적립한 시간만큼 다음에 쉬는 방식이다. 연간 적립할 수 있는 근무시간은 200시간.

많은 기업의 근로자들이 일이 많을 때는 초과근무수당을 받지만 경기가 악화되면 해고의 위기를 맞는다. 근무시간 계좌 제도는 이같은 위험을 없앴다.

도장공장 맞은편의 조립공장에 들어서면 한 층에서도 바닥에서 천장까지 높이가 다르다. 근로자들이 작업 종류에 따라 최대한 편한 자세에서 일하도록 만든 것이다. 노무담당 앙커존 부장은 "아무리 자동화를 해도 자동차는 사람의 손으로 만드는 것"이라며 "근로자가 좋은 환경에서 근무하도록 하는 데 투자를 아끼지 않는다"고 말했다.

"일자리 창출은 모든 국가정책에 우선"
쾰러 독일 대통령 대화합 제안에 노동-경영계 기류 변화

"일자리를 만들고 유지하는 것은 모든 국가 정책에 우선한다."

호르스트 쾰러 독일 연방 대통령은 2006년 5월 22일 베를린에서 열린 독일노총 전국대의원대회 연설에서 '일자리를 위한 정치적인 우선 원칙'을 제안했다.

그는 "국가나 사용자, 근로자 모두 자신들의 행동이 일자리가 없는 사람들에게 도움이 될지를 생각해야 한다"고 말했다.

쾰러 대통령은 이를 위해 복지비 등 임금 부대비용의 삭감, 고용유연성, 실업자 교육 등이 시급하다고 설명했다. 그는 특히 노조에는 절제를, 사용자에게는 봉사와 책임을 주문했다.

세계 1위 수출국이며 제조업 강국인 독일의 노동시장은 얼핏 한국과 닮았다.

독일에서도 공장의 해외 이전 압력이 거세지고 시간제 근로자 등

저임금의 비정규직이 급증하고 있다. 실업률은 10%(2005년 기준)에 육박한다.

쾰러 대통령의 제안에 독일의 노동계와 기업은 조금씩 반응을 나타내고 있다.

독일의 대다수 자동차기업 노조가 소속된 금속노조(AG Metal) 니더작센 주 하르무트 마이너 지부장은 "글로벌 경쟁에 대응하는 것이 노사 모두의 과제"라며 "노조도 일자리를 유지하기 위해 생산의 효율을 높이는 데 나서고 있다"고 말했다.

그는 지난해 9월 폴크스바겐이 주 근무시간을 28.8시간에서 33시간으로 늘리는 노사 합의 때 참여했다.

단체협약 ; 산별에서 기업별로

독일 노조는 최근 한국과 유사한 위기를 맞고 있다. 회사 측이 노조 간부에게 돈을 건넨 '하르츠 스캔들'은 한국 현대자동차와 비슷하다.

8개 산별노조의 연합체인 독일 노총의 조합원 수는 1991년 1180만 명에서 2005년 677만 명으로 급감했다.

산업별 단체협약의 전통도 바뀌고 있다. 기업들이 국제 경쟁에 빠르게 대응하기 위해 기업별 협약의 여지도 확대되고 있다.

쾰러 대통령은 이같은 변화를 "어느 한쪽의 약화가 아니라 일자리를 위해 각 부문이 효율적으로 바뀌는 것"이라고 설명했다.

마이너 지부장은 "노사 공동 결정은 독일의 오랜 전통"이라며" 그

전통이 일자리 위기를 극복하는 데 도움이 될 것"이라고 말했다.[153]

구성원의 자율적 자아실현의 쌔턴 체계

이미 상술했듯이 우리 산업계에는 2007년에 들어서 봄 눈 녹듯이 춘투가 일어나지 않고 얼어붙었던 노사문화가 풀리고 있다. 코오롱노조와 같은 강성 노조가 '항구적 무파업 선언'을 하는 등, 2007년 7월 현재 440여 노조에서 '무파업 선언' 등이 이어졌다.

이런 추세가 해마다 지속되어 우리나라 노사문화가 안정적으로 발전되어 나갈 것으로 보고, 앞으로의 노사상생경영의 과제를 검토해 본다. 여러 가지를 검토해 볼 수 있겠지만 현 단계에서는 노사융화의 정신으로 쌔턴 경영방식을 벤치마킹, 조직 구성원들이 일에 자율 자발적으로 참여(Employee Involvement · EI)하여 구성원들이 스스로 만족(Employee Satisfaction · ES)케 하는 상생경영 시스템의 도입을 권유한다.

GM의 자매회사인 쌔턴사의 EI, ES의 생산방식은

① 노르웨이 · 스웨덴식의 사회 · 기술적 체계(STS)

② 디자인과 제품개발이 동시에 이루어지는 동기설계

③ QC

④ 자율작업팀의 운용

⑤ 도요타의 JIT의 실시

---

153) 이은우 · 임우선 · 김광현, 해고 없는 BMW의 비밀…, 동아닷컴, 2007년 1월 29일.

등이 쌔턴의 특징이다. 여기에서 쌔턴 방식의 10계명이 나오게 된다.

이 다섯 가지 아이템 가운데 현 단계의 우리가 검토하여야 할 사항은 자율작업팀의 운용이다. 이는 매스로의 자기실현의 욕구를 현장 근로자들이 추구케 해야 하는 경영 전략 및 관리대책으로 각 조직의 특성에 맞게 연구 · 도입 · 실시하여 해당 작업의 담당 구성원이 일에 자발적으로 참여(EI · employee involvement)하여 구성원들이 스스로 만족(ES · employee satisfaction)케 하는 자율작업체계의 운용의 방식이다.

〈표 14〉 과학적 관리법과 쌔턴 방식의 비교

과학적 관리법의 10계명	쌔턴 방식의 10계명
1. 작업 현장으로부터 두뇌를 사용해야 하는 모든 일을 제거하라.	1. 작업 현장에서 계획과 수행 및 통제를 동시에 하도록 하라.
2. 기획 · 엔지니어링 부서에 모든 권한을 집중시켜라.	2. 기획 · 엔지니어링은 모든 권한을 쥐고 있는 곳이 아니라 지원팀이다.
3. 복잡한 작업을 여러 개의 직무로 나누어 단순 · 반복 작업을 하도록 하라.	3. 단순 · 반복 작업은 다능화의 직무순환으로 극복하게 하라.
4. 개개의 작업이 수행되는 데 필요한 시간을 재기 위해 시간 · 동작을 연구하라.	4. 작업수행 필요시간도 중요하지만 개개인의 능력과 특성에 따라 시간을 조절토록 하여 고품질을 확보한다.
5. 각 직무를 또 다시 세분해 기능 무소유 단순 근로자를 고용해 일하도록 하라.	5. 모든 팀원을 고기능 보유자로 직무수행을 하도록 한다.
6. 각 직무에 최소한의 훈련만 제공하라.	6. 가능한 최대한 기능훈련, 인간관계훈련을 제공한다.

7. 작업규정을 최대한 자세히 작성하라.	7. 작업규정은 가능한 한 단순하게 한다.
8. 기준치 이상 생산량에 개인 인센티브 급여를 주라.	8. 개별 성과급제가 아닌 집단 성과급제를 실시한다.
9. 기계화 할 수 있는 한 기계화하라.	9. 기계 자체보다는 기술을 최대한 활용할 수 있는 인간-기술-시스템을 통합한다.
10. 노조를 인정하지 말라.	10. 노동조합도 경영층과 함께 경영에 참여함으로써 큰 성과를 낸다.

자료 : 이병남 외 4인, 대전환 노사파트너십, pp 169~170, 명진출판, 1995.

앞의 〈표 14〉에서 쌔턴 방식의 10계명을 하나하나 살펴보면 잘 알 수 있듯이, 이 쌔턴 방식의 10계명 모두 잘 운용되면 구성원들이 모두 자발적으로 참여하여 스스로 만족하는 EI, ES체계가 된다. 쌔턴 시스템에서는 구성원들의 작업일정을 비롯한 일반 사항에 관한 감독자가 없다. 코치와 코디네이터와 모든 것을 의논하되 구성원들이 스스로 결정하게 되어 있다.[154] 그래서 쌔턴 방식의 10계명을 잘 운용하면 구성원 모두가 이미 논급한 대로 자기성취에 만족하는, 매스로의 욕구의 5단계 중 최고의 단계인 자아실현의 욕구가 충족되게 해 나가는 방법이 된다. 이는 구성원 모두에게 내재돼 있는 잠재 역량, 잠재 컴피턴시가 작업현장에서 발휘되게 하여 구성원이 스스로 만족(ES)하게 되

154) 이병남, 앞의 책, pp 106~109.

는 방법이다. 이 과정에서는 구성원 모두가 자기가 하는 일의 내용 및 예측되는 성과와 보상 등에 관해서 코칭, 코디네이팅 됨으로 조직 구성원 각자 각자는 물론 노사관계차원에서도 이에 관한 결정과정에 참여하게 하여야 됨은 필수적이다.

이러한 자율, 자발적 활동으로 볼 때 테일러리즘인 과학적 관리의 10계명은 오늘날에는 큰 가치가 없는 것이라고 할 것이다.

Chapter 5

FTA 시대 IT · BT · NT 융화할 기(氣)찬 순발력 더 높이자

본장은 조선일보에서 2005년 3월 창간 85주년 기획특집으로 '한국인의 氣를 살리자' 고 기획된 융화의 '비빔밥 정신' 과 '쌍방향의 집단놀이 문화' 그리고 '빨리빨리의 역동성이 역사 바꾼다' 는 세 가지 테마의 논문을 인용하면서 필자의 소견도 달았다.

① 섞어, 융화의 새 맛내는 우리 '비빔밥 정신' 의 창달 : 우리 상고시대 단군조선, 고구려, 발해 등에서부터 신라, 백제로 이어져 온 기마-농경족의 신비한 융화 순발력의 정신을 발휘케 하는 비빔밥 문화의 융화의식의 인식

② 참신한 새로운 바람을 일으키는 '쌍방향 · 신바람의 집단놀이문화' 를 지속적으로 일으키자는 자유 · 무규범형 신바람활동의 기반조성 및 활용

③ 21세기의 디지털 시대를 선도해 나갈 '빨리빨리의 역동성이 역사 바꾼다' 는 노마디즘의 참신한 기술의 지속적 개발

우리 상고대부터 이어져 오는 '융화의 정신', 융화의 상호작용과 같은 '쌍방향 신바람의 집단 놀이문화' 또 순발력 높은 '빨리빨리의 역동성'의 문화의 정신이 더욱더 긍정적, 역동적, 직관적으로 각 개인의 암묵지-형식지의 상호작용으로 꽃을 피워야 한다. 즉 창조성 높은 융화력으로 FTA 시대에 빛날 창의력을 우리 스스로 개발해 내는 노사융화의 SECI 프로세스의 디지털 노마디즘식 신지식, 즉 지적가치를 창출케 하는 조직풍토를 빛나게 해야 한다.

이렇듯 이 3개 주제의 아이디어는 모두 우리 상고시대부터 이어져 온 한국 고유의 융화의식에서 싹튼 것이라고 할 수 있다. 이런 우리 전통 문화의 정신적 기반이 바로 FTA 시대를 빛낼 IT · BT · NT의 기술적 융화에 의한 신기술을 창출케 할 우리의 자신감을 더 크게 하고도 남음이 있는 것이다.

1. 섞어, 융화의 새 맛을 내는 우리 '비빔밥 정신'

서울대 송병락 명예교수는 섞고 비벼서 융화시켜 새 맛을 내는 우리 '비빔밥 정신'이 한국인의 기(氣)를 살리는 IT강국을 키웠다고 2005년 3월 3일 조선일보 아시안 리더십 콘퍼런스의 주제를 발표했다. 그 내용을 소개한다.

'한국에서 100살 넘는 사람의 수는 1600명이다. 미국의 7만 1천명이나 일본의 2만 2천명에 비하면 그 수는 상대적으로 적으나 매년 빠르게 늘어나고 있다. 이들은 어떤 의미에서 인생의 금메달리스트들이다. 한국의 의학, 영양학, 인류학 등을 전공하는 교수들이 100살이 넘는 한국인들의 식습관과 가족관계 등을 연구하기 위하여 얼마 전 장수문화연구회를 만들었다. 그 회원들이 한국인을 대표하는 음식이 어떤 것인가 하고 논의하다가, 비빔밥으로 결정했다는 것이다.

비만을 예방하는 비빔밥

이들은 비빔밥의 세계화를 위하여 노력하고 있다. 미국인 10명 중 6명이 비만형인데 이들이 패스트푸드 대신 비빔밥을 먹는다면 비만 방지가 가능하다는 것이다.

사실 전 세계적으로 볼 때 섞고 비빈 비빔밥을 먹는 인종은 한국인뿐이다.

밥 · 고기 · 나물 · 고추장 비벼 '웰빙 음식' 창조해 내듯이 사계절, 대륙 · 섬 문화 융화된 우리문화 · 기술 · 산업 · 정보 통합 열풍 일으키자

비빔밥은 무엇보다 장수 식품이다. 또한 융화의 식품이다. 그리고 돌솥 비빔밥은 먹는 사람이 비벼서 곧, 융화로 새 맛을 내도록 되어 있다. 비벼 놓고 맛이 없으면 물에 엎어 끓이면 매운탕이 된다. 전 세계적으로 이런 음식은 없다. 어떤 나라 문화이건 음식에서 그 특성을 쉽게 찾아볼 수 있다. 그런데 한국은 융화의 나라라고 해도 과언이 아니다. 우리나라는 동아시아 국가 중 동서양 문화나 사계절 기후가 가장 많이 융화된 나라이다. 지금은 반도 국가이지만 대륙 문화와 섬나라 문화도 많이 융화된 나라이다. 한국인은 융화 문화 속에서 살아가고 있다.

그런데 놀라운 사실은 각종 기술과 산업의 융화시대가 빠르게 전개되고 있다는 사실이다. 이는 바로 한국인의 문화시대가 오는 것이 아닌가 생각하게 한다. 그 예를 들어 보자.

미국 최고의 경제 주간지인 비즈니스위크지(誌)는 해마다 세계 100대 IT(정보통신)기업을 선정하여 순위를 발표하였는데, 세계 일등이 3년 전에는 삼성전자, 그리고 2004년에는 LG전자였다. 이런 이야기가 있다. IMF 경제위기에 처한 삼성전자가 세계적인 외국 전자회사들에게 장래 업종에 대해 자문을 했다. 그들은 한결 같이 기술도 인력도 부족한데, 여러 제품을 생산하지 말고 반도체 생산만 전문화하라고 충고했다. 삼성은 이를 받아들이지 않았다. 오히려 그 반대로 했다.

왜냐하면 휴대전화에서 보는 것처럼 전화기 기능에 시계, 계산기, 디지털카메라, 노래방 등의 다양한 기능의 융화가 기술과 산업 변화의 대세임을 간파했기 때문이다. 그래서 반도체, 컴퓨터, 통신제품, 가전제품 등을 복합 생산한 결과 이들의 융화로 경쟁력을 크게 높일 수 있었다. 삼성에 전문화를 충고했던 회사들 중 현재 고전하고 있는 회사도 적지 않다.

디지털 노마디즘 환경과 한류열풍

융화는 앞으로 광범한 분야에 걸쳐서 이루어진다. 중앙아시아의 중심 국가라는 우즈베키스탄을 방문했을 때 만난 어느 교포는 그곳 방송국은 '겨울연가'를 네 차례나 방영했다고 했다. 한류열풍을 일으키고 있는 '겨울연가' 같은 드라마는 수많은 요인들, 즉 탤런트의 연기, 배경음악, 의상, 촬영기술, 무대장치, 드라마 작가의 능력 등의 성공요인 융화의 산물이다.

중요한 것은 기업과 사회의 조직방법도 융화가 된다는 것이다. 그 대표적인 방법에는 미국, 일본 및 독일의 세 가지 모델이 있는데, 한국은 이들 중 어느 것도 모방해서는 안 된다는 것이 경영학의 시조 피터 드러커 교수의 주장이다. 옳은 방법은 이 세 모델을 비벼서 즉, 융화하여 모두를 앞설 수 있는 새로운 모델을 만들어 내는 것이다. 이는 드러커 교수가 주장하는 것이고, 또한 삼성전자, LG전자, 포스코 등 세계 최고 수준에 올라간 한국 기업들이 이미 그렇게 할 수 있음을 증명한 바이기도 하다.[155]

기대되는 IT · BT · NT의 융화

앞으로 IT와 BT 및 NT의 융화도 우리 비빔밥과 같을 것이다. 우리 순발력 높은 융화, 융합의 정신이 제1장에서 이미 밝힌 대로 멀리 상

155) 송병락, 조선일보, 2005년 3월 4일, A3면, 필자 가필.

고시대로 올라간다. 우리 단군조선시대부터의 천손신화와 난생신화의 융화,[156] 즉 기마-농경민족 및 의식의 융화가 고조선, 고구려, 신라, 백제에서 흉노, 말갈 등과 융화하여 왔다. 특히 제1장에서 논급되었듯이 고조선 시대의 후국들과, 순발력 높게 융화한 '아사달' 의 사회문화를 이미 이루어 왔었던 것이다.

조만간에 IT · BT · NT 융화의 시발이 한국에서 이루어질 것인지도 모른다.

IT · BT 결합기술 5년 안에 나올 것

이러한 우리 융화의 정신을 또 다시 논증하게 되었다. 'IT · BT 결합기술 5년 안에 나올 것' 이라고 황창규 삼성전자 반도체 사장이 밝힌 것이다. 초콜릿 냄새나는 핸드폰, 인공으로 증식되는 닭, 돼지, 소고기를 식용으로 요리할 날도 멀지 않았다.

이는 제1장에서 논급됐듯이 삼성전자에서 세계 첫 개발된 30나노 64기가 낸드플래시를 비롯해서 나노기술까지 융화 결합하는 IT · BT · NT의 순발력 높은 융화의 정신적 활동의 거창한 융화 · 창조의 꽃을 피우는 것이다. 이미 논급됐듯이 IT와 NT 및 생명공학기술로 다량 생산된 가축의 요리를 즐길 날이 예상외로 빨라질 것이다.

이시형 교수는 《우뇌가 희망이다》에서 '섞어 세대', '멀티 시대' 에

156) 김병모, 금관의 비밀, pp 24~25, 144~146, 푸른역사, 1998.

관련해서 이렇게 기술하고 있다.

'원래 이 말은 멀티미디어에서 유래되었는데, 전선 하나에 전화, TV, 컴퓨터 등 온갖 기능을 다 싣는다는 뜻이었다. 이것이야말로 미래 사회 첨단의 상징이었는데 어느새 우리 생활 깊숙이 들어왔다.

하지만, 무슨 걱정인가? [섞어(융화)] 하면 한국 아닌가? 비빔밥만인가? 찌개, 김치에 들어가는 채소며 양념, 고기가 도대체 몇 가지인가? 안방의 기능도 멀티다. 응접, 놀이, 식당, 공부, 침실까지 복합된 다용도다. 마당도 타작마당에서 창고, 멍석 깔면 식당, 천막 치면 파티장이 된다. 서양의 방은 용도가 딱 한 가지뿐이다. 침실, 식당, 응접실…. 모두가 따로 따로다. 참으로 융통성이 없는 구조다.

우리야말로 멀티시대의 선두주자이다. 세계 제일의 컴퓨터, 휴대폰의 화려한 멀티기능이 그냥 된 게 아니다. 그 작은 휴대폰에 그 많은 기능을 실을 수 있는 나라가 우리말고 또 있었던가?

어째, 한국의 시대는 이미 오고 있는 것 같다.'

융화의 정신과 다양한 종교

우리의 비빔밥은 우리 전통적인 융화정신의 소산이다. 글로벌화된 FTA 시대, 섞고, 융합해서 융화의 새 맛을 내는 우리 전통의 비빔밥 문화, 이 비빔밥에 들어가는 고추장, 기름, 각종의 나물 등을 계량함이 없이 대충 어림짐작으로, 다시 말해서 직감으로 섞는 것이다. 이러한 전통에서 우러난 복합하여 섞는 의식에 젖어 있는 즉, 직감의 음식

문화에서 온 한국인의 우뇌 우위의 정신력, 융화-순발력의 문화를 세계만방에 다시금 과시할 때가 온 것이다.

이와는 다른 측면으로 볼 때 우리나라만큼 다양한 종교가 없다. 즉, 여러 계파의 불교, 또한 여러 계파의 개신교, 천주교, 천도교, 원불교, 마호메트교 그밖에 무수한 토속 종교 등등 그야말로 다종다양한 종교가 섞여 제각각의 활동을 하고 있으면서도 교파 내 분쟁은 있어도 이렇다 할 종교 간의 마찰이나 분쟁이 없는 것이 우리나라의 특징이다. 이러한 현상도 비빔밥 정신이라 할 우리 전통의 융화의 정신에서 우러나는 것이 아닐까?

우리는 융화의 문화에서 살고 있는 것이다.

2. 쌍방향 · 신바람의 집단놀이 문화

2002년 월드컵 4강을 획득한 선수들의 빛나는 활동과, 선풍적 신바람을 일으킨 '붉은악마'의 그야말로 현란한 융화의 활동은 확실히 디지털 시대 노마드형의 우리 열정문화라고 해야 한다. 이와 같이 21세기 디지털문화시대에 새롭게 급진전되는 생명공학이나 각종 e기술 형성의 기본바탕에는 우리 직감적 노마드형 문화와 우리 전통의 원초적 무속성[157]이 그 뿌리를 깔고 있다. 그 내용을 좀 더 구체적으로 살

157) 이시형 앞의 책, p 33.

펴본다.

한국인의 기(氣)를 살리자는 조선일보의 기획편집에서 국립극단의 이윤택 감독은 우리가 '쌍방향 · 신바람의 집단놀이 문화' 로 온라인 게임, 싸이월드 붐을 일으키는 요인에 대하여 '신바람 놀이문화로 사이버 지구촌 평정' 이란 주제의 기고를 다음과 같이 하였다.

신바람 놀이문화로 '사이버 지구촌' 평정

한국인이 다른 민족과 구별되는 가장 분명한 특성을 들라면 나는 주저 없이 '신명' 이란 단어를 꼽는다. '신명' 이란 일명 '신바람' 이라 불리는 집단무의식이다. 문화인류학자 엘리아데가 언급한 바에 의하면 '하늘과 가장 가까이 맞닿아 살고 있는 민족' 의 집단놀이문화를 형성하는 에너지가 '신명' , '신바람' 인 셈이다.

우리는 이미 2002년 월드컵 축구대회를 통해 '붉은악마' 라는 신명의 실체를 확인했다. 극단적 개인주의가 21세기 지구인의 특성으로 두드러지고 있는 이 때, 광화문 대로를 가득 메운 저 인파는 도대체 누가 불러 모은 것인가? 그들을 불러 모은 것은 바로 한국인의 '신명' 이었고, 붉은 악마야말로 전 세계인을 놀라게 한 '신바람' 이었다.

축구 실황을 보고 싶거나 직접 응원을 하고 싶은 시민은 경기장으로 가면 된다. 경기 내용을 알고 싶은 시민은 집이나 직장에서 TV채널을 돌리면 그만이다. 그런데 왜 그들은 집도 경기장도 아닌 도심 한가운데 모여들었는가?

그 밑바탕에는 신명이란 삶의 에너지가 한국인의 집단무의식을 불 지폈던 게 틀림없다. 세계적으로 집단의식이 강한 일본인들도, 열정적 기질의 이탈리아인도 무색해 할 수밖에 없었던 신바람! 이 무서운 집단무의식이 21세기 한국인이 지니고 있는 최고의 자산이며 미래의 식량임을 나는 믿는다.

한국인의 신명은 만인이 다 각기 따로 노는 형국이면서도, 만 개의 개체가 서로 연쇄 충돌하면서 무서운 기세로 확산되는 '우리'의 공동체의식이다.

"혼자 놀기" 대신 "같이 놀자" 기질 온라인 게임 · '싸이월드' 붐 일으켜

이 한국인의 독특한 공동체의식과 놀이문화가 일으킨 혁명은, '온라인게임 세계 최강국'으로 상징되는 IT문화이다. 또 집단놀이문화가 새로운 21세기형 상호소통 이웃문화와 결합되어 나타난 현상이 한국이 주도하는 '싸이월드'이다. 사이버 공간에 자신의 방을 차리고 방명록을 열어 놓으면 불특정 다수의 익명들이 자유롭게 드나든다. 만나보지도 않은 타인의 사진을 자신의 방으로 가져가기도 하고 남의 일기에 자신의 생각이나 감정까지 덧붙이기도 한다. 얼굴도 모르는 타인과 스타크래프트 전략을 짜고, 레이싱 경기도 하고 포커판까지 벌인다. 그래서 수만~수십만 명이 구름처럼 모여들어 온라인 게임을 즐기는 곳이 바로 한국의 사이버 공간이다.

21세기 지구 어디에 이런 '무조건적인 개방구역' 이 한국 말고 또 있는가? 개인의 사생활이 철저하게 보장되고 습성화된 일본인이나 서구인들은 상상도 할 수 없는 광장(廣場)의 놀이문화가 한국에 존재하고 있다.

한국, 21세기 IT강국 ; 게임 천국 일으킨 요인

이런 개방성과 집단성은 어디서 연유하는가? 바로 신명의 놀이정신이다. 한국이 21세기 IT 강국으로 떠오르고 게임천국이 된 이유 또한 바로 이런 한국인의 독특한 민족성에 기인하는 것이 아닐까?

한국인의 유전자 속엔 오래 전부터 이런 집단놀이정신과 문화가 있었다. '노세노세 젊어서 놀아, 늙어지면 못 노나니…' 하는 노래를 부정적으로 생각하는 사람도 있다. 젊어서 공부하든지 일해야지 놀다보면 남는 게 뭐가 있느냐는 생각을 가진 사람들도 있다는 말이다. 그러나 젊어서 공부하고 일만해서 무엇을 얻겠다는 것인가? 이웃 간에 정이 없고 더불어 함께 살아간다는 공동체의식이 결여된 문명은 고독하고 활력이 없다. 그리고 '혼자 놀겠다' 는 것이지 않은가. '더불어 함께 놀자' 는 권유형(노세노세) 어법으로 시작하는 노래 속에는 분명 젊음의 활력과 민족의 집단의식이 싱싱하게 묻어나온다. 이런 젊은 놀이정신이야말로 한국 특유의 유전자적 기질(氣質)이며, 건강한 현실 극복제임에 틀림이 없다.

우리 조상들은 '똥 밭에 굴러도 이승이 좋은기라' 고 말할 정도로 삶을 긍정적으로 예찬하지 않았던가? 삶은 그 어떤 사상과 제도보다도 우선한다. 그래서 살아 있는 이 시간을 확인하기 위해서 우리는 아무런 조건도 약속도 없이 광화문 대로에서, 사이버 공간에서 만나는 것이다.[158)]

'붉은악마'와 한국인의 무속성

월드컵 4강 때 저 '붉은 악마'의 현란한 활동을 일으킨 신바람에 관한 예찬과 같이 이 신바람은 우리 민족성이라는 지론이 맞다. 이 신바람문화는 한국인의 원초적 전통에서 온 심성(心性)이라고 할 무속성에 깊이 연원되어 있다는 것이다. 그런데 신바람문화에는 예찬할 내용과 더불어 함정과 실패도 있다는 것이 정신신경심리학을 깊이 연구하고 있는 이시형 교수의 지적이다. 이 교수는 상기한 《우뇌가 희망이다》에서 '우리 민족성은 유사 이래 무속적인 심성을 바탕으로 하고 있다. 그것은 당신이 불교신자든, 기독교신자든 상관 없다. 한국인인 이상 원초적 심성을 이루고 있는 바탕은 무속성이다.

우뇌형 신바람의 특성

- 가무를 즐기는 것
- 신나게 노는 것

---

158) 이윤택, 조선일보, 2005년 3월 7일, A8면.

- 신바람만 나면 죽을 둥, 살 둥 일하는 폭발성
- 대충 적당히
- 어림짐작
- 자연스러움
- 따지기 싫어하는 것
- 감만 잡히면 무슨 일에도 겁없이 뛰어드는 도전성
- 직관력
- 세계 어딜 가도 잘 사는 적응성
- 유연성
- 융통성(융화의 정신 문화)
- 슬쩍 보기만 해도 잘 만들어 내는 모방성
- 손재주
- 빠른 눈치
- 뛰면서 생각하는 역동성, ….'

우뇌형 신바람문화의 함정과 실패

이러한 예찬과 더불어 우리의 신바람문화에서 생기게 되는 함정과 실패로는

- 설마 하는 미련 때문에 바닥에 잘 떨어지는 것
  (2005년 4월 20일 서울 능동 어린이 대공원의 코끼리 여섯 마리가 탈출 인근 가정집에까지 들어간 사고, 설마가 사람잡는 줄 모르고)

• 안전사고 많은 것

• 규칙 안 지키는 것

• 신중하거나 치밀하지 못한 것

• 오기 발동

• 설득보다 감정이 앞서는 것

• 온갖 중독

• 신용불량, …'.

한국인은 우뇌형이란 진단에 이의를 제기할 순 없을 것이다'[159] 고 이시형 교수는 밝히고 있다. 산업재해, 교통사고 등은 우리 사회에서 무수할 정도로 흔히 겪어 오고 있는 것이다.

따라서 우리는 이와 같은 신바람의 '설마' 하는 경솔한 판단과 행동에서 생기는 이러한 실패의 가능성을 줄이고 예방하는 대책활동을 중대과제로 다루어야 할 것이다. 막대한 경제적 손실과 인력손실은 물론 인명피해까지 입게 하는 산업재해와 교통사고 등의 예방대책으로서의 다음의 제6장에서 논급하는 동양의 고전 읽히기는 국익의 차원에서 획기적으로 실행해 나가야할 큰 과제이다.

'2005 CES(Consumer Electronic Show)' 에서 우리나라의 제품들에 대한 외국 바이어들의 호응이 매우 뜨거웠으며 특히 세계에서 가장 큰 102인치 PDP TV는 많은 외국 사람들의 관심을 모았다. 또한 영국의

---

159) 이시형, 앞의 책, pp 33~34.

이코노미스트와 미국의 비즈니스위크에서도 특집기사를 통해 각각 삼성전자와 LG전자의 고품격, 고성능 이미지로의 변모를 소개하였고, 지난 해 미국의 브랜드 파워 평가업체인 '브랜드채널'이 조사한 전 세계 브랜드 인지도 순위에서 삼성과 LG가 아시아 태평양 지역에서 각각 2, 3위에 선정되기도 하였다.

가전제품만이 아니라 자동차산업에서도 한국의 기술 및 손재주의 위력이 유감없이 발휘되고 있다. 현대자동차와 기아자동차는 지난해 미국에서 판매 대수가 70만대로 미국에서 가장 성장률이 두드러지는 자동차이다. 그리고 미국뿐만 아니라 유럽이나 중국 등지에서도 브랜드 인지도와 품질을 높여서 판매대수를 급속하게 늘리고 있다.

미국 비즈니스위크가 보는 BT · NT 한국의 가능성

앞으로 한국인의 현대 기술과 손재주는 더욱 큰 빛을 발휘하리라고 예상된다. 왜냐하면 기술이 발달할수록 더욱더 정밀한 기술을 요구하기 때문이다. 미국 비즈니스위크에서는 잠재력이 가장 높은 미래 산업을 생명공학과 나노공학으로 지목하고 있는데 이 두 분야는 더 작고, 더 섬세하고, 더 정밀한 손재주가 필요한 산업이다. 그리고 지금까지 전자와 자동차에선 우리 기업들이 선진국과의 격차를 극복하는데 많은 노력이 필요했다면, 생명공학 분야와 나노 분야에서는 오히려 초반부터 선진국과 대등하거나 앞서 가고 있다. 그러므로 우리 장점을 잘 살릴 수 있는 미래 산업을 손재주가 뛰어난 과학자들이 이끌

어가고 국민이 뒤에서 밀어줄 때 한국 경제의 앞날은 밝을 수밖에 없는 것이다.[160]

포크와 젓가락의 차이

이의 가능성을 입증하는 것은 바로 우리 주변 가까운데서 쉽게 찾아볼 수 있다. 식사할 때 쓰는 포크와 젓가락이다. 그야말로 오랜 세월에 거쳐서 식사할 때 서양에서는 포크를 쓰고 우리는 가느다란 쇠젓가락을 아득한 옛날부터 써 오고 있는 것은 모두 알고 있는 일이다. 그런데 서양에서는 포크를 집어서 음식을 찍어 먹으면 그만인데 우리는 그렇지 않다. 우리가 젓가락을 제대로 사용하기 위해 어렸을 적부터 얼마나 애를 먹으면서, 말하자면 훈련과 스트레스를 받으면서 배운 것인가? 이것이 결과적으로는 어렸을 때부터 우리 직감적 정신력을 계발하게 되었고, 오늘날에 그 섬세하고 정밀한 반도체와 생명공학의 줄기세포를 연구개발해 내도록 한 것이다.

어린이를 키우면서, 또 학생들 도시락에 포크가 편하긴 하지만 젓가락을 제대로 쓸 줄 알게 하는 것이 어린이의 먼 앞날의 더 큰 성공을 위한 것임을 깨닫게 하는 것이 얼마나 중요한 일인가?

필자는 젊은 시절 애들에게 오른손으로 밥먹어야 한다고 하던 것을 지금은 후회하고 있다. 왼손을 써야 우뇌가 발달하기 때문이다. 이것

160) 주우진, 조선일보, 2005년 3월 8일, A10면.

은 어릴적의 공기놀이에서도 마찬가지이다. 어릴 적에 많이 하고 놀던 공기놀이와 같이 손가락을 모두 활용하는 놀이가 장려되어야 한다. 요즘 흔한 자동차나 권총 장난감 놀이보다는 공기놀이 같이 전적으로 손가락을 쓰는 놀이를 어릴 적에 많이 하고 놀도록 하여 더욱 더 정밀도가 높아지는 생명공학, 반도체 및 나노공학 기술의 더 큰 발전에 대비해 나가야 할 것이다.

아기놀이 곤지곤지

또한 우리나라에는 전통적으로 여러 가지 아기놀이가 있다. 대표적인 것이 죔죔과 곤지곤지, 짝짝궁 등이다. 그 중에서도 죔죔과 곤지곤지는 아기의 손가락을 많이 움직이는 놀이이다. 손가락 움직임만을 비교한다면 젓가락질보다 훨씬 광범위하고, 곤지곤지에서 움직이는 둘째 손가락의 단독 움직임은 영장류 중에서도 할 수 있는 동물이 많지 않은 특수한 움직임이다.

또 젓가락질을 배우는 만 5~7살의 어린이에 비해, 아기놀이를 배우는 6개월~1살 아기들의 뇌는 훨씬 더 미숙한 상태이다. 따라서 이러한 아기 때의 손가락 놀이를 통한 뇌 발달에 미치는 영향력은 훨씬 더 클 것이라고 생각한다.

그런데 이 아기놀이가 사라져 가는 것 같아 안타깝다. 시각적인 영상문화의 발달이 이러한 결과를 가져오게 했는지도 모른다. 한 조사에 따르면 이같은 놀이를 않는다고 답한 엄마의 숫자가 많았고, 아기에게 가르쳤다는 엄마의 수는 적었기 때문이다. 아기 때부터 이런 아기놀이를 가르쳐야 한다고 생각한다. 짝짝궁을 제외한 아기놀이는 다른 나라에는 없는 우리나라만의 아기놀이로, 이런 놀이를 통해 나중에 젓가락질을 배울 때도 훨씬 더 쉽게 배우고, 가르치는 과정에서 아기와 엄마 사이의 감정교류도 훨씬 풍요로워질 것이다.[161]

3. 빨리빨리 역동성이 역사 바꾼다

전술하였듯이 지난 1960년대는 우리가 봄마다 겪는 보릿고개, 기아문제에서 탈출한 시기였다. 70년대와 80년대는 소양강 댐, 경부고속도로 등의 축조 · 건설, 그리고 자동차, 중장비 등의 중화학 공업화 및 88서울 올림픽으로 우리의 역동성을 세계만방에 과시한 시기였다. 이에 이어서 디지털시대에 들어선 90년대와 21세기의 오늘날 IT(인포메이션 텍크놀로지)화로 표현되는 정보산업, 생명공학 등에서 선진국과 겨루게 된 것은 70~80년대에 이어서 우리의 자랑스러운 신바람문화와 높은 역동성에 기반을 두는 빨리빨리 문화의 긍정성을 온 세계로 다시 한 번 알리게 한 것이 분명하다. 특히 2002년 월드컵 4강의 성취와 함께 광화문, 시청 앞거리를 꽉 메운, 저 자발성 높고 신명나는 '붉은 악마'의 응원활동이 한데 어우러진 우리의 역동성만 해도 대단한

161) 이근, 아기놀이, 조선일보, 2005년 6월 7일.

데, 주변정리까지 깨끗이 한 규범성 · 억압성은 이 지구촌을 다시금 놀라게 한 것으로, 한 층 높이 돋보이게 한다.

1960년대에서 21세기의 오늘날에 이르는 40여년의 기간에 그야말로 역동적, 규범적으로, 이렇듯 재빠르게 발전한 나라는 세계사에 없었던 기록이다.

여기에 IT · 디지털화와 관련 '빨리빨리 문화가 디지털 한국을 이끈다' 는 SK텔레콤 '천재소녀' 윤송이 상무('휴대전화 캐릭터랑 대화해볼까 · 1mm서비스' 를 개발해냄)[162]의 논문을 인용한다.

빨리빨리 문화가 디지털 한국 이끈다

"한국을 대표하는 다양한 이미지 중 하나가 '빨리빨리' 라는 데는 이견이 없을 것이다. 자장면 한 그릇을 주문할 때도 양념처럼 꼭 덧붙여지는 이 '빨리빨리' 라는 단어는 몇 개의 숫자 암호로 의사소통을 해야 했던 삐삐 세대들에게 '8282' 로 일찌감치 코드화돼서 쓰였을 정도로 우리의 필수 어휘로 자리잡았다. 한국을 방문했던 외국 친구들로부터 한국에서 가장 인상 깊이 익혔다는 한국어라고 듣게 되는 말이 '안녕하세요' 나 '감사합니다' 가 아닌 '빨리빨리' 인 경우가 있을 정도이다.

162) 조선경제, 매일경제, 2005, 4, 21.

서두르는 국민성, 이젠 장점으로

사실 이런 우리의 '빨리빨리' 문화는 '한국인의 조급증'이라는 병적 증세로까지 여겨지고 있다. 예컨대 우리의 건축 시공기간 단축 능력은 외국과 비교해 볼 때 상당한 수준에 이른 것으로 보인다. 하지만 이런 초고속 건축 시공의 이면에는 속도를 최우선하는 가치관으로 인한 무리한 공기 단축이란 관행이 있음을 간과할 수 없다. 또한 상품설계나 출시에 있어서도 기간 단축을 위해 필수적인 사용성 검증 및 치명적인 단계를 생략하는 관행을 당연시하는 태도가 우리 산업의 경쟁력을 약화시키는 요인 중 하나로 지적되어 왔다.

하지만 우리의 이러한 기질이 과연 부정적이기만 한 것인지에 대해서도 좀더 생각해 봐야 하지 않을까? 스피드가 경쟁력의 원천이 된 현대 사회에서 모두가 추구하는 미덕인 '속도'가 유독 우리에게만 단점일 리 없을 것이다.

예컨대 해외 유수의 기업들이 모두들 궁금해하고 동시에 부러워하는 우리나라, 디지털 혁명의 핵심 요인이 바로 스피드를 중심으로 하는 디지털 노마디즘(도시 유목민)의 소비자 기질이 아닌가.

우리나라 디지털 문화의 보급과 수용은 새로운 기기와 기술을 두려워하지 않고 과감하게 받아들이는 수준 높은 소비자 층이 충분했기에 가능한 일이었다. 우리 소비자들은 빨라지는 네트워크의 속도와 휴대용 디지털 기기를 활용하여 자유롭게 인터넷에 접속할 수 있다는 것이 주는 가치를 충분히 깨닫고, 생활의 일부로 수용할 수 있었던 것이다.

스피드가 경쟁력 원천이 된 현대사회

그 결과 우리 시장은 세계 유수의 기업들이 첨단의 신제품을 검증해 보고 싶어하는 매력적인 테스트 베드(시험 무대)로 떠오르고 있다. 또 우리 소비자들의 사용 패턴과 제품 및 기술의 수용도는 첨단의 신제품 개발 시 꼭 참고해야 하는 관심의 대상이 되고 있다. 그리고 이런 성향은 IT기술의 활용을 생활화하는 문화로 진화하고 있다. 해외 기업들이 갖고 싶어하는 고도의 디지털 문화를 우리 기업은 이미 성장 토양으로 갖고 있는 것이다.

속도를 중시하는 우리의 성향은 개인적 차원에서 급격한 변화의 빠른 수용으로 나타나기도 한다. 지난 50년, 아니 100년의 역사를 살펴볼 때 개개인의 삶에서 경험해야 했던 생활 양식이나 사회상의 변화가 우리나라만큼 극적인 나라도 많지 않다. 이는 많은 수의 국민들이 매일의 생활 패턴에 조금도 변화를 주지 않고 지난 40~50년을 지낼 수 있었던 몇몇 나라들과 비교해 보면 매우 대조적이다. 이렇게 급변하는 환경 속에서 우리는 변화를 빠르게 감지하고, 이를 과감히 수용하는 기질을 만들어냈고, 가히 혁명적이라 할 수 있는 생활 양식의 변화를 수용해낸 것이다.

이제 전 세계는 급격한 변화가 다양한 분야에서 지속되는 단계에 접어들었다. 현대 산업사회의 변화 속도는 절정에 달해 있다. 변화를 주도하는 자(者)가 경쟁력을 갖는 시대가 왔고 우리는 그에 발 빠르게 적응하고 있는 것이다. 급격한 변화로 인한 부작용을 간과하고 있는 것은 아니지만 급격한 변화의 시기에 변화를 뒤따르지 못하면 결국 낙오하거나 과도한 스트레스에 시달리게 된다. 이런 측면에서 우리의 속도 문화는 변화의 시기에 생존의 방법이기도 하다.

스피드 경영이란 단어로 알 수 있듯이 속도가 중시되는 현재 경영 환경에서 속도는 핵심 경쟁력 중 하나이다. 반도체, 조선 등 생산 현장에서도 공기를 단축해야 한다는, 그리고 할 수 있다는 자신감이 창의성에 기반한 획기적 공기 단축을 이루어냈고, 오늘날 우리나라를 대표하는 삼성의 반도체와 현대의 조선(造船)이라는 경쟁력으로 이어질 수 있었다.

'빨리빨리'가 '대충대충'은 안 되게

사실 앞에서 말한 모든 것이 긍정적으로만 해석될 수는 없다. 제품 생산에 있어 꼭 거쳐야 하는 안전성 확인이나 치밀한 계획 검토 그리고 시스템화를 통한 지속적 발전 기반 마련 등 지속적 성장과 발전을 위해 생략할 수 없는 것이 생략되어 의도하지 않았던 불행한 결과를 초래할 수도 있다. 즉 '빨리빨리' 하기 위해 '대충대충'이라는 방법론을 택하는 잘못을 범할 때 우리의 문화는 날림의 원천으로 전락하고 말 것이다.

이제 우리의 문화를 장점으로 승화시켜야 한다. 우리 국민성을 스스로 지나치게 미화시키려는 시도가 되어서는 안 된다. 마음의 조급함은 버리되, 우리의 강점인 속도는 더욱 높여 생각의 속도만큼 급변하는 사회를 이끌어 가야할 것이다. 단점을 장점으로 승화시켜 자신감을 회복하고, 치밀함과 과감함을 조화시켜 나갈 때, 유비쿼터스 지식시대의 강국으로서 면모를 유지, 발전시켜 갈 수 있을 것이다."[163]

이런 역동적인 '8282' 의 우리문화는 우리 융화의식과 함께 앞으로도 계속 빛을 내도록 해 나가야 될 것이다.

이를 더 크게 살려나가는 데는 제2장 등에서도 논의된 SECI 기법과 변혁적 리더십의 기반을 강화하는 조직풍토의 조성방법을 찾아야 한다. 이를 위해 다음의 제6장에서 리더십의 기반강화방법을 리뷰해 본다.

---

163) 윤송이, 조선일보, 2005년 3월 18일, A8면

Chapter 6

FTA 시대 리더십의 기반 강화

1. 징기스칸의 리더십

'1,000년 전의 유럽은 봉건 장원, 주교령, 귀족영지 따위가 모여 있는 곳일 뿐이었다. 그때는 아무도 유럽 기독교도들이 이 지구를 식민지화해 나갈 수 있다고 생각하지 못했다. 이런 모든 것을 뒤흔든 것이 완전히 새로운 세계의 출현이었다. 즉, 징기스칸(1155~1227)의 제국이었다'. 1995년 미국 워싱턴포스트는 서기 1001년부터 2000년까지 가장 중요했던 인물은 누구인가 하는 독특한 기사를 내면서 징기스칸의 이름을 거명했다. 징기스칸은 13세기 말까지 태평양에서 동유럽까지 '중세 자유 무역지대의 구축', '단일지폐 권의 창출', '다민족 다종교 국가 건설'의 위대한 업적[164] 을 냈다. 그래서 징기스칸 리더십을 생각

164) 김종래, CEO 징기스칸, pp 124~130, 삼성경제연구소, 2004.

케 하는 중요한 까닭이 있다.

또 다른 이유로 FTA 시대의 오늘날 우리가 노사문화 조직풍토의 리더십에 있어서 징기스칸 리더십을 논하는 까닭은 그 당시 징기스칸은 동유럽까지 점령하는 방법으로 속도전을 치르기 위해 20~21세기 경영의 한 수단인 경박단소(輕薄短小)의 착상, 전쟁, 전투 장비를 가볍고 다루기 쉬운 것으로 갖추었던 까닭이다. FTA 시대에도 스피드, 의리 중시 등은 무엇보다 중요한 것이기에 그의 리더십을 논하게 된다.

누구나 알고 있듯이 징기스칸은 세계적 영웅이다. 그러나 우리 역사에서는 지워버릴 수 없게 고려시대 수차례 침입해 수만 명의 인명을 살상하고 압송해 갔고, 고려를 지배한 몽골족은 널리 알고 있다.

그런데도 우리는 징기스칸을 알아보고 또 연구해야 한다.

이 징기스칸이 한반도에서부터 중국, 만주, 중앙아시아, 중동, 남러시아 · 북 인도 및 아랍의 일부, 북유럽의 핀란드까지 정복하여 8세기 전에 '대량 보복 살상의 기마민족적인 통치방법'[165] 으로 당시 문명권의 온 세계를 지배하던 유목 · 기마민족 몽골제국의 황제이다.

오늘날의 세계화를 이미 8백 년 전에 당시의 문명권을 중심으로 실현했었던 징기즈칸이 이조에서 귀양살이 18년에 실학을 집대성한 정약용과 함께 세계사에서 가장 지능이 높은 존재[166] 로 인정받고 있다.

---

165) 사카이야 다이치, 동경대 강의록(KNOWLEDGE VALUE SOCIETY), 2004, pp 85~88, 동양문고.

166) 황상민, '창의성은 지능과 별개…한국이 창의성을 죽이는 사회라 걱정', 월간 조선, 특집/IQ, 2004년 2월호, pp 76~77.

중국과 러시아의 상이한 평가

이 잔혹하고 호전적이라 할 기마민족 징기스칸은 중국과 러시아에서 각기 상이한 평가를 받는다. 수백년 동안 타타르와 몽골족의 지배를 받은 중국에서는 '몽골족의 지배 말기에 새로운 중국이 가시화될 수 있었다. 이는 북쪽에서 도래한 그 침입자의 문화적, 인종적 특성에 힘입은 결과였다' 고 보는 것이다. 그런데 중국에 비해 민족이 전혀 상이한 러시아에서는 평가가 다르다.

모스크바의 트레티야코프 미술관. 여기에 관람객들을 붙잡아 세우는 전쟁화가 바실리 베레슈차긴의 작품이 있다. 이 작품이 시사하는 것은 중국의 예와는 전혀 다른 것이다. 전생을 고발하듯이 사실적으로 표현된 황량한 중앙아시아 사막에 퇴색한 해골들을 쌓아올려 놓은 피라밋으로 묘사한 그림. '전쟁의 신격화' 에서 작가는 '과거, 현재, 미래의 모든 정복자들에게 바친다' 고 하였다. 역시 징기스칸의 지배를 겪었던 러시아와 중국은 징기스칸에 대한 인식과 견해가 각기 다른 것이다.[167)]

오늘날의 노마디즘을 깊이 연구하는 자크 아탈리는 징기스칸에 대해 다음과 같이 기록하고 있다. 징기스칸의 말기인 1222년 그는 인더스 강에 이른다. 하지만 그는 '지옥과 같이 덥다' 고 생각하여 인도를 공격하지는 않았다. 징기스칸은 북쪽으로 다시 떠나 깐수성에서 서하

---

167) 라인홀드 노이만 호디츠, 징기스칸, 1999, pp 9~11, 배인섭 역, 민음사.

의 반란을 진압한 뒤 그곳에서 1227년 말에서 떨어져 죽은 것 같다고 전해진다.…. 그 반세기 후에 마르코폴로는 징기스칸에 대해 이렇게 말했다. '그가 죽은 것은 아주 애석한 일이었다. 왜냐하면 그는 재판관이었으며 지혜로웠기 때문이다'. 주앙빌은 '징기스칸은 백성들을 평화롭게 다스렸다' 고 기록하고 있다.[168)]

징기스칸의 직관적 리더십

2005년 5월 3일, 고려대 LG 포스코경영관의 특강에서 삼성그룹 이학수 부회장은 '삼성이 성공한 것은 직관적 리더십 덕분'[169)]이라고 밝혔다. '오랜 경험을 통해서 축적된 지식과 동물적 감각까지 활용하면서 종합적으로 판단하는 직관력' 에서만 나오게 되는 직관적 리더십인 것이다. 고 정주영 회장의 리더십도 징기스칸의 리더십이다.

징기스칸은 1997년 4월, 뉴욕 타임즈가 선정한 '세계를 움직인 가장 역사적인 인물' 중 첫 번째로 뽑힌 인물로 그의 리더십은 여기서 강조하는 직관적 경박단소의 리더십도 포함하여 다음과 같은 10가지[170)]가 꼽히고 있다.

1. 당시의 몽골족의 동기를 유발시킬만한 '웅대한 비전'
2. 명분과 정당성의 확보

---

168) 작크 아탈리, 앞의 책, pp 216~217.

169) 이학수, 매일경제, 2005년 5월 5일.

170) 인터넷, 네이버 검색.

3. 자신의 부하를 훌륭한 리더로 키워낸 슈퍼리더십

4. 끊임없는 상무정신의 고취

5. 스피드를 구사한 전략의 설정

6. 통합적 패러다임과 거시적 안목의 견지

7. 모계 중심의 성 개방

8. 자신을 정점으로 하는 매우 효율적인 조직의 구성

9. 과학기술과 용역의 장려

10. 유능한 참모의 기용

이러한 내용과는 달리 징기스칸과 돌궐의 명장 돈유쿠크의 리더십을 스피드, 경박단소의 경량화, 고정관념 타파, 의리 중시, 지략 중시, 정보 커뮤니케이션 중시 등으로 우리 현실에 맞춰 집약할 수 있다.

이와 아울러 21세기의 오늘날 우리로서는 징기스칸, 당시 몽골의 유목 · 기마족이 수평의식과 남녀동권의식이 강했던 데 비하여 우리는 이조 5백년 간에 정치적으로 강조된 한국적 유교 및 농본주의의 의제에서 연원되는 수직적 사고방식과 남존여비의식 등이 잔존하는 것은 금후로 계속 시정되어 나가야 할 것이다.[171)]

스피드, 경량화, 고정관념 버리기, 의리 중시

그러면 8세기 전의 문명 세계를 정복하였던 이 유목 · 기마민족 몽

171) 조윤형, 한국형 「컴피턴시」의 체계와 인재육성 전략, 2004, pp 29~39, 한국경총.

골제국의 황제 징기스칸의 리더십에서 본받아 배울 점을 알아보자. 징기스칸이 직접 남긴 것과 또 몽골이 아닌 돈유쿠크 돌궐족의 명장이 남긴 것을 우리 풍토에 맞게 정리했다.[172)]

첫째, 스피드이다.

징기스칸의 전투는 적의 100분의 1 또는 1,200분의 1에 불과한 작은 병력으로 적을 무찌르는 속도에 있어서는, 전투력이 투입되는 병력이나 예산 등에 비례한다면, 그 속도는 제곱 비례할 정도로 스피디한 것이었다. 이렇듯 빠른 속도를 내기 위해서는 후술하는 경박 단소의 경량화(輕量化)와 정보와 커뮤니케이션 차원의 첩보 및 심리전의 전개는 물론 징기스칸 군의 모든 병사들이 참여하는 자유로운 토론을 가능케 하는 유목 · 기마족의 수평의식과 남녀동권의식도 크게 기여하게 된 것이라고 할 것이다.

둘째, 경박 단소(輕薄短小)의 경량화이다.

징기스칸의 군대는 전쟁에서 스피디하게 이기기 위해서는 전투용 장비도 필수 무기뿐이고 전투용 이외에는 모든 것은 버리는 철저히 경량화 하는 것이었다. 이를테면 전투에는 불요한 오리, 돼지, 소 등의 가축은 기르지 않는다. 필요한 식량은 기마족의 잔혹성을 말 그대로 드러내 현지에서 약탈 · 조달했다. 그러면서 기동성이 뛰어난 말의 빠름 즉, 효용성을 높이기 위해 야생마를 가축화에 성공, 가축으로 키

172) 김종래, 같은 책, p 67 이하.

운 말을 기병대의 전투용으로 활용함은 물론 보병은 전혀 없는 기병뿐, 보급부대도 따로 두지 않는 그야말로 경량화 된 기병체제를 운용하였다.

또한 속도를 높이기 위해 모든 전투장비도 앞에서 언급한 대로 경량화 했다. 당시 유럽 기갑사단의 갑옷과 전투무기는 병사 1인당 70kg나 되었으나 징기스칸 군에서는 갑옷 등의 군장은 1인당 7kg에 불과한 것이었다.

셋째, 성을 쌓지 말라.

유목 · 기마족은 양떼들이 뜯어먹기 좋은 초원을 찾아 끊임없이 이동하면서 양떼들을 보호하기 위해 한시도 경계를 소홀하게 하지 않는다. 그러면서 좋은 초원을 찾아 계속 이동하는, 정착은 염두에도 없는 것이 유목 · 기마민족의 삶이다. 그래서 울란바토르 근교에 있는 몽골이 아닌 투르크어족의 돌궐제국을 부흥시킨 명장 돈유쿠크의 비문에는 장군의 유훈이 다음과 같이 새겨져 있다.

> 성을 쌓고 사는 자는 반드시 망할 것이며
> 끊임없이 이동하는 자만이 살아남을 것이다

이는 FTA 시대의 오늘날의 우리의 상황으로 볼 때 고정관념은 버리라는 뜻이 된다. 오늘날 디지털 노마디즘의 시대로 자기 정체성 변혁의 행동만이 존속 번영의 길이 되는 시대성에 맞는 말을 8백년 전에 남긴 명언이다.

우리는 이조 5백 년간 농자천하지대본이라고 의제 · 강조된 농경정착 의식이 강하여 유목적인 생활은 생각할 수도 없다. 사람들의 관심은 경작할 토지와 비 내리는 하늘이다. 특히 이조 5백년 간에 강조된 '사농공상(士農工商)', '농자천하지대본(農者天下之大本)'의 사상은 토지중시 및 경천의식과 자연 순응적 사고방식을 지난 1960~70년대까지 대대로 이어오게 했다.

그러나 FTA 시대, 디지털 노마디즘의 이노베이션 환경에서 살아갈 자기기반은 자기정체성의 간단없는 변혁이다. 이노베이션, 창조성의 혁신만이 살 길이다. 아무런 변화가 없이 수성(守城)하듯, 작년에 농사짓던 방식을 올해도 그대로 답습하는 방식은 버려야 한다. 그래서 농업도 혁신하고 있다. 전통적인 농경적 우리식의 유교적이고, 현대적 사회주의라고 할 연공의식의 고정관념이 능력 · 성과주의가 강조되는 오늘날에도 변함이 없는 예가 많다. 또한 접수된 민원을 민원인의 아이디어는 참고, 고려해 보지도 않고 먼저 처리하던 방식에 아무런 개선도 없이 지난 방법을 그대로 답습하는 관료적인 고정관념을 그대로 버리지 않고 수성하는 관료의식도 아직 많이 남아있다. 이에 더하여 세금 내는 국민에 대해 보호 · 봉사할 생각보다 자기 자리만 지키려하는 '철밥통'의 관리(官吏)의 사고방식은 과감하게 떨쳐버려야 한다. 특히 이조 5백년 간의 정치적으로 의제(擬制) · 강요된 한국식 농본의식과 유교적인 수직의식 및 상부의 눈치만 보는 '해바라기' 근성과 같은 폐단을 용기 있게 떨쳐 버리지 못하고 격변하는 디지털 노마디즘 시대인 오늘날까지도 답습 · 수성(守城)하고 있는 것이 우리 자화상의 일면이라 할 것이다. 농업의 개량이 시도되고 있으나 조속한 혁신이 요구된다.

FTA 노마디즘 시대에는 제1장에서 논급되었듯이 상본(商本)주의가 일어나야 한다.

넷째, 의리를 중시한다.

징기스칸은 항상 모든 전사들은 서로 태어난 곳은 달라도 죽는 곳은 같다고 강조하였다. 의리를 무엇보다 중시하는 것이다. 징기스칸의 곁에는 정책적인 참모활동을 주로 하는 보호르초를 비롯한 '4준마'와 주로 전장에서 지휘관 역할을 하는 제베 등의 '4맹견'이 있다. 이 '4준마'와 '4맹견'이라는 호칭도 징기스칸 쪽에서 지은 것이 아니라 징기스칸과 대적하여 싸웠던 적들이 붙여준 별칭이다. 징기스칸은 '나는 북쪽의 황량한 지역에서 태어났다. 나는 소를 지키고 말을 타는 목동들과 똑같은 옷을 입고 똑같은 음식을 먹는다. 우리는 함께 희생하고 우리의 재물을 나눈다. 나는 내 형제를 걱정하듯이 나의 병사들을 위해 배려하는 의리를 중시한다'고 하였다. 징기스칸과 함께 도둑맞은 말을 찾아 나섰던 보호르초가 도둑맞았던 말을 찾았을 때 '벗의 고통을 함께 나누는 것이 벗의 의무이다. 도움의 대가로 말을 받는다면 그는 무슨 벗이겠는가?'라고 할 정도였다. 이와 같이 의리를 중시하는 징기스칸은 모든 병사들을 모두 평생의 동지라고 하였다.

지략 및 정보 커뮤니케이션 중시

다섯째, 지략을 중시한다.

항상 이동하면서 생활하는 유목 · 기마 생활은 매일 매일의 기상 예측과 지형 지리에 밝아야 함은 물론 현지 사정을 치밀하게 파악하여야 된다. 한 마디로 지략이 중요한 것이다. 마치 조조의 백만 대군을 물리치는 제갈공명의 지략을 생각하게 한다. 천문지리를 모두 꿰뚫는 공명의 지략으로 조조군이 볏짚으로 위장된 오의 군선을 향해 쏜 화살을 거두어 사흘 기한부로 10만개의 화살을 확보한 것이나, 기상까지 통달하여 동풍이 불지 않던 계절에 무역풍을 활용, 동풍을 일게(借東風)하여 적군의 군선을 불태워 조조 군을 패퇴하게 한 공명의 전략 · 지략과 같이 징기스칸도 지략을 중시했던 것이다.

1207년, 징기스칸은 고비사막을 가로질러 서하 변경 마을들을 점령한다. 그러나 마침내는 성곽과 마주치게 되었다. 몽골군이 처음으로 직면하게 된 성벽이었다. 속도 빠른 기마전에만 익숙했던 몽골군이 성곽 앞에서는 속수무책이었다.

여기서 징기스칸은 지략을 편다. 고 정주영 회장이 우연히 뜻하지 않게 무의식적으로 발휘되는 능력인 세런디퍼티(serendipity)를 착상, 아산만의 장대한 방조제공사의 최종과정의 난공사에서 폐유조선 2척을 연쇄, 가라앉힘으로서 8~9m나 되는 간만의 차에서 생기는 급류를 막아 완성했듯이 그야말로 기발한 아이디어를 낸다. 그는 고양이 천 마리와 제비 천 마리를 조공으로 바치면 철군하겠노라고 서하 왕에게 통고했다. 성 밖으로 나가는 길이 완전히 차단된 서하인들로서는 천만 뜻밖이자 너무 반가운 제의였다. 일반 재물이 아니라 고양이와 제비를 내놓으라니 그럴 수밖에. 그들은 서둘러 고양이와 제비를 잡아 몽골군에게 넘겼다.

징기스칸 군에서는 고양이와 제비들의 꼬리에 솜뭉치를 매달아 불을 붙인 뒤 풀어 주었다. 강풍에 날리는 불꽃처럼 제비와 고양이는 성 안의 제 둥지를 쏜살 같이 되찾아 갔다. 성벽 너머로 연기가 피어올랐다. 처음에는 여기, 다음에는 저기, 그리고 수십 곳, 수백 곳에서 연기가 올랐다. 결국 성내 전체가 불에 잠겨 서하 군이 불과 싸우는 동안 몽골군은 무혈입성하게 되었다.

평소 제비, 고양이 등 동물의 생태를 익히 알고 있던 징기스칸의 임기응변적인 지략이 무혈입성의 무기가 되게 한 것이었다. 하지만 징기스칸의 전술은 그대로 머무르지 않았다. 그 후 성곽을 공격하는 모래주머니, 사닥다리, 고리 및 밧줄과 방패, 충차 등의 제작, 사용, 작전법을 배우고 또 배웠던 것이다.

여섯째, 정보 · 커뮤니케이션을 중시한다.

정보 및 커뮤니케이션은 유목 · 기마민족에 있어서는 생존의 필수적인 것이었다. 그래서 그들의 인사말은 '안녕하십니까?'가 아니라 '당신이 온 쪽에서는 무슨 일이 있었습니까?' 하는 것이었다. 전년에 비해 변함이란 별로 없이 농사짓는 농경민족과는 달리 항상 이동해야 했던 그들은 주변 사람들과 무슨 일이 있었는지 정보를 교환하여 정보를 많이 수집하는 것이 생존 수단이 되기 때문이다. 몽골인들의 시력은 평균 4.0 이상이라고 한다. 몇 십리 밖에서도 먹을 것 냄새를 맡을 수 있다는 얘기도 있다. 잦은 날씨 변화를 기가 막히게 잘 감지해 내기로도 유명하다. 징기스칸의 군대는 이와 같은 정보를 모든 병사들이 다 알 수 있도록 하는 커뮤니케이션을 매우 중요하게 여기고 수집되는 모든 정보를 모든 전사들이 알 수 있게 커뮤니케이션 하는 것이었다.

유목민은 외지인을 환대한다. 외지인은 정보를 가져오는 사람이다. 반면 정착민은 자기 것을 지키기 위해 수성하며 외지인을 배척하는 성향이 강하다.

전투가 벌어지면 정보는 더 큰 위력을 발휘한다. 징기스칸의 주요 정보원들은 중앙아시아와 중원을 오가며 무역을 하는 대상단(隊商團)이었다. 징기스칸은 실크로드를 대동맥으로 삼는 이들을 통해 정보를 수집했다.

정보화 마인드로 무장한 징기스칸 군은 첩보 · 심리전을 널리 활용했다. 어떤 나라를 공격하기에 앞서 그 나라에 관한 정보부터 속속들이 수집, 파악했다. 적국 군대에서 누가 얼마나 용맹한지, 누가 우호적이고, 누가 적대적인지, 성곽 보초는 몇 시간마다 교대하는지, 보초망에서는 어디가 약점인지 등등. 공격할 때는 5천명이 나서도 5만 명이 공격하는 것처럼 루머작전도 폈다. 적군은 사실상 싸우기도 전에 무릎꿇는 경우도 많았다.

오늘날에는 날씨가 비즈니스의 기본의 하나가 된다. 또한 현대 기업 경영에서도 정보마인드가 경영의 핵심이라는 점은 오늘날과 같은 디지털 노마디즘의 환경에서도 그 중요성이 한층 중요해지고 있는 것이다.

2. 동양의 지혜

동양의 지혜는 강조하되, 모화의식 배제

FTA 시대의 글로벌 경쟁에서 이겨나가는 강력한 경쟁력의 조직풍토를 이끌어갈 리더는 역시 저변의 폭넓은 역량을 갖추어야 한다. 이러한 역량에는 반드시 동양의 지혜가 포함되어야 한다.

여기서 논하는 동양의 지혜인 논어, 대학 등은 물론 한문(漢文)으로 된 것이 많다. 한문은 중국의 글자이다. 중국은 우리 단군조선, 고구려, 부여, 발해 등의 역사를 중국 지방정부의 역사로 만들어, 왜곡하고자 하는 동북공정(東北工程)을 추진했다. 이러한 현실에서는 우리가 중국이라는 존재를 더 깊이 알기 위해 외국어문으로서의 한문과 중국역사도 충분히 익히도록 해야만 한다. 현재 중국 전역의 대학들이 채택한 역사교재 중 상당수가 "고구려 · 부여 · 발해가 중국사의 일부"라고 동북공정의 내용을 그대로 싣고 있는 것으로 조사되고[173] 있기 때

173) 유석재, 中 대학교재도 "고구려 · 부여가 중국사 일부", 조선일보 2006년 8월 8일.

문에 더욱 그렇다. 이와 아울러 우리는 중국이라는 나라를 좀 더 익숙하게 알아야 한다. 그래서 우리 문화 및 사고방식에 혹시 내재하고 있는 모화(慕華)·중화(中華) 의식을 과감하게 떨쳐 버리는 것이 중대과제로 대두되고 있다. 이를테면 신라왕실의 후예로 고려 숙종 때 과거에 급제, 묘청의 난을 평정한 후 인종의 명을 받아 《삼국사기》(1145)를 편찬한 김부식(金富軾·1075~1151)과 같이 중국을 흠모하는 모화사관(慕華史觀)이 아직 남아 있다면 이는 재빨리 청산되어야 한다.

이와는 달리 21세기 FTA 시대의 디지털 노마디즘의 환경에 있는 오늘날 동양의 지혜를 논해야 되는 까닭에는 다음과 같은 네 가지 까닭을 생각할 수 있다.

첫째, 우리가 쓰는 언어는 7할이 한문으로 구성되어 있기 때문에 동양의 지혜의 기초가 되는 한문, 한자는 본문에서 주로 다루는 지식의 저장·전달·보전기능에 강하고 빠르다. 이런 까닭에 앞의 제2장에서 논하여 온 암묵지를 형식지로 문서화하여 매뉴얼로 만드는 과정에서도 전문기술용어를 한글로만 정리하는 방법보다 한문과 병기할 것은 한문으로 표기하면 그의 뜻이 한글로 표기하는 것보다 더 빠르며 명료하고 강하게 전달되기 때문이다. 스피드 시대에 맞는 것이다. 국어학계에서 논급하고 있듯이 우리말에는 7할 이상이 한문, 한자로 구성된다는 점을 상기해 보면 금방 이해할 수 있다. 한글로 표기하는 것보다 한자를 병기하는 것이 지식 및 의사의 전달에 훨씬 더 효과적인 것이다. 이를 반증하는 실험이 후술하듯이 일본에서 실시되었다. 표의

문자인 한자와 표음문자인 카타가나에 대해 뇌의 반응을 조사한 결과 한자에 대해서 0.1초 밖에 걸리지 않은 반응인데 카타가나에서는 0.3초로 무려 3배의 시간이 더 걸린 것이다. 미래의 지적활동 주역이 될 초 · 중 · 고등학교 학생들로부터 한자, 한문, 동양의 지혜를 익히도록 하는 특단의 대책이 마련되어야 스피드 시대에 적응하게 될 것이다.

둘째, 앞에서도 수차 논급되었듯이 우리가 신바람을 즐기는 사회여서 설마 하다가 각종 사건 사고가 많은 것이 우리 약점이다. 이의 대비책으로 초등학교 교육에서 한문 교육을 더 강화하고, 중고등학교에서도 지난 70년대부터 중단된 한문교육을 시키고 《論語》, 《大學》 등에서 밝히고 있는 값진 동양의 지혜를 익혀서 자기통제성 즉 억압성, 규범성과 합리주의를 배양케 하여 설마 하다가 생기게 되는 그 막대한 사건 사고를 줄여나가도록 하는 지혜를 배양케 하자는 것이다.

셋째, 서구에서는 유사 이래 주지주의(intellectualism)가 강조되어 언어적 인식은 강하고, 비언어적인 인식은 약한데 비하여 우리는 옛부터 선(禪), 기(氣) 훈련, 국선도, 각종 태극권, 단전호흡, 요가 등을 선호한 효과로 비언어적인 시각적 행동의 우뇌 활동과 역시 우뇌 활동인 감성적 기분에 좌우되는 면이 강하다. 그러므로 우리는 청소년들에게 동양의 고전을 익히도록 하여 지성과 이성을 동양식으로 갖추어 동양인의 지혜를 배양케 하자는 것이다.

넷째, 우리가 동양인인데도 이를테면 낫 놓고 기억 자도 모르듯이 결혼식 접수하는 젊은이들로부터 축의금 봉투에 쓰인 이름의 한자를 무어라고 읽는지 가르쳐 달라는 경우가 많다. 70년대 초기부터 강행된 한글전용정책의 결과로 한자는 전혀 모르다시피 한 젊은 신세대의 고민도 덜어주고 또 '한자를 쓸 때만 좌우 뇌를 다 사용해 지능이 발달' 한다[174]는 점을 살리는 한자교육이 널리 보급되어 각급 학교의 교재는 물론 일반 신문에서 한자가 영문과 같이 널리 통용되기를 바래서이다.

우리는 '수기치인(修己治人)' 이란 《大學》에 나오는 말을 흔히 쓰기도 한다. 여기서 수기(修己)란 문자의 뜻 그대로 나의 지덕(知德)을 닦아 수양하는 일이고 치인(治人)이란 남을 다스리는 것을 의미하는 말이다. 조직을 이끄는 리더십을 생각할 때 이 수기치인(修己治人)의 경영관리를 생각하게 한다. 리더가 스스로 자기 자신의 인덕을 쌓고 인격을 도야하여 인적자원관리를 잘하면서 책임진 성과 높은 팀을 리딩케 하자는 것이다.[175]

이렇듯이 동양의 지혜는 롤러코스터를 탈 때처럼 불안, 불투명, 불확실한 21세기에도 지적가치창출활동중인 전문인들의 처세좌우명이 된다. 예로서 동양의 지혜의 하나가 착한 일을 다 하기 위한 예절 및 윤리도덕을 논의하는 《명심보감(明心寶鑑)》이다. 이와 같이 '마음을 맑고 밝게 하는 보배스러운 거울' 을 들여다보고 나를 가다듬는 귀중한 내용을 생활의 모토로 삼아 경영관리를 실시, 미국계 회사인 한국 HP

---

174) 오동룡 · 이근미, [특집] IQ-1등 국가, 한국인의 두뇌연구, 월간 조선, 2004년 2월호.

175) 조윤형, 연봉제와 목표관리, 1999, pp 410~411, 범한.

의 CEO를 10년 째 장수하고 있는 사례를 참고하기로 한다.

"명심보감 경영이 CEO 장수비결"

한국휴렛팩커드(HP) 최준근 사장은 급격한 변화의 중심에 서 있는 IT 업계에서 보기 드물게 장수하는 CEO이다.

최 사장은 한국 HP가 삼성에서 분리되던 1995년부터 한국 HP 사장으로 일하고 있다. 2005년 9월로 재직 만 10년 째 된다. 같은 기간 미국 HP 본사 CEO는 무려 4번이나 바뀌었다.

이렇게 HP 사장으로 장수하고 있는 비결은 무엇일까? 최 사장은 열렬한 한자(漢字) 예찬론자이다. 어린 시절 진주에서 서당을 다녔던 최 사장은 천자문(千字文) · 소학(小學) · 명심보감(明心寶鑑)을 뗐다. 지금도 천자문 정도는 전부 외울 정도이다. 그는 "한자가 가지는 힘이 대단하다"고 말하고 있다.

"한자는 읽는 순간 뜻을 확실히 알 수 있어요. 한자를 읽으면 머리가 좋아지는 느낌을 받습니다. 신문에도 한자를 많이 넣었으면 좋겠어요." 최첨단 제품을 생산, 판매하는 한국 HP의 최고경영자가 한문으로부터 지혜를 얻는다는 것이 특이하다.[176)]

---

176) 김기홍, "명심보감 경영이 CEO 장수비결", 조선경제, 2005년 9월 7일.

반도체 사업과 고 이병철 회장의 《論語》

'솔직히 말해 국내에서의 작은 성공에 만족할 생각은 전혀 없었다. 국내에서 제일이 된다든지 국내 경쟁에서 이긴다든지 하는 것은 안중에도 없었다. 자본을 축적하여 차례차례 새로운 사업을 개척함으로써 선진 외국과 맞서서 이긴다, 이것이 내가 나아갈 길이다.'

장보고를 기리자

고 이병철 회장이 30년 전에 반도체 시대를 예견했다는 이 말은 그의 3남 5녀 중 막내딸이자 신세계 그룹을 이끌고 있는 이명희 회장이 가장 소중히 품고 있는 경영철학이기도 하다. 이 회장은 아버지는 '늘 왜 우리나라에는 장보고의 동상이 없는지 궁금해하셨다' 면서 '세계를 무대로 활동한 장보고와 아버지는 뜻이 같았던 사람이라고 생각합니다' 고 이병철 회장과 장보고를 예찬하였다.[177)]

상술하였듯이 이미 30년 전 앞날을 선견하여 반도체사업을 일으키면서도 동양의 고전적 사고방식인 '수기치인(修己治人)' 을 생활철학으로 삼아 온 고 이병철 삼성그룹 회장은 그의 호엄자전(胡巖自傳)에서 "가장 감명을 받은 책, 혹은 좌우에 두는 책을 들라면 서슴지 않고 《論語》라고 말할 수밖에 없다. 나라는 인간을 형성하는 데 가장 영향을 미친 책이 바로 《논어》이다. 나의 생각이나 생활이 《논어》의 세계에서 벗어

177) '아버지(고 이병철 회장)처럼 되는 게 꿈…', 조선경제, 2005년 5월 6일.

나지 못한다고 하더라도 오히려 만족한다"고 하고 있다. 이러한 호엄(胡巖)의 생활철학과 경영의 모토는 21세기 디지털 노마디즘의 환경에서도 가치 높게 음미되어야 할 것이기에 '수기치인(修己治人)'이라는 동양의 지혜를 논하게 된다.

아시아의 특유한 가치

이와 더불어 1998년 7월 6일 한국주역학회가 주최하는 '21세기와 주역'의 학술회의에 참가하기 위해 방한했던 청중인(成中英) 미국 하와이대 철학교수 겸 인터내셔널 이스트-웨스트 대 총장은 1998년 당시 우리나라의 IMF 구제금융 등 아시아의 경제위기와 그 여파에 따른 가치관의 혼란, 특히 유교적 가치가 아시아 경제위기의 원인이라는 주장에 대해 이는 유교적 가르침을 왜곡한 것이라고 반박했다. "동양의 윤리관은 '수신(修身)을 통해 자신의 덕을 밝히고(在明明德) 인간관계를 통해 자신의 의지를 펼친다(在親民)'는 데서부터 출발한다"고 강조하였다. 발간 20여 년째를 맞고 있는 미국 저명 학술지 《중국철학저널(The Journal of Chinese Philosophy)》의 편집자이기도 한 청 교수가 "경제논리가 변하고 그 구조가 바뀐다 해도 우리가 가지고 있는 유교적 덕목과 그 전통마저 '서양의 잣대'로 대체된다면 IMF체제를 벗어나기도 전에 가치관의 혼란은 더 심해질 것"이라고 강조한 것[178]은 역시 디지털

178) 한국일보, 1998, 7, 8.

노마디즘 환경의 우리로서 깊이 되새겨야할 가치가 높은 말이다.

∷ 신지식 저장 · 전달, 자기통제 · 계발의 텍스트 《論語》

공자는 맹자, 강태공 등이 우리와 같은 동이족[179]이었기 때문에 그런지 공자의 《논어》는 오늘의 우리에게 한층 더 친근하게 느껴진다.

《논어》의 구절구절이 의미하는 바를 내용 별로 구분하면 대략 다음과 같이 8가지 유형으로 분류된다.

1. 개인의 인격 수양에 관련되는 교훈
2. 사회적 윤리에 관련되는 교훈
3. 정치론
4. 철학론
5. 제자들과 동시대인들을 상대로 사람에 따라 가르침을 달리하는 문답
6. 문인이나 고인 혹은 동시대인들에 대한 비평
7. 공자 자신의 술회
8. 공자의 일상생활과 공자에 대한 제자들의 존중과 찬미

이들 중에서 처음 두 가지 사항에 관한 것이 전체의 3분의 2를 차지하고 나머지가 3분의 1을 차지한다고 한다. 《논어》는 일정한 체계가 없기 때문에 그 내용을 요약하기가 매우 어렵기도 하고 그다지 의미

---

179) 최진환, 공자 · 맹자 · 강태공이 동이족이란 건 史實, 한국경제 2003년 11월 13일, (심백강 박사의 강의 내용을 인용했음).

도 없다. 그러나 《논어》는 전통 사상의 형성에 커다란 영향을 주었기 때문에 전통사회나 사상을 이해하기 위해서는 반드시 읽어야 할 고전이다. 다른 한편 《논어》에서 '인(仁)'의 의미가 말해주는 것처럼 《논어》는 날로 개인주의가 만연해 가는 현대 사회에서 이를 극복하기 위해서 모두 읽어야 할 고전이다.[180]

이러한 《논어》 중의 몇 대목을 음미해 본다. 우리가 흔히 말하고 있는 '불치하문(不恥下問)'은 무엇이든 모를 때 아랫사람에게 묻는 것을 수치스럽게 여기지 말라는 논어의 명언이다. 그런데 이 수치스럽게 여기지 말도록 하는 것은 자기계발과 자기통제의 어느 편에 속하는 것일까? 자기통제와 자기계발은 동전의 양면과 같은 것이다. 실제에 있어서 아랫사람에게 모르는 것을 톡 까놓고 묻지 못하고 수치스러워하는 예는 많다. 수평의식을 갖지 못하는 수직사회의 폐단에서 생기는 우리 관행의 한 예이다. 이럴 때 수치스러운 마음을 억제하고, 용감성을 발휘하여 아랫사람에게 묻는 것이 합리적 사고이며 그렇게 자기계발 · 향상으로 계속 이끌어 나가도록 해야 할 것이다. 나날이 새로워지는 신지식 · 신기술을 익혀 마치 자동차운전을 처음 배우는 사람들처럼 몸소 익혀 자기의 것으로 만드는 것이다. 신지식을 저장 · 전달 · 활용케 하면서 더 참신한 지식이 창출되게 하는 방법이다.

이러한 명언의 예는 논어에 무수히 많이 실려 있다. '남이 나 자신

---

180) 강신주 외 14인, 동양의 고전을 읽는다 중의 황희경, 동양 고전의 어머니 공자(孔子)의 논어(論語), PP 117~118, 126, 휴머니스트, 2006.

을 알아주지 않음을 걱정하지 말고(不患人之不己知) 내가 남을 알지 못함을 걱정해야 한다(患不知人也)' 에서도 위와 같은 음미를 할 수 있다. 오늘날과 같이 그야말로 롤러코스터처럼 불안하고 예측불허 · 급격하게 변동되는 환경에서는 지적가치를 공유해야 하는 대인관계의 방법에는 남이 나를 알아주지 않는다고 생각하는 데서 생기는 오해나 자기불만은 억압 · 통제하는 일방 자기계발 · 향상에 주력하면서 멤버들과 함께 암묵지와 지적가치를 공유 · 향상시켜 나가면서 내가 남을 알지 못함을 먼저 걱정하는 대인관계를 실천해 나가야 할 것이다.

그러기 위해서는 스스로 매일 '남을 위하여 일을 도모함에 있어서 성실하지 않았음은 없는가 하는 '위인모이불충호(爲人謨而不忠乎), 멤버와 더불어 사귐에 있어서 불신하게 하지는 않았는가, 여붕우교이불충호(與朋友交而不信乎) 가르침을 받아 제대로 복습하여 익히지 않았음은 없는가, 전불습호(傳不習乎)' 하는 '하루 세 가지 반성(日三省)' 을 해야 한다는 명언도 새겨 두어야 한다.

지난 1980년대부터 널리 유행되어 오는 벤치마킹에 해당하는 명언인 '삼인행필유아사(三人行必有我師)' 는 세 사람(여럿)이 일 하는 가운데는 반드시 나의 본보기로, 사람을 따르게 하는 스승(리더)이 되는 인물이 있게 마련이라는 뜻이다. 오늘날처럼 시시각각 격변하는 시대에 깊이 새겨야 할 멋진 한문(漢文)의 쓰임새이다.

아날로그의 암묵지와 디지털의 형식지 간의 상호교류방법 체득

FTA 시대, 디지털 노마디즘 환경에 맞는 아날로그적인 지식인 암묵지와 언어, 기호화된 디지털적인 형식지의 상호교류, 즉 융화법의 체득 방식인 융화의 SECI 모델을 '배우고 때때로 반복하여 익히는(學而時習之)'의 기본 방식에 맞게 새로운 방법을 학습 · 복습을 해야 하는 것이다.

논어의 첫머리 학이(學而)편의 첫째마디. '배우고 익히면 얼마나 즐거운가!(學而時習之면 不亦說乎' 아 : 이미 배운 것을 때때로 반복하여 복습하면 이 또한 기쁘지 아니한가!)는 명언은 바쁘고 바빠서 자꾸 잊게 되는 지도 모른다. 노사융화의 SECI의 과정에서도 깊이 새겨 두어야 한다.

그러나 배움에 있어서는 시경(詩經)에서도 또 대학해제(大學解題)에서도 음미할 수 있고 또 동몽선습(童蒙先習) 중 붕우유신(朋友有信) 장에서도 음미되는 '절차탁마(切磋琢磨)' 하듯이, 칼이나 톱으로 알맞게 자르듯이(切), 대패 같은 것으로 매끈하게 밀듯이(磋), 끌 같은 것으로 옥돌을 쪼아 다듬듯이(琢), 샌드페이퍼 등으로 곱게 밀어 광채를 내듯이(磨),[181] 절차탁마의 정신으로 간절하게 열심히 기본 도리를 다해서 디지털 시대의 신지식을 익혀야 한다는 명구도 있다. 21세기에 맞게 '무엇을'이 아니라 '어떻게(how to), 하우 투의 의식으로 성능을 추구하되 품질에서 더

181) 차상환, 명심보감(중, 동몽선습), p 283, 평범사, 1978.

나가 디자인으로 승부하기 위해 새로운 디자인을 설계하는 기법을 배우고 또 거듭거듭 익히도록 해 나가야 한다.

그런데 서울 지하철 3호선 주엽역 벽에 표어로 크게 붙어 있는 '기소불욕 물시어인(己所不欲 勿施於人)'(자기가 하고 싶지 않은 일을 남에게 하라고 시키지 않는다)는 표어를 본 사람들은 많을 것이다. 오늘날과 같은 세계화 시대에 만국인에게 공용될 자발성을 중요시하는 명언이다. 이 말은 또 반대의 뜻으로는 자기가 먼저 솔선해서 디지털 노마디즘의 신지식을 연구할 때 남도 따르도록 하게 되는 데 자기가 할 맘이 내키지 않는 것이면 남에게 억지로 시킬 수 없다는 이 말[182]은 앞에서 소개된바 '새롭게 떠나는 디지털 유목민-삼성반도체 황창규 사장'의 행동처럼 우리 모두에게 주는 큰 교훈이 된다.

학문이나 기술을 막론하고 학이시습(學而時習)의 컨셉으로 배움에 있어서는 모두에서 논의된 대학(大學)의 일일신우일신(日日新又日新)의 날로 날로 새롭게 하면서도 논어(論語)와 같은 고전(古典)도 익히게 되는 온고지신(溫古知新)의 도리를 다 해야 할 것이다.

이밖에도 허다하게 많은 논어(論語), 대학(大學), 맹자(孟子), 중용(中庸) 등 동양의 고전에서 보이는 교훈을 일일이 설명하는 것은 생략한다.

---

182) 홍승직, 論語, 1997, 고려원, 참조.

3. 리더십의 기반, 한자 쓸 때 지능발달

한글 전용의 폐단

최근 한글 전용의 폐단을 논하는 이들이 늘어나면서 초등학교에서 한문교육을 실시하는 등 한문병용론(漢文倂用論)이 활발해지는 것은 나라를 위해 크게 환영할 일이다.

1970년 대 어느 시점부터 강행되었던 한글전용의 폐단은 한두 가지가 아니다. 우선 앞에서도 언급되었듯이 인륜대사인 결혼식장에서 흔히 확인된다. 결혼식의 접수를 보는 젊은이들로부터 축의금 봉투에 적힌 남의 이름자를 제대로 읽지 못해서 나이든 사람들에게 확인하는 장면을 본 사람들이 많이 있을 것이다.

1960년대 이전에는 사람을 평가하는 방법의 하나로 '그 사람 기성명(記姓名)은 할 줄 아는가?' 하는 것이 있었다.

이렇듯이 우리나라에서는 사람들의 이름자부터 한문자(漢文字)로 되어 있을 뿐 아니라 국문학계에서 지적되고 있듯이 우리가 상용하고 있는 우리말의 7할이 이 한문(漢文)으로 구성되어 있는데도 이런 사실은 간과한 채 그간 1세대가 넘는 기간에 한글전용을 시행하여 온 결과 '한맹(漢盲)' 즉, 남의 이름도 제대로 읽지도, 또 자기 이름도 한자(漢字)로 제대로 쓰지도 못하는 무수한 한맹(漢盲)의 젊은 신세대를 양산하게 된 것이다.

시중에서 사용되고 있는 대표적 국어사전들의 한자(漢字) 표기와 뜻

풀이에 잘못이 많다는 조사결과가 나왔다. 예를 들면 '더할 수 없이 높고 순수하다' 는 뜻의 지고지순(至高至純)을 지고지순(至高至順)으로 쓰고 있다는 것이다.[183)]

당장 시급한 것은 교육대학계에서 기초 한문을 철저하게 마스터하여 초등은 물론 중고등 학생들이 한자 공부에 재미를 붙여 매력을 갖게 하는 교사를 양성, 배출하는 시스템을 갖추는 것이 중요하다.

한자공부의 매력과 기능

뜻글인 한자의 구성에는 이를테면 삼수변(氵), 선 칼도(刂), 날일(日) 또는 나무목(木), 달월(月) 변 등의 용법과 의미들을 가르치는 방법을 학생들의 흥미에 맞게 연구하여 수업을 하면, 가리키고, 배우기에 따라서는 가르치는 선생이나 배우는 학생 모두가 가르치고 배우는 보람을 찾게될 것이다. 더 나가서는 천자문과 같이 세상만물의 이치를 터득하게 하며 우주관에 대해서까지도 생각해 볼 기회를 제공하는 것이 한자공부의 매력일 것이다.

활 잘 쏘는 민족, 머리 좋아 집중력 직감력 높다

세계 185개국의 지능지수를 체크해본 결과 한자권이 영어권을 누르고 세계 최고라는 얘기는 매우 기분 좋은 소식이다. 한문권의 동북

183) 김태의, 국어사전, 조선일보 만물상, 2005년 7월 9일.

아시아에서도 한국인이 머리가 좋을 수밖에 없는 까닭이 있다. 그 이유에는 인종적으로는 몽골, 상용문자로는 한글 한문 병용, 아열대에 속하는 동북아시아에서 머리가 좋아지는 시각 운동을 많이 하게 되는 벼농사를 주로 하는 농경생활을 하여 온 것을 주요인으로 꼽을 수 있다. 이에 더하여 고대로부터 중국에서는 우리를 동이(東夷)라고 하여 왔다. 동이(東夷)에서 이(夷) 자는 활 弓(궁) 자와 클 대(大) 자 즉, 활 잘 쏘는 사람들이라는 뜻이다. TV 역사드라마에 보면 알 수 있듯이 활 잘 쏘는 SBS의 '해신', 즉 신라의 장보고, MBC의 '주몽'의 고구려 창건 주몽, KBS 발해를 창건한 대조영, 이씨조선의 시조 이성계 등은 다 명궁이다. 물론 역대 올림픽 양궁에서는 우승을 우리 선수들이 휩쓸다시피 해 오고 있지 않은가? 이 활쏘기는 훈련과정에서도 그렇듯이 대충, 어림짐작,[184] 즉 집중력과 직감력으로 활을 쏘는 것이다. 골프도 마찬가지이다. 그러니까 우뇌형의 우리 기질에 잘 맞는 것이다.

한문활용이 머리 좋게 한다

동북아 사람들이 IQ로 비교해서 머리가 가장 좋은 이유는 후천적으로 한문활용 덕분이라는 주장이 일본에서 강하게 제기되었다. 일본에서 어린이 한문 교육에 혁명을 일으켰던 이시이 이사오(石井勳) 박사는 '한문이 어린이를 천재로 만든다' 고 주장했다. 그의 주장은 동경대 의

184) 이시형, 앞의 책, pp 209~211.

대 교수인 도키자네 도시히코(時實利彦) 박사의 '뇌생리학적 실험' 으로 확인되었다는 것이다.

도키자네 박사의 '대뇌이론(大腦理論)' 에 의하면 '기억력은 세 살 때까지가 최고이고 그 이후에는 해마다 저하된다' 는 것이다. 뇌의 생리적 발달은 태어나서 6세까지 '우뇌 우위(優位)' 의 시기라고 한다.

이때 좌뇌 우위인 어른들의 머리와는 전혀 다른 두뇌활동을 하고 있다는 것이다. 좌뇌는 언어뇌로서 언어를 활용하고 사리를 판단케 하는 작용을 한다. 이에 비해 우뇌는 감성, 직관은 물론 공간과 위치 관계의 시각적 인식을 하고 음악과 그림 등의 예술을 감식하는 '이미지' 기능을 한다. 때문에 유아 시기에는 사물에 대한 이해가 되지 않아도 마치 카메라의 셔터만 누르면 사물의 형상을 이미지화 해 저장하는 것처럼 기억이 된다는 것이다.

뇌의 반응, 표음문자보다 표의문자 빨라

동경전기대학과 일본전신회사(NTT) 기초연구소는 표의문자인 한자와 표음문자인 '카타카나' 에 대해 뇌의 반응을 조사 연구했다. 이 조사 연구결과에 따르면, 사람의 뇌는 한자에 대해서는 0.1초 만에 반응하는 데 비해 '카타카나' 에 대해서는 0.3초로, 3배의 시간이 더 걸렸다는 것이다. 그 까닭은 한자는 표의문자이기 때문에 이 한자를 보면 음성화할 필요 없이 곧바로 의미를 파악할 수 있다는 것이다. 즉, 표음문자인 '카타카나' 에서는 좌뇌만이 반응한다. 그렇지만 표의문자인 한자에 대해서는 예컨대 뫼山이라는 한자를 보았을 때 山의 이미지가 떠오르는 기능을 우뇌에서 기능함과 동시에 山을 의미하는 글자의 이해가 좌뇌에서 작용하기 때문에 좌우뇌가 동시에 움직이게 되어 시간을 한자가 카타카나 보다 3분의 1로 단축하게 된다는 것이다.

논어를 술술 읽는 일본 어린이들

따라서 한문을 4~6세 무렵의 어려서부터 익히면 좌우 뇌가 같이 기능을 하기 때문에 표음문자만 배우는 어린이보다 뇌의 발달이 촉진되어 어린이의 지능이 높아진다는 것이다.

이 실험을 계기로 일본 초등학교의 한문교육이 강화되기 시작했고, 일본의 전국 7백여 곳의 유치원에서 이시이 방식(石井 方式)의 한문교육을 통해 어린이들이 논어 등을 술술 읽고 있다고 한다.

일본에서 게이오 중학생을 대상으로 한문테스트를 한 결과 한문성적이 좋은 학생은 다른 학과의 성적도 좋고 한문성적이 떨어지는 학생은 다른 과목의 성적도 나쁘다는 결론이 나왔다.

진태하 교수는 '水, 木 등 독자체(獨字體) 한자 3백자만 익히면 한자는 상형(象形)과 사물을 가리켜 보게 하는 지사체(指事体)가 대부분이라 이를테면 나무木字를 보면 수풀林字를, 林字를 보고 역시 수풀을 연상, 삼림(森林)으로 연상 · 유추작용을 하는 머리가 쓰여져서 결과적으로 한문공부에 흥미를 갖고 학생들의 지능을 발달시키게 한다' 고 강조했다.[185]

직관력의 개발 및 활용

이미 앞에서도 논의되었듯이 '삼성이 성공한 것은 직관적 리더십 덕분'이라고 삼성그룹 이학수 부회장이 고려대 특강에서 밝혔다. 직관력이란 오랜 경험을 통해 축적된 경험적 지식과 동물적 감각 등의 정신력을 활용해서 추리 등의 사유작용이나 분석을 하는 일이 없이 대상에 대해 직접 내리는 종합적 판단력이다. 사물을 분석해보고 판단을 내리게 되는 분석력과는 대칭되는 것이다.

박주영과 같은 축구선수 등 각종 운동선수, 예술가, 음악가에는 이 직관력이 강한 인물이 많다. 산업계에는 여러 번 언급한 고 정주영 회장, 남들이 생각도 못하고 있을 때 반도체 전자시대를 선견한 삼성의 고 이병철 회장, 이레전자 정문식 사장, 삼성전자 황창규 사장 등을 생각할 수 있다.

《우뇌 개발법》의 저자 시찌다 마코토는 일본에서 우뇌의 달인으로 활동하고 있다. 그는 "여태까지의 시대는 이성이 중심이 되어 왔으나, 지금부터는 이성보다는 직관, 감성적 사고를 쓰지 않으면 안 된다. 직관이 이성과 상호작용을 하면 우리들의 지적능력은 지금까지의 능력과는 아주 다른 단계로 올라서게 된다. 그러므로 현대사회에서는 이러한 점을 강조해서 회사의 경영관리 방식에도 새로운 직관적 사고를 존중하는 방향으로 변하고 있다."[186]라고 말했다.

---

185) 오동룡 · 이근미, IQ-1등 국가, 한국인의 두뇌연구. 월간조선, 2004년 2월호.

186) 시찌다 마코토, 우뇌개발법, 2004, 임호찬 역, 학지사, p 9.

이와는 다른 차원에서 2002년 월드컵 경기 때 '붉은 악마' 의 활동은 앞에서도 여러 번 논급되었지만 지금도 높게 평가된다. 무규범적인 본인의 자유의지로 그 많은 사람들이 모여 그토록 열정적으로 응원하다가 뒷자리까지 말끔하게 치우고 집으로 돌아가는 자율적인 '집단무의식' 의 정신력은 어디서 나오는 것일까? 이러한 차원에서 나의 직관력을 체크해 보도록 하자.

나의 직관력을 알아본다 [187)]

(다음과 같은 일이 거의 없으면 0, 가끔 있으면 1, 자주 경험하면 2로 표하십시오)

1. 예감이 들어맞는 일이 있다.
2. 직감적으로 '이렇게 하자.' 고 빨리 결심한다.
3. 시험 등에서 처음에 생각한 것이 정답이다.
4. 사람을 사귈 때 첫 인상이 좋은 사람은 결과도 좋다.
5. 수험 공부할 때 예상문제를 잘 찍는다.
6. 남들로부터 족집게라는 소리를 듣는다.
7. 예술적 감수성이나 소질이 있다.
8. 어떤 문제를 풀 때 직감적으로 풀릴 것 같은 기분이 든다.
9. 뭐든 척 보기만 해도 알 수 있다.
10. 까닭 없이 감이 좋은 날, 혹은 나쁜 날이 있다.

---

187) 이시형, 우뇌가 희망이다, 2005, pp 58~59, 풀잎.

11. 남들이 그냥 지나치는 것도 내겐 딱 보인다.

12. 예술가는 아니지만 시상이나 악상 같은 게 떠오른다.

결 과

0~7: 직감력 훈련이 필요하다.

8~12: 직감력 훈련을 조금만 하면 아주 좋아진다.

13~17: 직감력이 상당한 수준이다.

17이상: 직감력을 살리는 직업을 택해도 좋다.

Chapter 7

맺는 말

부대 도치와 연계

FTA 시대에 우리는 단군조선 때부터 이어져 온 순발력 높은 융화의 정신을 다시금 꽃피우도록 해야 한다. 중국 베이징 가까운 난하 유역에서부터 만주일대는 물론 러시아 연해주까지 마치 유럽의 로마제국과 같은 대륙 강국을 자랑하던 단군조선과 고구려, 발해 등, 대륙 만주일대를 지배하던 한국고대사에서 우리의 긍지와 자신감을 높게 갖도록 하자. 이 때는 중국과 대등한 판도에서 서로 겨루고 '아사달 문명'을 동유럽쪽으로 서양에까지 전파하면서 그 많은 전쟁도 치루었던 것이다. 이러한 우리 고대사에 대한 올바른 사관(史觀)으로 침략 일제가 날조했던 반도사관에 젖게 한 패배의식은 당장 척결해버리자. 우리의 역사관을 바로 세우고 떳떳한 자신감을 갖추면 아름다운 미래의식이 무지개처럼 바로 선다.

집중력 및 융화 · 순발력이 높아 고대로부터 활 잘 쏘는 우리의 자신감, 결단력, 용기, 지구력, 'gut' 과 글로벌시대에 언제, 어디, 어느 국가, 어느 민족과도 어울려 활용할 수 있는 '결정지능' 을 더 키우고 발휘하게 해야 한다. FTA 시대에 다시금 도전, 비약할 생산성을 높게 이룩해내기 위해서는 각급 조직 관리자의 변혁형 리더십을 발휘케 해야 한다. 그래서 구성원들이 스스로 셀프리더십을 갖추어 노사융화의 SECI 프로세스 효과로 창조성 효율성 높은 생산성이 탁월한 조직풍토로의 변혁을 도모하자면 반드시 부대조치인 컴피턴시 체계의 인사 · 보상관리가 중심이 되는 '인력 · 환경 · 시스템 · 프로세스 변화 · 조직운용 변화를 포함하는 다양성 관리의 중요성' 등과 연계되도록 함으로써 구성원 모두의 잠재된 컴피턴시가 빛나게 해야 한다.

달리 말하면 우리 융화의식과 노마디즘에 찬 신기축의 생산성 높은 노사융화문화와 조직풍토를 FTA 시대에 꽃피도록 해나가자는 것이다.

그럼으로써 우리의 FTA 시대에는 오늘 당장 필요한 '양식' 은 물론 미래에 소용될 것까지도 대비하는 지혜와 자신감을 우리 모두 갖추도록 하자. 집중력이 좋아 활 잘 쏠뿐 아니라 이항대립 융화적인 언어 · 사고를 하는 우리의 높은 창조성과 효율성이 빛나게 될 것이다.

그래서 FTA 시대에 3~4만 불을 넘어 선진화해 나갈 우리 상고대부터 이어져 온 융화 · 순발력 높은 노사융화 문화의 조직풍토 창출하도록 승화시키는 위대한 힘을 세계만방에 과시해 나가자.

찾아보기